■2025年度高等学校受験用

法政大学第二高等学校

収録内容一覧

★この問題集は以下の収録内容となっています。また、編集の都合上、解説、解答用紙を省略させていただいている場合もございますのでご了承ください。

（○印は収録、一印は未収録）

入試問題と解説・解答の収録内容		解答用紙
2024年度	英語・数学・国語	○
2023年度	英語・数学・国語	○
2022年度	英語・数学・国語	○
2021年度	英語・数学・国語	○
2020年度	英語・数学・国語	○

★当問題集のバックナンバーは在庫がございません。あらかじめご了承ください。

リスニングテストの音声は、下記のIDとアクセスコードにより当社ホームページ
https://www.koenokyoikusha.co.jp/pages/cddata/listening で聴くことができます。
（当社による録音です）
ユーザー名：koe　アクセスコード（パスワード）：58145　使用期限：2025年3月末日

※ユーザー名・アクセスコードの使用期限以降は音声が予告なく削除される場合がございます。あらかじめご了承ください。

●凡例●

【英語】

≪解答≫

〔　〕 ①別解
②置き換え可能な語句（なお下線は置き換える箇所が2語以上の場合）
（例）I am〔I'm〕glad〔happy〕to～

（　） 省略可能な言葉

≪解説≫

1，2… 本文の段落（ただし本文が会話文の場合は話者の1つの発言）

〔　〕 置き換え可能な語句（なお〔　〕の前の下線は置き換える箇所が2語以上の場合）

（　） ①省略が可能な言葉
（例）「（数が）いくつかの」
②単語・代名詞の意味
（例）「彼（＝警察官）が叫んだ」
③言い換え可能な言葉
（例）「いやなにおいがするなべにはふたをするべきだ（＝くさいものにはふたをしろ）」

// 訳文と解説の区切り

cf. 比較・参照

≒ ほぼ同じ意味

【数学】

≪解答≫

〔　〕 別解

≪解説≫

（　） 補足的指示
（例）（右図1参照）など

〔　〕 ①公式の文字部分
（例）〔長方形の面積〕＝〔縦〕×〔横〕
②面積・体積を表す場合
（例）〔立方体ABCDEFGH〕

∴ ゆえに

≒ 約、およそ

【社会】

≪解答≫

〔　〕 別解

（　） 省略可能な語

＿＿＿ 使用を指示された語句

≪解説≫

〔　〕 別称・略称
（例）政府開発援助〔ODA〕

（　） ①年号
（例）壬申の乱が起きた（672年）。
②意味・補足的説明
（例）資本収支（海外への投資など）

【理科】

≪解答≫

〔　〕 別解

（　） 省略可能な語

＿＿＿ 使用を指示された語句

≪解説≫

〔　〕 公式の文字部分

（　） ①単位
②補足的説明
③同義・言い換え可能な言葉
（例）カエルの子（オタマジャクシ）

≒ 約、およそ

【国語】

≪解答≫

〔　〕 別解

（　） 省略してもよい言葉

＿＿＿ 使用を指示された語句

≪解説≫

〈　〉 課題文中の空所部分（現代語訳・通釈・書き下し文）

（　） ①引用文の指示語の内容
（例）「それ（＝過去の経験）が ～」
②選択肢の正誤を示す場合
（例）（ア，ウ…×）
③現代語訳で主語などを補った部分
（例）（女は）出てきた。

／ 漢詩の書き下し文・現代語訳の改行部分

法政大学第二高等学校

所在地	〒211-0031 神奈川県川崎市中原区木月大町6-1
電　話	044-711-4321(代)
ホームページ	https://www.hosei2.ed.jp/
交通案内	東急東横線・東急目黒線・JR南武線・JR横須賀線 武蔵小杉駅より徒歩10～15分

普通科

男女共学

くわしい情報はホームページへ

▌応募状況

年度	募集数		受験数	合格数	倍率
2024	書類	男子　150名	160名	160名	1.0倍
		女子　150名	154名	154名	1.0倍
	学科	男子　50名	565名	135名	4.2倍
		女子　50名	352名	130名	2.7倍
2023	書類	男子　180名	184名	184名	1.0倍
		女子　90名	151名	151名	1.0倍
	学科	男子　70名	473名	141名	3.4倍
		女子　55名	293名	114名	2.6倍
2022	書類	男子　180名	194名	194名	1.0倍
		女子　90名	149名	149名	1.0倍
	学科	男子　70名	438名	137名	3.2倍
		女子　55名	286名	97名	2.9倍

▌試験科目　(参考用：2024年度入試)

国語・英語・数学(各50分/各100点)
※英語はリスニングテストを含む。
※帰国生と既卒生は，筆記試験終了後に面接あり。(受験生・保護者対象)

▌本校の特色

本校では，大学受験科目だけを重点的に学習するのではなく，幅広い分野の学習に取り組むことで，基礎的教養をしっかり身につけることを重視している。このことが，生徒個々が自分の個性や特技を自覚し，進路の可能性を広げていくことにつながっている。

また，授業では，調べること・討論すること・発表することが多く取り入れられ，大学や実社会の場で役立つ力を養う。

選択授業：３年次に行われる選択授業では，各教員の専門性をいかした多種多様な講座が設置されている。

生徒が主役の学校：体育祭などの学校行事は，生徒会を中心として，生徒たち自身で協力して創り上げていく。クラブ活動も生徒会の中に組織されており，多くの生徒が活発に活動している。

国際交流：夏休みに実施されるカナダ海外研修や，ニュージーランドの姉妹校への留学制度など，国際交流が積極的に行われている。

▌進路状況

法政大学に進学できる「有資格者全入制度」(内部推薦制度)がある。高校での成績が一定基準に達し，法政大学の指定する英語の外部試験および所定の試験で一定の成績を修めた生徒は，全員いずれかの学部に推薦される。

法政大学推薦者数（2024年３月卒業生）
法学部72名，文学部62名，経済学部71名，社会学部66名，経営学部67名，国際文化学部23名，人間環境学部31名，現代福祉学部16名，キャリアデザイン学部27名，グローバル教養学部６名，スポーツ健康学部17名，情報科学部12名，デザイン工学部25名，理工学部35名，生命科学部５名

▌イベント日程

◎帰国生向け学校説明会(中高合同)　【要予約】
8/24(土)　10：00～
◎帰国生向けオンライン高校説明会　【要予約】
8/31(土)　10：00～
◎高等学校 学校説明会　【要予約】
9/28(土)，10/12(土)，11/9(土)，11/30(土)
各回14：30～
※上記日程は予定です。詳細は本校ホームページでご確認ください。

出題傾向と今後への対策　英語

出題内容

	2024	2023	2022
大問数	5	5	5
小問数	45	44	42
リスニング	○	○	○

◎大問は５題，小問数40～45問前後である。出題構成は，放送問題１題，長文読解２題，文法・作文問題２題である。例年，全体的に大きな変化は見られない。

2024年度の出題状況

Ⅰ 放送問題

Ⅱ 長文読解総合―伝記

Ⅲ 長文読解総合―説明文

Ⅳ 語彙・文法総合

Ⅴ 文法・作文総合

解答形式

2024年度	記　述／マーク／併　用

出題傾向

長文は２題で，分量はどちらも長めである。設問は文法事項も含まれるが内容の理解度を試す問題が中心となっている。文法問題は書き換えが頻出である。英作文は整序結合形式と記述式の作文が例年出題されている。放送問題は短めの対話を聞き質問に答えるものと聞き取った英文を書くものが出題されている。

今後への対策

中学での学習内容の復習が不可欠である。教科書の必修単語と重要構文は使い方と併せて暗記してしまうのが最も効果的だ。気に入った問題集を１冊決めて腰をすえて取り組むこと。テストで間違えた問題は見直しておこう。リスニング力は継続的に毎日英語を耳にすることが大切である。最後に過去問題集で問題形式と時間配分を確認。

◆◆◆◆◆ 英語出題分野一覧表 ◆◆◆◆◆

分野			2022	2023	2024	2025予想※
音声	放送問題		■	■	■	◎
	単語の発音・アクセント		●			△
	文の区切り・強勢・抑揚					
語彙・文法	単語の意味・綴り・関連知識					
	適語(句)選択・補充		●	●	●	◎
	書き換え・同意文完成		●	●	●	◎
	語形変化					
	用法選択					
	正誤問題・誤文訂正		●		●	◎
	その他					
作文	整序結合		●	●	●	◎
	日本語英訳	適語(句)・適文選択				
		部分・完全記述	●	●	●	◎
	条件作文					
	テーマ作文					
会話文	適文選択					
	適語(句)選択・補充					
	その他					
長文読解	内容把握	主題・表題				
		内容真偽	●	●	●	◎
		内容一致・要約文完成	●			△
		文脈・要旨把握	●	●	●	◎
		英問英答		●		△
	適語(句)選択・補充		●	●	●	◎
	適文選択・補充		●	●	●	◎
	文(章)整序			●		△
	英文・語句解釈(指示語など)		●	●	●	◎
	その他(適所選択)			●		△

●印：１～５問出題，■印：６～10問出題，★印：11問以上出題。
※予想欄　◎印：出題されると思われるもの。　△印：出題されるかもしれないもの。

出題傾向と今後への対策 数学

出題内容

2024年度

大問６題，19問の出題。Ⅰは因数分解，方程式を含む計算を主とする問題４問。Ⅱは小問集合で，関数，数と式，図形などから計４問。Ⅲはサイコロを利用した確率３問。Ⅳは関数で，放物線と直線に関するもの。直線の傾きや線分の長さなどが問われている。Ⅴは平面図形。三角形の頂点が円の弧上を動いたときの，他の頂点がえがく図形について問うものもある。Ⅵは空間図形で，立方体を利用した問題。

2023年度

大問６題，19問の出題。Ⅰは小問集合で，４問。主に計算力を見るもの。数・式の計算，方程式の計算に関するものとなっている。Ⅱは数の計算，数の性質，関数，平面図形の計量題など計４問。Ⅲは確率で，４枚のカードを用いたもの。Ⅳは関数から放物線と直線に関するもの。Ⅴは平面図形で，円と長方形を題材に，合同な図形や特別な三角形の理解を問う計量題３問。Ⅵは空間図形で，立方体の内部にできる立体を題材にした，計量題２問。

作…作図問題　証…証明問題　グ…グラフ作成問題

解答形式

2024年度	記　述／マーク／併　用

出題傾向

大問６題，設問20問前後。Ⅰ（もしくはⅠ，Ⅱ）は小問集合で７～10問。少し難度の高い問題が含まれることもあるので要注意である。Ⅱ（もしくはⅢ）以降は，関数，平面図形，空間図形，確率となることが多い。いずれも２～４問程度の小問から構成されている。標準レベルの問題で，教科書の内容の理解およびふだんの学習の成果が問われている。

今後への対策

まず，各分野の基礎基本をしっかり定着させ，そのうえで標準レベルの問題集で演習を積んで，いろいろな解法や考え方を身につけるようにしていこう。できなかった問題は必ず解き直すこと。余裕があれば他のアプローチの仕方を考えるのもよい。各分野からまんべんなく出題されているので，偏りのない学習を。

◆◆◆◆◆ 数学出題分野一覧表 ◆◆◆◆◆

分野	年度	2022	2023	2024	2025 予想※
数と式	計算，因数分解	●	★	★	◎
	数の性質，数の表し方	■	●	●	◎
	文字式の利用，等式変形				
	方程式の解法，解の利用	■	■	■	◎
	方程式の応用	●			△
関　数	比例・反比例，一次関数				
	関数 $y=ax^2$ とその他の関数	★	★	★	◎
	関数の利用，図形の移動と関数				
図　形	（平面）計　量	★	★	★	◎
	（平面）証明，作図				
	（平面）その他				
	（空間）計　量	★	■	■	◎
	（空間）頂点・辺・面，展開図				
	（空間）その他				
データの活用	場合の数，確率	★	★	★	◎
	データの分析・活用，標本調査				
その他	不 等 式				
	特殊・新傾向問題など				
	融合問題				

●印：１問出題，■印：２問出題，★印：３問以上出題。
※予想欄　◎印：出題されると思われるもの。　△印：出題されるかもしれないもの。

出題傾向と今後への対策　国語

出題内容

2024年度

一 国語の知識　二 論説文　三 小説

課題文

二信原幸弘『「覚える」と「わかる」』
三開高　健『パニック』

2023年度

一 国語の知識　二 論説文　三 小説

課題文

二内田　樹『武道論』
三佐江衆一『勝敗に非ず』

2022年度

一 国語の知識　二 論説文　三 小説

課題文

二榎本博明
『〈自分らしさ〉って何だろう？』
三木内　昇『てのひら』

解答形式

2024年度　記　述／マーク／併　用

出題傾向

設問は，国語の知識の問題に３～４問，それぞれの読解問題に８問程度付されている。課題文は，著名な学者・評論家・作家の作品から選ばれることが多い。設問は，標準的なレベルのものがほとんどであるが，論説文の読解問題には，50～150字の記述解答を要求する設問が必ず１問は含まれている。

今後への対策

読解問題については，文章を正確に読む力，全体の論旨の流れを的確につかむ力，読んだ内容を簡潔かつ明確に表現する力，以上の三つの力を身につける必要がある。こうした力を養うには，問題集を数多くこなすのがよい。また，新聞の社説などの要旨を簡単にまとめる練習なども効果的である。

国語出題分野一覧表

分野			2022	2023	2024	2025 予想※
現代文	論説文 説明文	主題・要旨	●	●		◎
		文脈・接続語・指示語・段落関係	●	●	●	◎
		文章内容	●	●	●	◎
		表現				
	随筆 日記 手紙	主題・要旨				
		文脈・接続語・指示語・段落関係				
		文章内容				
		表現				
		心情				
	小説	主題・要旨				
		文脈・接続語・指示語・段落関係				
		文章内容	●	●	●	◎
		表現	●	●	●	◎
		心情	●	●	●	◎
		状況・情景				
韻文	詩	内容理解				
		形式・技法				
	俳句 和歌 短歌	内容理解				
		技法				
古典	古文	古語・内容理解・現代語訳				
		古典の知識・古典文法				
	漢文	（漢詩を含む）				
国語の知識	漢字 語句	漢字	●	●	●	◎
		語句・四字熟語	●	●	●	◎
		慣用句・ことわざ・故事成語			●	△
		熟語の構成・漢字の知識				
	文法	品詞	●	●	●	◎
		ことばの単位・文の組み立て				
		敬語・表現技法				
	文学史					
作文・文章の構成・資料			●	●	●	◎
その他						

※予想欄　◎印：出題されると思われるもの。　△印：出題されるかもしれないもの。

合格を勝ち取るための

本書の使い方

本書に掲載されている過去問をご覧になって，「難しそう」と感じたかもしれません。でも，大丈夫。ほとんどの受験生が同じように感じるのです。高校入試の出題範囲は中学校の定期テストに比べて広いですし，残りの中学校生活で学ぶはずの，まだ習っていない内容からも出題されているかもしれません。

ですから，初めて本書に取り組む際には，点数を気にする必要はありません。点数は本番で取れればいいのです。

過去問で重要なのは「間違えること」です。自分の弱点を知るために，過去問に取り組むのです。当然，間違った問題をそのままにしておいては意味がありません。

本書には，長年にわたって高校受験に関わってきたベテランスタッフによる詳細な解説がついています。間違えた問題は重点的に解説を読み，何度も解きなおしてください。時にはもう一度，教科書で復習するのもよいでしょう。

別冊として，抜き取って使える解答用紙を収録しました。表示してあるように拡大コピーをとれば，実際の入試と同じ条件で，何度でも過去問に取り組むことができます。特に記述問題では解答欄の大きさがヒントになる場合があります。そうした，本番で使える受験テクニックの練習ができるのも，本書の強みです。

前のページにある「出題傾向と今後への対策」もよく読んで，本校の出題傾向に慣れておきましょう。

2024年度 法政大学第二高等学校

【英　語】（50分）〈満点：100点〉

注意　1．スペリングや記号はまぎらわしい書き方をしないこと。書き方のくせ，大文字と小文字にも注意すること。とくに筆記体の *e* と *l*，*b* と *f*，*u* と *v*，*y* と *g*，*a* と *o* などの区別をはっきりさせること。

2．英単語の頭文字が指定されている場合，必ずその文字から書き始めること。

3．電子辞書機能のある機器は使用しないこと。

■リスニングテストの音声は，当社ホームページで聴くことができます。（当社による録音です）

再生に必要なユーザー名とアクセスコードは「収録内容一覧」のページに掲載しています。

I　＜リスニング問題＞

(A) 男女の会話とそれに対する質問がそれぞれ１回読まれます。その質問の答えとして最も適切なものを次の中からそれぞれ１つ選び，記号で答えなさい。

1．(あ) Guitar.　(い) Violin.　(う) Piano.　(え) Drums.

2．(あ) She orders the same thing every time.

(い) She checks online reviews.

(う) She decides based on the price.

(え) She always orders the chef's special.

3．この問題は下の表を参考にして答えなさい。

Weight	～200km	201～400km	401～600km		International
Up to 1kg	￥ 500	￥ 700	¥1,100		¥2,500
1kg～3kg	￥ 800	¥1,100	¥1,500		¥3,200
3kg～5kg	¥1,100	¥1,500	¥3,200		¥4,000

(あ) ¥1,100.　(い) ¥1,500.　(う) ¥3,200.　(え) ¥4,000.

(B) 短い英文とそれに対する質問がそれぞれ１回読まれます。その質問の答えとして最も適切なものを次の中からそれぞれ１つ選び，記号で答えなさい。

4．(あ) $10.　(い) $40.　(う) $60.　(え) $70.

5．(あ) Station A.　(い) Station B.　(う) 15 minutes.　(え) 20 minutes.

(C) これから読まれる英文を聞いて，下線部を埋めなさい。英文はそれぞれ３回読まれます。（解答欄には下線部分のみ書きなさい。）

6．＿＿＿＿＿＿＿＿＿＿: your wallet, your keys, and your phone.

7．＿＿＿＿＿＿＿＿＿＿＿＿＿＿＿＿＿＿＿＿.

※**＜リスニング問題放送原稿＞**は英語の問題の終わりに付けてあります。

II　次の英文を読んで，設問に答えなさい。（＊印の語には注釈がつけてあります。）

Alice Cogswell was born on August 21st, 1805 in *Connecticut. Her father, Dr. Mason Cogswell, was a famous doctor in Connecticut. He performed the first medical treatment to remove *cataracts from eyes. At the age of two, Alice came down with "*spotted fever", now thought to be *measles, and became deaf—lost all of her hearing—and later lost her speech as well. In those days, it was commonly thought that because deaf people couldn't speak, they could not think or reason either.

Some people even believed that a person became deaf because they did something really bad in the past, or that the deaf person had very bad spirit. It was also widely believed that the deaf could not be taught. Dr. Cogswell was very fond of Alice, and that ①[あ. with　い. could　う. his daughter　え. made　お. communicate　か. so sad　き. him　く. he　け. no longer]. She lived the early part of her life in silence. She only observed others from far away. Her brothers and sisters didn't try to communicate with her, because they thought her no longer capable.

When Alice was nine, her new next-door neighbor, Thomas Hopkins Gallaudet, noticed that she wasn't playing with the other children, but sat by herself outside and watched them play. He went out to discover why, and the other children told him that Alice was deaf. Since he did not know sign language, Thomas tried to communicate with Alice by pointing to his hat and (②) H-A-T in the dirt. She understood him. Gallaudet was amazed by how smart Alice was and he immediately began to teach Alice to read and write. Gallaudet decided to spend some time with her to cheer her up anyway, and they spent a while drawing pictures in the dust. When Dr. Cogswell came home from work that day, Alice showed him how she could write in the sand with her new friend Thomas. Dr. Cogswell was so impressed that he asked Gallaudet to help his daughter. Alice broke down many of the *stereotypes about deaf people. ③It was slow going, because Gallaudet didn't know how to teach a deaf student. Sometimes the way he taught went well, sometimes not very well, and sometimes it didn't (④) at all. After a few years, Alice's father spoke with Gallaudet about founding a school for the deaf in America. Dr. Cogswell and several other rich and important men in town realized that there were over forty children in their state that were deaf, and guessed that in other states there were also a large number of deaf children who would gain an advantage from a deaf school. ⑤They suggested that Gallaudet should travel to Europe, because there were a lot of deaf schools there, and learned about teaching deaf students. He could then come back and found a school for the deaf that would be highly successful. Dr. Cogswell told him about the hand alphabet used in Europe, and that attracted Thomas's interest.

Thomas agreed and left the United States for England to learn the *method of teaching the deaf created by Thomas Braidwood. The Braidwood family educated the deaf in lip reading and speaking. (⑥) He wanted to learn more about the hand alphabet. (⑦) Abbe Siccard taught a French Signed Language to deaf pupils at the National Institute for Deaf Children of Paris. This school was founded by Abbe de L'Eppe. (⑧) Abbe Siccard also had his two best teachers with him named Jean Massieu and Laurent Clerc. Gallaudet was so interested in Siccard's teachings that he approached him with the idea of founding a school for the deaf in America. Abbe Siccard invited Thomas back to France to attend his school and learn as much as he could to take back to America.

After a few months, Thomas realized ⑨this was very hard work and that he could not do it alone. Thomas invited the deaf instructor Laurent Clerc to Connecticut to help him teach Alice. Clerc agreed and they set sail to America. On the ship, Clerc taught Gallaudet sign language and Gallaudet taught Clerc how to read and write English.

While Gallaudet was away in Europe, Alice learned to read and write enough to attend a regular hearing school with her sister, although this situation wasn't ideal. When they returned, Alice was very excited to see her teacher Thomas and his new friend Laurent Clerc. Laurent immediately began working with Alice and (⑩) her a sign name. When the Connecticut Asylum for the

Education and Instruction of Deaf and Dumb Persons, later renamed the American School for the Deaf, was founded by Thomas Gallaudet and Laurent Clerc, Alice was the first pupil to sign up. It's believed that she was the first person in America to ever be taught the finger-spelled alphabet. Alice loved attending the school. She graduated in 1824, and then spent the next few years traveling around the country.

Alice was a very active girl. She loved to read, sew, dance, and especially loved it when her parents held parties. Many people remember how she would often copy others so perfectly that she would set everyone laughing for hours. Alice was especially curious about music, and spent a long time trying to understand it as best she could. The year she turned 25, Dr. Cogswell died. Alice was very upset. She died 13 days later, many say of a broken heart. Alice was 25 years old at the time of her death. Alice was greatly responsible for the birth of deaf culture in the United States. She broke down a lot of stereotypes and allowed hearing people to realize just how smart deaf people are. Several statues have been put up in her honor, one on the Gallaudet University campus, one on the American School campus, and one in Hartford, Connecticut.

（注） Connecticut コネチカット州（アメリカの州の１つ） cataract 白内障 spotted fever 紅斑熱
measles はしか stereotype 固定概念 method 方法

8．下線部①の語（句）を意味の通るように並べ替えたとき，３番目と７番目にくる語（句）を記号で答えなさい。

9．空所②，④，⑩にはそれぞれ異なる英語１語が入る。文脈に合うよう，最も適切な語を入れなさい。

10．下線部③の It が表しているものを次の中から１つ選び，記号で答えなさい。
(あ) Asking Gallaudet to help Alice
(い) Teaching Alice to read and write
(う) Impressing Dr. Cogswell
(え) Spending some time with Alice
(お) Writing in the sand

11．下線部⑤には文法・語法的に明らかな誤りが１語ある。その１語を抜き出し，正しい形（英語１語）を答えなさい。

12．空所⑥，⑦，⑧に入る最も適切な文を次の中からそれぞれ１つ選び，記号で答えなさい。
(あ) While in London, Thomas attended a class given by Abbe Siccard.
(い) Thomas Gallaudet was excited to see the deaf children speak smoothly.
(う) He was also known as "The Father of the Deaf."
(え) Thomas Gallaudet, however, did not think that speaking was natural for the deaf.
(お) Abbe Siccard was thought to be the leading teacher in the United States.

13．下線部⑨の this は何を表しているか。次の空所に入る英語１語をそれぞれ答えなさい。
(　　　) learn everything in (　　　)

14．本文の内容と一致するものを次の中から２つ選び，記号で答えなさい。
(あ) Alice's father wanted to support Mr. Gallaudet to found a school for deaf people in New York.
(い) Alice's brothers and sisters thought she didn't have ability needed to play with them anymore.
(う) The first person to let Mr. Gallaudet know about the English sign language was Mr. Siccard.
(え) Clerc learned how to teach the deaf from Gallaudet on the ship.
(お) Thanks to Alice, hearing people came to know and understand the deaf were intelligent.

(か) When Alice lost her hearing, she applied for the school Thomas and Clerc founded.

(き) Alice impressed her father, Dr. Cogswell, by drawing a hat in the sand with Thomas.

Ⅲ 次の英文を読んで，設問に答えなさい。（＊印の語には注釈がつけてあります。）

①［あ．a history　い．people　う．Quail Island　え．has　お．got　か．about　き．sick　く．who］with a disease called *leprosy.

Quail Island is located near New Zealand's South Island, near the city of Christchurch. *The Māori people were the first people to go to Quail Island. They collected bird's eggs and other foods from the island. In 1851, white New Zealanders started raising sheep on the flat land. The native *quails that gave the island their name, (A), were soon *wiped out by farming. In 1875, the island became a place of *isolation, when a health checkpoint for newcomers and animals from all the British *colonies of the Pacific was established there. It played an important role in keeping diseases like *diphtheria and *Spanish flu from spreading across the country.

On the morning of July, 1903, the *Wellington City Council was *alerted to a possible case of leprosy in Wellington City. James Doyle, the council's chief *sanitary inspector, set out to check. He met one of the staff members at a fruit shop. His face was covered with *patches. In addition, his arms and legs were an unusual shape. Doyle was used to false alarms, but thought that this case was real. The fruit shop staff was sent to Quail Island in 1906 and it became the home of the only leprosy colony in New Zealand. It had several more patients after that. People complained about leprosy patients a lot because of the differences in how they looked. ②The fear of leprosy was greater than the actual risk of the disease itself.

In the colony, the patients lived a (B) life. They were cut off from their families, lost their jobs and hobbies, and were not able to travel. The conditions on the island were terrible; they had little to eat, and nights were very cold. As leprosy patients were thought never to get better, they were held on the island until the end of their life. Some doctors, like Dr. Charles Upham, tried to help by documenting the disease's painful process and making treatment attempts, but these attempts were mostly useless. In spite of this situation, the patients made new relationships on Quail Island to replace ③the ones they left behind. They became friends and learned how to talk about their feelings, when they were sad, happy or bored.

In 1924, farmers with stock on the island objected to the colony. It was because Quail Island was used for two different things that didn't go together. It was a place for people with leprosy but also a place for animals to stay for a health check. This problem came up at a meeting of the council. *The Ministry of Agriculture and Forestry and *the Ministry of Health talked a lot about it. The government could not make a good colony on Quail Island because there were not many people with leprosy in New Zealand. They didn't want to spend a lot of money on staff and buildings for just a few patients. This lack of patients made them less interested in helping leprosy patients. People with leprosy were often treated badly and were not given the care they needed.

A month later, Fiji told New Zealand that leprosy sufferers from Britain's Western Pacific colonies were going to be concentrated at a leprosy station on Makogai, one of the Fiji's islands. Western Samoa already sent its leprosy sufferers there. There were government buildings and hospitals there. In 1925, New Zealand sent its remaining leprosy sufferers to Makogai to have better medical care. On their arrival, the eight patients and some medical staff from New Zealand were impressed by Makogai's facilities. They were better than ④those of Quail Island.

Makogai Island was quite different from Quail Island. The patients were thought to be the new staff, not the patients. All patients on the island were expected to grow their own food. They also did *craft work, fished, and took care of cattle. Five of the eight men never returned to New Zealand and decided to stay at Makogai.

Quail Island has a sad history that people want to forget. Leprosy may one day be a disease that people used to have a long time ago, but we should remember it as something that caused unfair treatment and *discrimination. The stories of both islands are worth remembering. We can learn a lot from this history.

（注） leprosy　ハンセン病　The Māori people　マオリ族（ニュージーランドの民族の１つ）
quail　ウズラ（鳥の一種）　wipe out　～を全滅する　isolation　隔離　colony　植民地
diphtheria　ジフテリア　Spanish flu　スペイン風邪
Wellington City Council　ウェリントン市議会（ウェリントン市はニュージーランド北島に位置する都市）
alert　警報を出す　sanitary inspector　衛生検査官　patches　斑点
the Ministry of Agriculture and Forestry　農林省　the Ministry of Health　保健省
craft work　工芸品　discrimination　差別

15．下線部①の語（句）を意味の通るように並べ替えたとき，３番目と６番目にくる語（句）を記号で答えなさい。なお，文頭の語も小文字で示してある。

16．空所ＡとＢに入る語の組み合わせとして最も適切なものを次の中から１つ選び，記号で選びなさい。

(あ)　Ａ：fortunately　Ｂ：happy　(い)　Ａ：unfortunately　Ｂ：happy
(う)　Ａ：unfortunately　Ｂ：tough　(え)　Ａ：fortunately　Ｂ：tough

17．クエイル島に関する内容としてあてはまらないものを次の中から１つ選び，記号で答えなさい。

(あ)　1875年，英国植民地下で難病の治療を目的としてクエイル島は運用された。
(い)　クエイル島の名前の由来はかつて生息していた鳥からきている。
(う)　クエイル島への最初の入植者はマオリ族であった。
(え)　クエイル島で羊が飼育され始めたのは1875年以前のことである。

18．下線部②の理由として正しいものを次の中から１つ選び，記号で答えなさい。

(あ)　その患者が異なる外見であったから。
(い)　その患者の果物を買うことができなくなるから。
(う)　その患者が衛生検査官から間違った警告を受けるから。
(え)　ニュージーランドがイギリスの政治的支配下に置かれていたから。

19．下線部③の意味として最も適切なものを次の中から１つ選び，記号で答えなさい。

(あ)　ハンセン病患者同士の新たな人間関係
(い)　ハンセン病患者とその治療に従事する医師との人間関係
(う)　ハンセン病患者が切り離された家族や仲間との関係
(え)　ハンセン病患者の実生活と残存する記録との事実関係

20．下線部④の those は何を指しているか。本文中より英語１語で答えなさい。

21．本文の内容と一致するものを，次の中から２つ選び，記号で答えなさい。

(あ)　White New Zealanders lived on Quail Island before the Māori did.
(い)　The first leprosy patient was brought to Quail Island in 1906.
(う)　James Doyle asked Dr. Charles Upham to take care of the patients.

(え) The Ministry of Agriculture and Forestry and the Ministry of Health discussed how to use Quail Island.

(お) The lives of leprosy patients in Fiji and Western Samoa were the same.

(か) Eight patients returned to New Zealand from Fiji.

(き) Discrimination against leprosy sufferers will be forgotten, because we now have fair treatment of leprosy patients.

IV　指示に従って以下の設問に答えなさい。

22．次の各組の(　)に入る同じつづりの英語１語を答えなさい。

(a) Everyone should have the (　　) to freedom of speech.
Turn (　　) at the next corner.

(b) Laura took care of me.　She is a very (　　) girl.
A minuet is a (　　) of music for dancing.

23．それぞれの英文の意味が通じるように(　)に入る英語１語を答えなさい。ただし，頭文字が指定されているのでそれに従うこと。

(a) His speech was wonderful so the audience gave him a big (h　　).

(b) I sent you a package yesterday.　Did you (r　　) it ?

(c) You look so tired.　You need to take a (r　　).

24．次の各組の２つの英文がほぼ同じ意味になるように，(　)に入る最も適切な英語１語を答えなさい。

(a) Do you know the way to San Jose ?
Do you know (　　)(　　) go to San Jose ?

(b) Helen said to the boys, “I don’t want to go with you.”
Helen (　　) the boys that she (　　) want to go with (　　).

V　指示に従って以下の設問に答えなさい。

25．次の各組の英文がほぼ同じ意味になるように，(　)内に入る最も適切な単語(英語１語)と下線部に入る最も適切な語句(英語２語以上)を答えなさい。

(a) Peter’s last symphony wasn’t finished when he died.
Peter (　　) without (　　) his last symphony.

(b) Anna is the tallest girl in this school.
__________ girl in this school is as tall as Anna.

(c) I can’t buy that car because I don’t have enough money.
If I (　　) enough money, I __________ that car.

26．与えられた[　]内の語または語句を並べ替えて意味の通る英文を完成させ，３番目と５番目に来る語または語句の記号を答えなさい。なお，文頭に来る語(句)も小文字で示されています。

(a) [あ．on　い．us　う．draw　え．the teacher　お．the blackboard　か．let　き．a picture].

(b) [あ．Japan　い．go to　う．next　え．you　お．want　か．to　き．I] month.

27．以下の日本語の意味を表す英文を答えなさい。ただし(　)の指示に従うこと。

(a) 君と一緒にそこに行けたらいいのになあ。(could を用いて)

(b) その少女に何歳なのか尋ねなさい。(old を用いて)

＜リスニング問題放送原稿＞

(A)

1．A man and a woman are talking about music at the party.

Man　　: The music at this party is really good, isn't it ?

Woman : Yes !　I love jazz.　It makes me relaxed.

Man　　: Me too.　I actually play the saxophone in a small jazz band.

Woman : That's cool !　I play the piano, though not professionally.　Maybe we can play together sometime.

Man　　: Sounds great.　Let's exchange numbers and plan something.

Question : What instrument does the woman play ?

2．At a restaurant, a man and a woman are talking about food choices.

Man　　: Hey, you always seem to pick the most delicious dishes.　What's your secret ?

Woman : Thanks !　I usually check online reviews before visiting a new place.　Also, I sometimes ask the staff what they will recommend.

Man　　: That's a good idea.　I often order the same things.

Woman : You should have more adventures !　Food is all about exploring new flavors.

Man　　: True.　I'll keep that in mind next time.

Question : How does the woman choose her dishes at a new place ?

3．At the post office, a man and a clerk are talking.

Woman : May I help you ?

Man　　: Hi, I'd like to send a package.　It's around 2kg.

Woman : Sure.　Where are you sending it ?

Man　　: To Osaka.

Woman : It is 390km away from here.　That will be ¥1,100.

Man　　: Oh wait, I just remembered he moved.

Woman : Where to ?

Man　　: He's now abroad.

Woman : Alright, let me check. . . .　That would be ¥3,200 for a 2kg package.

Man　　: Great, thank you for letting me know.　I'll be back soon.

Question : How much would it cost to send a 4kg package to him ?

Weight	～200km	201～400km	401～600km		International
Up to 1kg	¥ 500	¥ 700	¥1,100		¥2,500
1kg～3kg	¥ 800	¥1,100	¥1,500		¥3,200
3kg～5kg	¥1,100	¥1,500	¥3,200		¥4,000

(B)

4．A man is talking about an item on TV.

Hello, everyone !　I'll tell you about a very special product today.　It is a beautiful bag.　The bag is big and very strong.　You can put many things inside.　It is perfect for shopping, traveling, and more.　The normal price of this bag is $60.　But now, we have a special campaign.　You can buy this bag for only $40 !　Isn't that great ?

But wait, there is more good news.　If you buy two bags, you get even more discount.　Two bags are now only $70 !　You save $10 !　You can choose your favorite color from red, blue or green.　This special campaign is only for a short time.　Don't miss this chance !

Question : How much is a blue bag if you buy it now ?

5 . A man is making an announcement at the station.

Good morning, everyone.　Today, we have an important notice[announcement].　A train accident happened.　We are very sorry for this trouble.

If you want to go to Station A, you can use the Blue Line on platform 1.　But, it is 15 minutes late.　For going to Station B, please use a different line, the Green Line.　Today, the normal train to Station B is not running.　It takes only 20 minutes to Station B.　Please go to Platform 2 for the Green Line.

Thank you for listening.　Please be careful and safe.　If you have questions, please ask us.　We are here to help you.　Have a good day !

Question : If you take the Blue Line, where will you go ?

(C) ディクテーション

6 . There are three things you shouldn't forget : your wallet, your keys, and your phone.

7 . His brother often helps him with his homework on weekends.

【数　学】　(50分)　〈満点：100点〉

注意　1．定規，コンパス，ものさしおよび分度器は使わないこと。

2．電卓・時計・携帯電話等についている計算機能は使わないこと。

3．必要ならば，円周率はπを用いること。

4．図は正確でない場合がある。

5．根号を含む形で解答する場合，根号の中に現れる自然数が最小となる形で答えること。

6．答えは分母に根号を含まない形で答えること。

Ⅰ　次の各問に答えなさい。

問1．x^4-y^4を因数分解しなさい。

問2．連立方程式$\begin{cases}0.1(0.1x+5)=\dfrac{1}{100}y\\ x+y=20\end{cases}$を解きなさい。

問3．2次方程式$0.01x^2+1.6x+64=0$を解きなさい。

問4．$(5+\sqrt{3}+\sqrt{5})(5+\sqrt{3}-\sqrt{5})$を展開しなさい。

Ⅱ　次の各問に答えなさい。

問1．放物線$y=\dfrac{1}{2}x^2$と直線$y=3x+1$が2点A，Bで交わっている。2点A，Bのx座標をそれぞれa，bとするとき，abの値を求めなさい。

問2．$x=1-\sqrt{2}$のとき，x^3-2x^2の値を求めなさい。

問3．2^nを19で割ったときの余りが9となる最小の自然数nを求めなさい。

問4．1辺の長さが2cmの正三角形ABCが直線l上をすべることなく1回転するとき，この三角形が通った部分の面積Sを求めなさい。

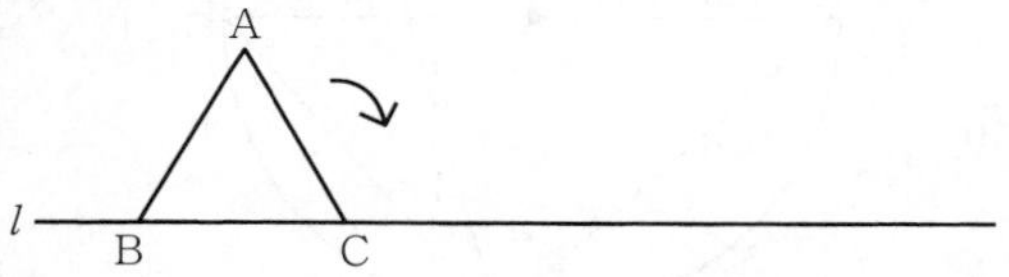

Ⅲ　図のように，1マスに1つずつ整数が書かれたすごろくがあり，はじめ0のマスに駒がある。1つのサイコロを振って出た目の数だけ駒を進める。ただし，奇数の目が出たときは正の方向，偶数の目が出たときは負の方向に進む。下の各問に答えなさい。

…	−5	−4	−3	−2	−1	0	1	2	3	4	5	…

問1．サイコロを2回振って，駒がちょうど−1のマスに止まる確率を求めなさい。

問2．サイコロを3回振って，駒がちょうど−1のマスに止まる確率を求めなさい。

問3．さらに「同じ目が連続して出た場合は駒を動かさない」というルールを追加する。サイコロを3回振って，駒がちょうど−1のマスに止まる確率を求めなさい。

Ⅳ　放物線C：$y=x^2$と直線l：$y=ax+1$がある。ただし，$a>0$とする。lとx軸，y軸の交点をそれぞれ点P，Qとし，Cとlの交点のうち，x座標の大きい方の点をR，もう一方の点をSとする。PQ=QRのとき，下の各問に答えなさい。

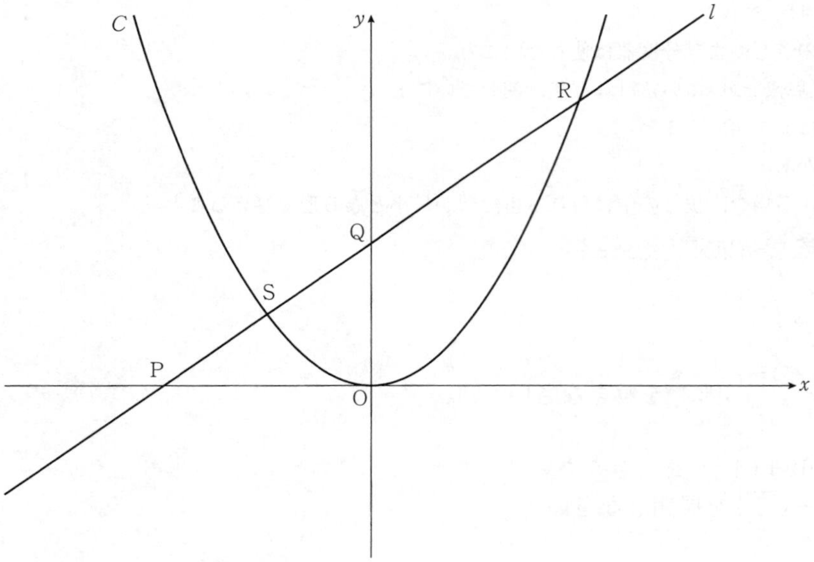

問1．点Rのy座標を求めなさい。

問2．aの値を求めなさい。

問3．RSの長さを求めなさい。

V　図において，△ABCはAB＝4cm，∠ABC＝30°であり，円Oに内接し，辺BCは直径である。また，点Pは点Aを含まない$\overset{\frown}{BC}$上を動く点である。点Aを通って直線APに垂直な直線と，直線PCとの交点をQとする。次の各問に答えなさい。

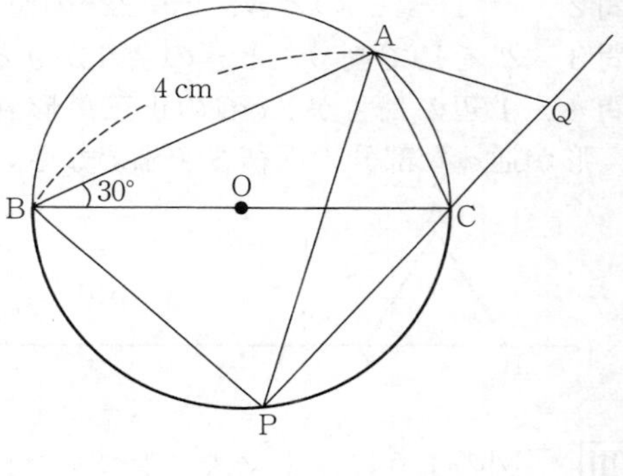

問1．△ABPの面積が最大になるときの△ABPの面積Sを求めなさい。

問2．点Pが点Cと重なるとき，直線PCは点Cにおける円Oの接線とみなせる。このときのQCの長さを求めなさい。

問3．点Pが，点Bから点Cまで動くとき，点Qが通ってできる曲線の長さlを求めなさい。

VI　図のように，1辺が6cmの立方体ABCD−EFGHがある。点Iは辺AB上にあり，AI：IB＝2：1である。次の各問に答えなさい。

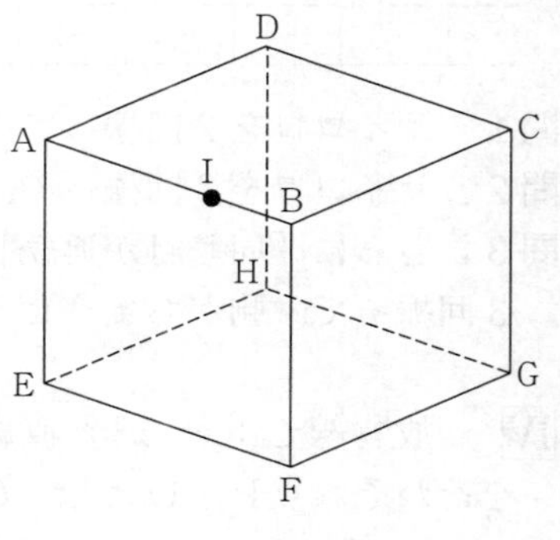

問1．立方体を3点I，F，Hを通る平面で切ったとき，頂点Eからその平面に垂線をおろす。このとき，その垂線の長さを求めなさい。

問2．立方体を3点I，F，Hを通る平面で2つの立体に分けたとき，頂点Eを含む立体の体積Vを求めなさい。また，途中式も含めてその考え方を書きなさい。

エ、互いに上司の理不尽を嘆き合う意識。

問五　傍線部③「いらだちと混乱の表情」とは、どのような感情から生じたものか。その説明として最も適切なものを次から選び、記号で答えよ。

ア、この鼠害が一体どれだけの大きな被害を引き起こすことになるのだろうかという強い懸念。

イ、部下である俊介の予想が的中してしまいそうなことに対して上司として感じる焦りと困惑。

ウ、俊介の提案を受け入れておけば良かったという後悔と部下の評価が上がることによる焦り。

エ、鼠害の予兆に対策をきちんと講じなかった責任を自分が負わされるかもしれないとの不安。

問六　傍線部④「俊介は用心ぶかくかまえた」との表現からは俊介の課長への強い不信感がうかがえる。一方で、課長が俊介に対して抱いている不信感がうかがえる表現を二十字以上二十五字以内で探し、そのはじめと終わりの五字を答えよ。ただし、句読点・記号等も字数に含むものとする。

問七　傍線部⑤「いつもはどっちつかずの薄笑いで相手を無視してしまう俊介」とあるが、「いつもの俊介」の説明として最も適切なものを次から選び、記号で答えよ。

ア、他人は自分勝手に物事を見ているのを知っている俊介は、相手に合わせる素振りを見せながらも一歩引いた所で冷静に分析している。

イ、自分以上の実力がある人物がいないと認識している俊介は、相手がなるべく傷つかないよう当たり障りのない行動をとろうとしている。

ウ、何をしても上手くいくはずはないだろうと考えている俊介は、相手に期待せず周囲から離れて一人きりで全部受け持とうとしている。

エ、同僚や上司がいかに幼いか分かっている俊介は、絶望のあまりに相手に薄笑いを返すことでしか対応することが出来なくなっている。

問八　傍線部⑥「倦怠から逃げたくて買って出たこと」とあるが、俊介が感じている「倦怠」とはどこから生じるものだと考えられるか。その考えられる答えとして適切でないものを次から一つ選び、記号で答えよ。

ア、決まった通りに普段の仕事をこなし、信頼のできない同僚たちとともに日々の憂さ晴らしをするだけで毎日が過ぎるような生活。

イ、社会の中の理不尽なあり方に疑問を持ちつつも、自分一人ではその変革が出来ず常にもがき続けることで疲弊してしまう世の中。

ウ、大きな自然の営みから分断される中で、人間によって作り出された無感動な社会の中に押し込められていなければならない一生。

エ、自分の能力がただ決まり切った仕事に利用されることでのみ消費され、自分自身でも自分の可能性を試すことができないあり方。

問九　傍線部⑦「ひょっとしてこの男なら愛せるかもしれない」とあるが、俊介は研究課長（農学者）をどのような人物であるととらえ、なぜそのように感じたのか。五十字以上六十字以内で説明せよ。ただし、句読点・記号等も字数に含むものとする。

たのだ。災厄は偶発事件ではない。この島国の風土を無視した生命の氾濫現象は一二〇年前から着々と地下に準備され、起るべくして起ったものである。はじめて農学者からササの実とネズミの関係を知らされたとき、彼はそのイメージの正確さに感動し、緊張した。その後山歩きのたびに彼は数式の因数がつぎつぎと出現して項がピタリピタリと満たされてゆく快感をつぶさに味わったのだ。連日連夜、東奔西走してネズミの大群と格闘する。その欲望を支えているものがじつは戦争ごっこのスリル、一種の知的遊戯に近いものであるといったらこの男は満足するだろうか。それよりも、むだと知りながらも組織を通じて怪物と闘って自分の力をじかに味わいたいのだという方が親切だろうか。

「どうしてほんとうのことをいってもらえなかったのかな」

農学者はあきらめたように顔をあげ、おだやかに微笑して不平をつぶやいた。

「ぼくだって君が純粋に社会的良心からやってるんじゃなかろうってことぐらいは認めるよ。たいくつしのぎもある。出世欲もあるだろう。しかし……」

農学者はそこで言葉をきると嘆息した。

「やっぱりぼくにはわからないね。君は無抵抗なのかと思えばそうでもない。積極派かと思えばチャッカリ計算もしている。その点ぼくにはどうも正体がハッキリしないんだな。ぬらりくらりしているくせに非常に清潔なところもあるらしいし、さっぱり本音がつかめないよ」

農学者は投げだしたようにそういうと、苦笑をうかべながら、グラスをさしだした。俊介は自分のグラスをそれに軽くあて、ウィスキーを舌でころがしながら、なんとなく、

（⑦ひょっとしてこの男なら愛せるかもしれない）

ネズミ騒ぎが終ってから、一度ゆっくり話しあおうと彼は思った。

（開高　健「パニック」より）

問一　傍線部①「この男は純真だ」と俊介が感じたのはなぜか。その説明として最も適切なものを次から選び、記号で答えよ。

ア、研究課長は、「鼠害を防ぐため俊介本人が直接上申書を出しても上手くいくはずがなかった」とするような発言に驚き、自分の浅い認識を恥ずかしく感じているから。

イ、研究課長は、「鼠害を防ぐための上申書の提出により上司との関係が悪化した」という俊介の静かな抗議を前にし、自分自身のうかつさを感じ取り動揺しているから。

ウ、研究課長は、自分が「俊介を利用して鼠害を防ぐ上申書を出させた」ということを俊介に指摘され、そのことに冷静さを装いつつも子どものように困惑しているから。

エ、研究課長は、「こうした形での上申書の提出では鼠害を防ぐどころか、窮地に陥ることもわかっていたのだ」と責める俊介に、驚きを隠せず、心が揺らいでいるから。

問二　空欄《Ⅰ》・《Ⅱ》に入る最も適切な語をそれぞれ下から選び、記号で答えよ。

Ⅰ　ア、誠実　　イ、隠君子　　ウ、酔狂　　エ、分不相応

Ⅱ　ア、急がば回れ　　イ、論より証拠
　　ウ、棚からぼたもち　　エ、沈黙は金なり

問三　空欄【X】に入る表現として最も適切なものを次から選び、記号で答えよ。

ア、鼠害が発生するのではないか
イ、本当は優秀なのでは
ウ、だしぬかれはしないか
エ、自分の考えは間違っていたのではないか

問四　傍線部②「友情」とは、どのような意識が反映した「友情」であるか。その説明として最も適切なものを次から選び、記号で答えよ。

ア、互いにいつも支え合おうとする意識。
イ、互いに想定の枠からはみ出ない意識。
ウ、互いに絶対に裏切ろうとしない意識。

ですよ。局長は自分で研究するのがめんどうだから課長にやれという。課長は部下にだしぬかれたんでカンカンになる。おまけに話の内容が途方もない幻想だと、こう三拍子そろえば処置なしですよ。いくら抵抗したってむだだからあっさりぼくは右へ回れしたんです」

「しかし、君、そのために君は課長の感情をえらく損ねたろう？ もともとそそのかしたのはぼくなんだから、恥をかかしたナとあとですまなく思ったよ」

「けれど現にネズミがわいたんですから、あのときのマイナス二〇点はいまじゃプラス四〇点か六〇点ぐらいにはなっていますよ。ぼくはそう計算したんです。気になさることはありません。ぼくは儲けていますからね。もしあのときもっと抵抗していたらそれを叩いた方はいまとなると完全に立場がなくなってしまいます。ぼくはますますけむたがられてマイナスばかりになるわけですよ」

「だから黙っていたんだね？」

「そうです。あのときは後のことを考えて最小《ミニマム》のエネルギーで最大《マキシマム》の効果をあげようと思ったんです。つまりミニ・マックス戦術ということになりますかね……」

「ミニ・マックス！ その言葉は君の発明かい」

研究課長が横道にそれてにわかに学者的な興味を抱いたらしいので俊介はハイボールに逃げることにした。これは聞きかじりの推計学用語を勝手に拝借したにすぎないのだ。彼はボーイをつかまえて番茶のように薄いハイボールの文句をいった。どうやら研究課長はその間に新語を詮索《せんさく》することを思いとまったらしかったが、そのかわり俊介は厄介な質問に立ちむかわねばならないこととなった。農学者は三杯めのハイボールにおぼれかかりながらも手をのばして彼の急所にふれたのである。

「ミニ・マックス、うまい言葉だな。最小のエネルギーで最大の効果を、か。《　Ⅱ　》の新解釈だね」

農学者はそこで一息つくと腰をすえて食いさがって来た。

「しかし、君。君はどうやら方針をまちがったらしいね。なぜなら、ミニ・マックス戦術というのなら、どうしてネズミがわいても知らん顔をしていなかったのだ。今度の災厄は君がどうジタバタしたってかないっこないんだよ。最大のエネルギーを使って最大の損失になるんだ。これほどむだなことはない。おまけに、上層の奴らはこの事件に手を焼いて責任を全部君にかぶせてくるかもしれないんだ。そこを、君、どう計算しているの？」

「たいくつしのぎですよ」

「……？」

俊介の答えに農学者はあっけにとられたらしくポカンと口をあけた。厚い眼鏡の奥でまじまじと眼を瞠《みは》っている相手の様子に俊介は後悔した。彼は相手の言葉に好意を感じたし、自分をするどく追いつめたその思考の速度に敬意を抱きもしたので、こんなはぐらし方をすることはいかにもやましい気がした。彼はいそいで言葉をつけたした。

「たいくつしのぎなんです。もちろんぼくは役人ですから自分の地位を高めるためなら他人をだしぬいてでも点数稼ぎをやりたいと思います。ミニ・マックス戦術ということも考えます。しかし、今度のネズミ騒ぎは、それよりなにより⑥倦怠から逃げたくて買って出たことなんです。良心からとは思えないんですよ。それに、おっしゃるとおりこの災厄はぼく一人の手ではどうにもならぬことくらい、誰にもハッキリわかっていることなんですから、たとえ失敗したって、とくにぼくの地位がどうのこうのということはないと思うんですよ」

農学者は彼の話に耳を傾け、慎重にひとつひとつの言葉を考えているようだった。その様子を見て俊介は上申書の件以来この男をただ世間知らずの学究肌の人間としてしか考えなかった自分の浅さを悔いたいような気持になった。おそらく彼のあやふやな説明で相手は納得しないだろう。次に切りこまれたらどう受けようかと彼は逃げ道をあれこれ考えた。はじめから彼は恐慌を力の象徴と考えて来にごすか、あるいはこれを機会に相手の歓心を買うべくはじしらずに媚《こ》びるか。いろいろと手はあると思ったが、事件ははじまったばかりなので、いままでどおり俊介はどっちつかずに黙っていることにした。

（中略）

俊介の予想通り、想像を超える数のネズミたちによりこの地方の山林はかつてない危機に見舞われた。山林の被害は甚大でさらに倉庫や製粉所や穀物倉も襲われ、ネズミはその数を増すばかりとなる。

毒薬もイタチもワナもまるで効果がなかった。はじめ対策委員会が設けられて俊介がいろいろの案を発表したとき、ひとびとは活路と希望をあたえられたような気持になったらしいが、日ごとに高まる恐慌の事実とあらゆる努力の無効を知ってからというものは俊介に対して不信と軽蔑を表明するばかりであった。そして俊介が殺鼠剤を配給するため徹夜でトラックを山にとばしたり、会議の連続でへとへとになったり、陳情人の応接に忙殺されたりしているみじめな有様を見て、同僚のなかには、なぜこんなことになる前に去年の上申書却下のときもっと抵抗しなかったのかというような非難をあからさまに持出す者までで来た。⑤いつもはどっちつかずの薄笑いで相手を無視してしまう俊介も、これを耳にしたときばかりは、その男を殺したいような憎悪を感じた。

ある夜、彼は研究課長に誘われて久しぶりに酒場へ行った。（中略）恐慌が発生してからというものはこの男も多忙をきわめ、おなじ建物にいながら二人はろくに顔もあわせる機会がなかったのである。それぞれ二杯めのグラスが並べられるようになってから二人はやっと口をきいた。

俊介は各地の山林の被害を綿密に説明し、それに対して打った自分の手をのこらず伝えた。彼は二、三日中に小学生や中学生を動員して被害地の林と畑に毒薬をまこうとしていることや、ネズミを捕えた者に賞金を渡す計画なども考えていることをこまかに述べた。

「どの程度利くかわかりませんが、とにかくもう大衆動員しなければ追っつけない状態なんです。なにしろ向うは殺しても殺しても人海戦術でやって来るんですからね」

研究課長は彼の話を聞きながらいちいちうなずいていたが、話がおわると、暫く考えてから、

「へんな話だが、ぼくは君を見そこなっていたよ」

と少してれくさげな表情でつぶやいた。

「どうしてですか？」

俊介がたずねると研究課長はグラスをおいて微笑した。

「つまり、ぼくは、去年の上申書の件以来、君がネズミのことをすっかり投げたと思っていたんだよ。だってあのとき、君は全然抵抗しなかったからね。ぼくは君があきらめたものと思っていた。春になって、いざ予想どおりにネズミがわけば君はそれ見たことかとせせらわらうつもりじゃなかったのか。ぼくはそう感じていたんだ。いやな奴だな、と」

俊介はウォッカを一口すすってから手の内を公開することにした。この男は衰弱した同僚のように彼の無抵抗を非難しているのではない。それに、彼に恐慌の壮大なイメージと暗示をはじめにあたえてくれたのはこの男だし、その後すべての人間に軽蔑され、疎外された彼を理解して惜しまず資料を提供してくれたのもこの男だ。一度は彼を利用して自説を通そうとして失敗したが、それはこの男が役所内の村政治、面子《メンツ》の体系を無視したからにすぎない。

「はじめからぼくは投げていませんよ。あの上申書はむだと知りながら、後日のために提出したんです」

彼はウォッカのグラスをあけるとボーイにハイボールを註文《ちゅうもん》しながら研究課長に説明した。

「あれはうちの課長をとびこして直接局長宛にだしたでしょう。課長やら部長やらをたらいまわしされてぐずぐずしておればササはどんどんみのってしまうんですから、そうするより仕方がなかったん

相手の眼を見て思った。

「実はね、ネズミが出たんだよ」

課長は顔を近よせて小声でいった。あまりの口臭に俊介は思わず顔をそむけた。そんなことに課長は気がつかず、俊介の耳に生温かい息を吹きこんだ。

「その風呂敷は、昨日、派出所から送って来たんだが、木こりの弁当包みなんだ。うっかり地面において仕事している間にやられたんだそうだ」

「やられた、というと？」

「ネズミさ、ネズミにかじられたんだよ。中身の竹の皮やニギリ飯なんか、跡形もなかったそうだ。木こりは肝をつぶして昼から仕事をやめて村におりたということだ」

課長はそれだけいうと椅子に背を投げ、にがにがしげに唇をかんだ。

（いよいよ来たな……）

俊介は課長の眼にある③いらだちと混乱の表情を見て、つよい満足感を味わったが、口調はいんぎんにおさえた。

「風呂敷をかじったのは一匹ですか？」

課長は警戒するように俊介の顔をちらりと見たが、すぐ手をよわよわしくふった。

「見当がつかないらしい。とにかくたいへんな数だそうだ。ここに報告書があるから、あとで読み給え。困ったことになりそうなんだ」

俊介は課長が投げてよこす書類綴《つづ》りを手に受けた。繰ってみると、どの報告書にもそれを送って来た至急便の封筒がついていた。しばらくだまって爪をかんでいた課長は、なにを思いついたのか、ふいに体を起した。その眼からさきほどの混乱の表情が薄れているのを見て④俊介は用心ぶかくかまえた。

「君。君は派出所から来る日報を読んでるね？」

「ええ」

「ずっと？」

俊介は言葉を注意して選んだ。

「私のところへ来た分は全部読んでいるつもりです。この報告書は、いまはじめて見せられたので、別ですが……」

課長はあわてて手をふった。

「いや、それは、なにも君を無視したわけではないんだ。それは、べつに、どうでもいいんだが、俺にはわからないことがある」

「なんですか？」

「……つまりだナ、どうしてそれほどネズミがいるのにいままでわからなかったかということだ。ついこないだまで、日報はどれもこれも特記事項ナシばっかりで、なにもネズミのことなんかにふれていなかったじゃないか」

俊介はばからしさのあまり、あいた口のふさがらないような気がした。

「その報告書を読んで見給え。いいかげんなことをいってるぜ、雪がとけてみたら木がまる裸になってたんでびっくりしたなんてトッポイことをヌケヌケ書いている。どうしてそんなことがいままでわからなかったんだ」

課長は目的を発見したので語気するどく、かさにかかった口調でそういった。俊介にはその思わくがすぐのみこめた。この男は早くも責任回避の逃げ道を発見したのだ。予防策をなにひとつ講じなかったくせに、いまとなって事の原因がまるで派出員の怠慢だけにかかっているかのようなもののいい方をする。派出員がどれほど熱心に山のなかを歩きまわったところで、雪のためにネズミの音信は完全に断たれていたのだ。かろうじて雪の上にでた木の幹だけがネズミの活動を知らせる唯一のアンテナだったのだ。それに、なによりも問題なのは派出員が幹の咬傷《こうしょう》をどれほどくわしく熱心に調査したところでいまさらどうしようもなかったということである。いっそここでいやがる相手に動物学を講義して真相をすっかりさらけだしてしまうか、それともその場かぎりのいいかげんな同意でお茶をこの書類の効果を期待していた。これに反し、作成者の俊介自身は毎夜おそくまで仕事に没頭しながらまったく成果を信じていなかった。

果して、書類を作るのには三週間ちかくもかかったが、ボイコットされるのには三分とかからなかった。局長は自分で眼をとおす前に課長を呼んだのである。課長は俊介がそんな書類を直接局長宛にだしていることをまったく知らされていなかった。俊介は役所仕事の性質や命令の垂直体系ということを計算に入れなかったわけではないが、企画の結論が火急を要しているためと研究課長のつよい要求があったため、わざと課長や部長を無視したのだった。正しい手続をふめば企画が局長室までたどりつくのに何日かかるかわからないし、途中のどこでとまってしまうかもしれない。そのうえ課長会議で自説を蹴られた研究課長は彼をだしにして我意を通そうとあせっていたのである。

課長はにがりきった表情で俊介を呼びつけ、危く局長室で恥をかきそうになった不満をぶちまけた。そして書類をそのまま机のひきだしにほうりこんで鍵をかけてしまった。俊介は自分がピラミッドの底辺に立っていることをそのときあらためて知らされた。

研究課長は彼に事の始末を聞かされると歯がみしてくやしがった。その素朴さに俊介はふと悪意にちかい感情を抱いた。彼はひややかに、しかしあくまでいんぎんに話の終りへつけたした。

「……けれど、こうなることははじめからわかっていたと思うんですが？」

「どうしてだね」

「ぼくだって部下にだしぬかれるのはいやですよ」

相手は思いがけぬ反撃に出会ってたじろいだ。俊介は眼の奥で焦点をむすんだような、いかにも学者めいて澄んだ研究課長の眼を狼《ろう》狽《ばい》の表情がかすめるのを見た。①この男は純真だ。自分の手の内を見すかされたと思って恥ずかしがっている、と俊介は思った。

結局、この企画は水に流されてしまい、俊介は課長から反感を、同僚からは軽蔑を買うこととなった。仲間はササとネズミの関係をおぼろげに知ってはいたものの、誰も積極的に発言しなかった。彼らはその日その日のあたえられた仕事をなんとかごまかすことだけで精いっぱいなのだ。来る日も来る日も、一日はろくにわかりもしない伝票に判コをおすことだけですぎてしまう。そんな生活を酒場で〝ポンポコ人生、クソ人生〟などと自嘲の唄でまぎらしているばかりなのである。はじめ彼らは俊介がべつに命令されたわけでもない仕事に熱を入れるのを《 I 》だといって相手にしようとしなかったが、そのうち彼がほんとうに企画書を書きあげて局長宛に提出するのを見ると、にわかに【 X 】という不安と嫉妬を感じた。俊介は急に課内でけむたがられ、うとんじられた。その疎外は、しかし、永つづきしなかった。みごとに彼が失敗したからである。安心した仲間はふたたび②友情と、あるやましさのまじった同情を抱いて彼にちかづいて来た。彼らは酒場で気焔《きえん》をあげ、しきりに俊介を弁護して課長の官僚意識をののしったが、俊介自身は意見を求められても薄笑いするばかりで相手になろうとしなかった。

（中略）

冬は意外に暖かった。いつもなら三月の末までいるスキーヤーも中頃にはみんな都会へ引揚げてしまい、毎日、よく晴れた日がつづいた。雪どけのニュースが新聞にちらほらあらわれはじめたある日、俊介は課長から呼ばれた。

課長は彼を呼びつけると、だまって一枚の風呂敷をわたした。あちらこちら穴があいて、ぼろぼろになった風呂敷である。

「なんだと思うかね」

「……？」

彼は答えに困って眼をあげた。すると、いつもは傲慢な課長の顔に奇妙な困惑の表情がうかんでいた。

「実はね……」

そういいかけて体をのりだした課長はすばやく室内を見わたした。人目をしのぶときだけこの男は精悍《せいかん》になる。俊介はするどく光ったな対策が必要だということ。

エ、他と比べて発生する確率が低かったとしてもそれ以上に強盗の失敗への影響が強いと判断すれば、そちらを優先して対応策を考えるべきだということ。

問六　傍線部③「緻密な計画」とあるが、筆者は「緻密な計画」を無理に立てようとする原因は何だと述べているか。それが分かる箇所を本文中から十字以上十五字以内で抜き出せ。ただし、句読点・記号等も字数に含むものとする。

問七　傍線部④「絶対に失敗しない完全な計画を立てることは不可能なのである」とあるが、それはなぜか。その説明として最も適切なものを次から選び、記号で答えよ。

ア、どれだけ緻密に計画を立てても必ず考えつかないことが起こるため、予想済みのことが起きてもそれ以外のことが起きても、失敗することには変わりがないから。

イ、そもそも起こりうることのすべてを考慮した計画を立てること自体ができないため、どのように計画しても、失敗に終わる可能性をゼロにすることは無理だから。

ウ、起こりうる可能性のあるものは無限にあり、これを予想すること自体ができないことであるので、どんな手段を考えても成功する確率を高めることは無理だから。

エ、緻密な計画を立てるためにはすべての失敗を考慮しておく必要があるが、失敗の可能性が無限にあるため、緻密な計画自体が絶対に成り立たないものであるから。

問八　傍線部⑤「ジレンマ」の用法として誤っているものを次から一つ選び、記号で答えよ。

ア、「全てのクレタ人は嘘をつく」とクレタ人が言った、というジレンマ。

イ、あの人は、本当は寂しがり屋で人と接したいのに、親しくなると自分が傷つくのが怖くて関係を築けないというジレンマに陥っている。

ウ、寛容な社会を実現するには、不寛容に対してだけは不寛容にならざるを得ないというジレンマ。

エ、彼は仕事と家庭を両立したいが、仕事を努力すればするほど、家庭が崩壊していくというジレンマに苦しんでいる。

問九　傍線部⑥「計画とアジャイルの適切なバランスが何と言っても重要」とあるが、そのバランスが取れている状態の具体例を自分で考えて説明せよ。

【条件】

・具体例は、本文中に紹介されているもの以外で、自分で考えること。

・字数は八十字以上百字以内で、段落は作らず一マス目から詰めて書くこと。ただし、句読点・記号等も字数に含むものとする。

三　次の文章を読んであとの各問に答えよ（なお、出題の都合上、本文を省略した箇所がある）。

県庁山林課の俊介は、前年に百二十年ぶりに笹が一斉に開花し、多くの実を実らせたことから、ネズミの大繁殖とそれによる林業や農業などへの大被害（鼠害《そがい》）が発生する可能性を危惧していた。しかし、その危機を理解する者は多くなかった。

山林課が研究を実行に移さないかぎり、学者たちの報告書はホゴの山になってしまうのである。俊介は課長会議の結果を聞くと、研究課の資料や技官たちからの助言を借りて綿密な対策書を書きあげそれを上申書という形式で直接局長宛に提出した。対策書の結論はササ原をいくつもの小区分にわけて秋までに焼いてしまうということだった。ササがみのるのを防がないかぎり鼠害はさけられないという考えで、彼は三県にまたがる広大なササ原を山火事にならぬようブロックごとに仕切った、くわしい地図までそえて提出したのである。研究課の学者や技官たちは、表面は悲観的でも内心ひそかにずは小さな単位で試しながら、試行と修正を繰り返してソフトウェアの全体を完成させていくという手法である。
　このソフトウェアの開発における用法が拡張されて、「アジャイル」という言葉は、いまでは行動一般にかんして用いられるようになった。すなわち、何らかの行動をしようとするとき、事前にきちんと計画するのではなく、進行中のその時々の状況に応じて適当にどうするかを決め、うまく行かなければ修正を行うといったことを繰り返して、行動全体を完遂するというやり方が「アジャイル」とよばれるようになったのである。
　仕事の打合せのなかで「アジャイルで行こう」と言われた場合、それはようするにその場でやりくりしようという意味である。私たちはついつい、しっかりした計画を立てて、絶対に失敗しないようにすべきだと考えがちであるが、そのような緻密な計画を立てることは、実際上ほとんど不可能であるか、あるいはきわめて効率が悪い。緻密な計画にこだわるのは、失敗にたいする「病的な恐怖」によるところが大きい。
　たとえば、恐ろしくて飛行機に乗れない人がたまにいる。そのような人は飛行機の安全性を十分理解していても、飛行機に乗るのを恐れる。たしかに危険な状況で恐怖を抱くのは適切であり、それは逃げるといった行動を引き起こして、じっさいに害を被ることを防いでくれる。しかし、危険でない状況で恐怖を抱くのは不適切である。それは害の未然の防止に役立たないどころか、有益な行動を妨げもする。飛行機への恐怖は、このような病的な恐怖である。

（中略）

　もちろん、アジャイルが重要だと言っても、計画がいっさい無用だというわけではない。過度に緻密な計画は無用だが、適度な計画は効率の面でも、成功率の面でも、重要である。結局、適度な計画を立て、あとはその場のやりくりに任せることが大切だ。つまり、⑥計画とアジャイルの適切なバランスが何と言っても重要なのである。

（信原幸弘『「覚える」と「わかる」 知の仕組みとその可能性』より）

問一　空欄[a]～[d]に文脈上あてはまる語の組み合わせとして最も適切なものを次から選び、記号で答えよ。

ア、a　だが　b　要するに　c　また　d　確かに
イ、a　むしろ　b　あるいは　c　やはり　d　さて
ウ、a　しかし　b　また　c　たとえば　d　もちろん
エ、a　ところで　b　しかし　c　確かに　d　また

問二　空欄《Ⅰ》・《Ⅱ》に入る最も適切な語をそれぞれ下から選び、記号で答えよ。

Ⅰ　ア、馬耳東風　イ、下手の長談義
　ウ、帯に短し襷《たすき》に長し　エ、下手の考え休むに似たり
Ⅱ　ア、揚げ足をとる　イ、厳密を期す
　ウ、口火を切る　エ、鼻をあかす

問三　空欄【X】に入る表現として最も適切なものを、本文中から三字で抜き出せ。

問四　傍線部①「家具の配置換えを計画的に行う」ことを筆者が別の言葉で表現している。その箇所をこの傍線部より後から十字以上十五字以内で本文中より抜き出せ。ただし、句読点・記号等も字数に含むものとする。

問五　傍線部②「どの事柄を無視するかは、それが生じる確率だけで決まるわけではない」とあるが、これはどういうことか。その説明として最も適切なものを次から選び、記号で答えよ。

ア、他と比べて考えていなかった事態が発生する確率は低かったとしても、起きてしまった場合に命の危険が伴う事柄であれば無視はできないということ。
イ、発生した場合に大きな妨害が考えられるものより、優先順位をつけ発生する可能性が高い順にしっかりとした対策を考えていかなければならないこと。
ウ、強盗を成功させるまでには様々な妨害の可能性が考えられるが、そのような妨害等が起きても絶対に失敗しないような綿密

る確率だけで決まるわけではない。生じる可能性のある事柄のうち、銀行強盗の成功を大きく妨げるものもあれば、そうでないものもあるだろう。つまり、事柄によって、それが生じたときにどれだけ成功を妨害するかが異なる。これを「妨害量」の違いとよぶことにしよう。妨害量の大きい事柄ほど、それが生じたときに成功を大きく妨げる。

　銀行強盗中にバナナの皮ですべって転ぶことは、きわめて確率が低いとはいえ、それが生じれば、ほぼ確実に捕まる。したがって、その妨害量はかなり大きい。これにたいして、行員の尋常ならざる悲鳴は、ある程度の確率で起こるとはいえ、それほど銀行強盗の遂行に支障を来《きた》さないだろう。したがって、その妨害量はあまり大きくない。

　このような妨害量が、どの事柄を無視するかに関係してくる。バナナの皮による転倒が行員の尋常ならざる悲鳴よりもはるかに確率が低いとしても、それらの確率とそれぞれの妨害量を掛けあわせた値（妨害の「期待値」とよばれる）は、バナナの皮による転倒のほうが大きいかもしれない。そうだとすれば、バナナの皮による転倒のほうが、銀行強盗の成功をより大きく妨げることになろう。そうであれば、行員の尋常ならざる悲鳴を無視して、バナナによる転倒のほうを考慮に入れることになるだろう。つまり、どの事柄を無視するかは、その事柄が生じる確率だけではなく、その確率と妨害量を掛けあわせた値（つまり妨害の期待値）によって決まるのである。

　以上、《　Ⅱ　》ために、少し込み入った話をしたが、ともかく重要なことは、どれほど③緻密な計画を立てるにせよ、完全な計画を立てることは不可能だということである。起こる可能性のある事柄はほぼ無限にあり、そのすべてを考慮することはできないから、一部の事柄は起こらないものとして無視するしかない。つまり、想定外とするしかない。しかし、想定外の事柄も、生じる確率がゼロでない以上、起こりうる。そして、もしそれが起これば、計画はおそらく失敗するだろう。したがって、④絶対に失敗しない完全な計画を立てることは不可能なのである。そこには、計画を立てることは重要だが、完全な計画を立てることはできないという⑤ジレンマがある。このことはよく頭に入れておいたほうがよいだろう。

　完全な計画が不可能だとすれば、少なくともある程度は、その場で対処していくしかない。その場の状況を見ながら、その場で考え、その場でどうするかを決める。その場で考えていては間に合わないこともあるから、そのようなことについては、あらかじめ計画を立てる必要がある。しかし、その場で考えても間に合うことは、その場で対処すればよい。たとえば、複雑な迷路のようになった地下鉄の駅に初めて行くときは、あらかじめ地図を見て出口を調べておいたほうがよいだろうが、初めてでないときは、事前に調べなくても、たいていそれほど迷わずに出口を見つけることができる。

　どのような状況になるのかがよくわからないときに計画を立てるのは、起こりうるさまざまな状況を想定しなければならないから、本当にたいへんである。それぞれの状況のもとでいちいちどうするかを決めていかなければならないので、その計画は複雑かつ膨大なものとなろう。しかも、想定した状況のほとんどはじっさいには起こらないから、せっかく立てた計画も、その大部分は活用されず、無駄となる。

　そうだとすれば、むしろ計画を立てず、その場で対処するほうがよいのではないだろうか。たしかに事前の計画が必要な場合もあるが、積極的にその場の対処に任せるほうがかえって効率がよいことも多い。

　このような考えにもとづいて最近よく用いられるようになった言葉が「アジャイル（agile）」である。この言葉は、辞書的には「機敏な」とか「身軽な」を意味するが、コンピュータのソフトウェアの開発において、従来とは異なる新しい開発手法を表すのに用いられるようになった。すなわち、ソフトウェアを開発するさいに、初めからすべての工程にかんして綿密な計画を立てるのではなく、まゴミに出したのだとハタと気づく。挽《ひ》いてある豆を買うべきだったと後悔しつつ、仕方なくお茶をいれて飲む。せっかく買ったコーヒー豆は無駄になってしまう（腐るものではないのでとってはおけるが）。

さらに、計画を立てないと、やったことが無駄になるどころか、邪魔にさえなることがある。家具の配置換えをしようと思って、机や椅子、本棚を動かしてみる。しかし、やみくもに動かしたりすると、[c]動かした机が邪魔になって、そこに本棚を置くことができなかったりする。そこで、仕方なく、机を元の位置に戻す羽目になる。家具の配置換えは、結構複雑な作業だ。行き当たりばったりでは、ある移動がつぎの移動の邪魔になることがある。どれをどの順に移動するかの事前のしっかりした計画が必要だ。「机上の空論」とか「《　I　》」という言葉があるように、現実と噛《か》み合わない上滑りの思考は、空転するばかりで役に立たない。しかし、現実としっかり噛み合った思考は、きわめて有用である。①家具の配置換えを計画的に行うには、部屋の図面を書いて、どこに机や椅子、本棚を置くかを書きこみ、それらをそこに移動するためには、どの順にどのルートで動かすかを具体的かつ詳細に決めなければならない。それはまさに「机上」で綿密に行わなければならない。そのような「机上」の緻密な計画があってはじめて、効率的な配置換えが可能になる。

[d]、計画を立てるには、それなりの時間と労力がかかる。場合によっては、とくに計画を立てずに、適当に場当たり的にやったほうが早く楽にできるかもしれない。汚れた食器を洗浄機に入れるとき、どれをどの順にどこに置くかをあらかじめ決めるのは、非常にむずかしい。そんなことをあれこれ考えるより、適当に入れて、うまく行かなければやり直すようにしたほうが、はるかに早いし、楽である。

とはいえ、たいていは計画的にやったほうが効率的である。家具の配置換えについて計画を立てるのは、なかなか手間暇のかかる作業だが、計画を立てたほうが早く楽にできる。重たい机や本棚を動かすのは時間と労力がかかるし、それを何度もやり直すのは耐えがたい。そのような試行錯誤を図面上で行うことができるのは、私たち人間の恵まれた才能だ。計画はそのような才能を活かした人間独自のすぐれた営みなのである。

たしかに計画は重要だ。しかし、読者のみなさんもおそらく身に染みているように、どれほど緻密に計画を立てても、必ず【　X　】のことが起こる。

たとえば、さまざまな可能性をよく考えて周到に計画を立て、そのうえで銀行強盗を決行したとしよう。ところが、銀行の床にたまたまバナナの皮が落ちていて、それで滑ってあっけなく捕まってしまう。もちろん、バナナの皮が銀行の床に落ちていることはまずないが、その可能性はけっしてゼロではない。完全な計画を立てようとすれば、どれほど確率の低い出来事でも、それが生じたときの対策を考えておかなければならない。

しかし、生じる可能性のあることは、きわめて確率の低いものまで含めれば、ほとんど無限にあると言ってよい。たとえば、銀行強盗中に、赤ちゃんが突然泣きだして、その声で外にいる仲間と連絡がとりづらくなるとか、行員の尋常ならざる悲鳴に驚いて腰を抜かす、運転を誤った車が銀行に突入してくるなど、可能性は低くても、けっして起きないとは言えない。さらには、ミサイルの飛来や隕石《いんせき》の落下といった出来事すら、確率はゼロではない。このようなほとんど無数の起こりうる事柄をすべて考慮することは、私たち人間には実際上不可能である。

したがって、どれほど緻密な計画を立てるとしても、きわめて確率の低い事柄は無視せざるをえない。ミサイルの飛来や隕石の落下は、確率がゼロではないとはいえ、起こらないものとして考慮の外に置くほかない。

ただし、厳密に言えば、②どの事柄を無視するかは、それが生じ

二〇二四年度 法政大学第二高等学校

【国語】（五〇分）〈満点：一〇〇点〉

一 次の各問に答えよ。

問一 次の①～④の傍線部の語の「対義語」を正確に漢字二字で答えよ。

① 広大な土地が雨水を吸収する。
② 第三者のとりなしで交渉は妥結した。
③ 困難を乗り越えて二人の仲が進展する。
④ どんなに取り繕っても真実はいつも一つ。

問二 次の①～②のア～ウのそれぞれの傍線部の語の中から一つだけ文法的な説明が異なるものを選び、記号で答えよ。

① ア、私にはどこを探しても欠点はない。
イ、彼を誘ってはみたものの来られないそうだ。
ウ、桃が傷まないように気をつける。

② ア、勉強せずにゲームばかりしている。
イ、ゴール前には敵ばかりいる。
ウ、電車の遅延で5分ばかり遅れる。

問三 「バットで打つタイミングをはかる」と同じ「はかる」を用いている一文を選び、記号で答えよ。

ア、穀物の重さをはかる。
イ、自分の将来をはかる機会になった。
ウ、友人とコミュニケーション改善をはかる。
エ、水の深さをはかる。

問四 次の①～③の傍線部の漢字の読みをひらがなで答えよ。

① 冊子を無料で頒布する。
② 別のもので代替する。
③ 先人の業績を礼賛する。

二 次の文章を読んであとの各問に答えよ（なお、出題の都合上、本文を省略した箇所がある）。

外出したさい、ちょうどお昼なので、その辺で昼飯を食べようと思ったら、ラーメン屋が目に留まった。ラーメンもいいが、もっとほかに美味しいものがあるかもしれない。そう思って、つぎの店を探す。すると、そば屋が目に入った。そばか、それもいいけど、もう少し探してみよう。こうして洋食、とんかつ、お好み焼き、等々、いろいろな店をめぐるが、結局、どれもいまいちで、決められない。探せば探すほど、余計に迷ってしまう。最後は、もう何でもいいや、と思って、眼の前のラーメン屋に入る。そうしたら、そのラーメンはいまいちだった……。

こんな失敗をしないためには、あらかじめ周辺にどんな店があるのかをよく調べ、腹の減り具合や懐《ふところ》具合を勘案して、どの店で何を食べるかをしっかり決めておかなければならない。このような計画を事前に立てておけば、昼飯を求めて当てもなく彷徨《ほうこう》するというような愚は避けられる。

このように計画はたしかに重要である。よく計画してから行動せよと言われることも多い。[a]、なぜ計画は重要なのだろうか。あらためて考えてみよう。まず、その場で考えたのでは間に合わないケースがある。「泥縄」という言葉が示すように、泥棒を捕まえてから縄をなっていては、泥棒に逃げられてしまう。泥棒を捕まえたらどうするかをあらかじめ考えて、縄で縛ることにするなら、縄をなって用意しておかなければならない。事が起こってから対策を考えようとしても、十分考える時間はないし、いい対策を思いついても、準備する時間がない。まさに「泥縄式」の対応になる。

[b]、計画を立てないと、せっかく行ったことが無駄になることがある。今夜は、コーヒーでも飲みながら、本を読もうと思って、コーヒー豆を買って帰る。しかし、コーヒーミルを探してみると、どこにも見当たらない。そういえば、古くなったので、先日、

2024年度／法政大学第二高等学校

英語解答

Ⅰ (A) 1…(う)　2…(い)　3…(え)
(B) 4…(い)　5…(あ)
(C) 6 There are three things you shouldn't forget
7 His brother often helps him with his homework on weekends

Ⅱ 8 ３番目…け　７番目…え
9 ② writing　④ work
⑩ gave
10 (い)
11 (誤)…learned　(正)…learn
12 ⑥…(え)　⑦…(あ)　⑧…(う)
13 to, France〔Paris〕　14 (い), (お)

Ⅲ 15 ３番目…あ　６番目…く
16 (う)　17 (あ)　18 (あ)　19 (う)
20 facilities　21 (い), (え)

Ⅳ 22 (a) right　(b) kind
23 (a) hand　(b) receive　(c) rest
24 (a) how to
(b) told, didn't, them

Ⅴ 25 (a) died, finishing
(b) No other
(c) had, could buy
26 (a) ３番目…い　５番目…き
(b) ３番目…え　５番目…い
27 (a) (例) I wish I could go there with you.
(b) (例) Ask that〔the〕 girl how old she is.

Ⅰ〔放送問題〕解説省略

Ⅱ〔長文読解総合―伝記〕

≪全訳≫❶アリス・コグスウェルは1805年８月21日，コネチカット州で生まれた。彼女の父のメイソン・コグスウェル博士はコネチカット州の有名な医師だった。彼は目から白内障を取り除く最初の治療を行った。アリスは２歳のとき，現在ははしかだと考えられている「紅斑熱」にかかって耳が聞こえなくなり，すなわち聴力を全て失って，後には発話能力も失った。その当時，耳が聞こえない人は話すことができないので，考えることも論理的に判断することもできないと一般的に考えられていた。過去に本当に悪いことをしたから耳が聞こえなくなるとか，耳が聞こえない人は邪悪な魂を持っているなどと考える人さえもいた。また，耳が聞こえない人は教えることができないと広く信じられていた。コグスウェル博士はアリスが大好きで，①もう娘とコミュニケーションをとれないことは彼をとても悲しませた。彼女は人生の初期を黙って過ごした。遠くから他人を観察するだけだった。彼女の兄弟姉妹は，彼女にはもうできないと思っていたので，彼女とコミュニケーションをとろうとはしなかった。❷アリスが９歳のとき，新しい隣人のトーマス・ホプキンズ・ギャローデットは，彼女が他の子どもたちと遊んでおらず，外で１人で座り，彼らが遊ぶのを見ていることに気づいた。彼が理由を知ろうと外に出ると，他の子どもたちがアリスは耳が聞こえないと彼に言った。手話を知らなかったので，トーマスは自分の帽子を指し，土にH-A-Tと書いてアリスとコミュニケーションをとろうとした。彼女は彼を理解した。ギャローデットはアリスの頭の良さに驚き，すぐにアリスに読み書きを教え始めた。ギャローデットはとにかく彼女を元気づけるために一緒に時間を過ごすことにし，しばらく地面に絵を描いて過ごした。その日，コグスウェル博士が仕事から帰宅すると，アリスは新しい友達のトーマスと一緒に砂に字を書いたやり方をやって見せた。コグスウェル博士はとても感動したので，ギャローデットに娘を助けてくれるよう頼んだ。アリスは聴覚障害者についての固定概念の多くを打ち破った。ギャローデットは耳が聞こえない生徒への教え方がわからなかったので，それはゆっくりと進んだ。彼の教え方がうまくいくこともあれば，あまりうまくいかないこともあり，全くうまくいかないこともあった。数年後，アリスの父親はギャローデットと，アメリカに聾《ろう》学校を設立することについて話をした。コグスウェル博士をはじめとする町のお金持ちや有力者たちは，自分たちの州に40人以上耳が聞こえない子どもがいることを知り，他の州にも聾学校があれば利益を得るであろう耳が聞こえない子どもたちが大勢いるだろうと思った。彼らは，ヨーロッパには多くの聾学校があるので，ギャローデットがそこに行き，耳が聞こえない生徒たちへの指導を学ぶことを提案した。そうすれば，彼は戻ってきて，大成功を収める聾学校を設立することができるだろう。コグスウェル博士はヨーロッパで使われている手話用のアルファベットについて話し，それはトーマスの興味を引いた。❸トーマスは同意し，トーマス・ブレイドウッドによって考案された耳が聞こえない人の指導法を学ぶため，アメリカからイギリスへと向かった。ブレイドウッド家は耳が聞こえない人に読唇術と発話を教育した。⑥しかし，トーマス・ギャローデットは，耳が聞こえない人にとって話すことが自然なことだとは思わなかった。彼は手話用のアルファベットについてもっと知りたかったのだ。⑦ロンドンに滞在中，トーマスはシカール神父のクラスに参加した。シカール神父はパリの国立聾学校で，耳が聞こえない生徒たちにフランス語の手話を教えていた。この学校はド・レペー神父によって設立された。⑧彼は「耳が聞こえない人の父」としても知られていた。シカール神父には，ジャン・マッシューとローラン・クレールという２人の最高の教師もいた。ギャローデットはシカールの指導にとても興味を持ち，アメリカに聾学校を設立することを彼に持ちかけた。シカール神父は，トーマスが彼の学校に通い，できるだけ多くのことを学んでアメリカに持ち帰ることができるよう，フランスに招いた。❹数か月後，トーマスはこのことがとても大変な仕事であり，自分１人ではできないことに気づいた。トーマスは，アリスを教えるのを手伝ってくれるよう，耳が聞こえない指導者のローラン・クレールをコネチカット州に招いた。クレールは同意し，２人はアメリカに向けて出航した。船上で，クレールはギャローデットに手話を教え，ギャローデットはクレールに英語の読み書きを教えた。❺ギャローデットがヨーロッパにいる間，アリスは読み書きを学び，姉〔妹〕と一緒に普通の健聴者向けの学校に通えるほどになったが，この状況は理想的ではなかった。彼らが戻ってくると，アリスは自分の先生のトーマスと彼の新しい友人のローラン・クレールに会ってとても興奮した。ローランはすぐにアリスと勉強を始め，彼女にサインネームをつけた。後にアメリカ聾学校と改称されるコネチカット聾唖者教育指導施設がトーマス・ギャローデットとローラン・クレールによって設立されると，アリスは申し込みをした最初の生徒になった。彼女は指文字のアルファベットを教わった最初のアメリカ人だと考えられている。アリスは学校に通うのが大好きだった。彼女は1824年に卒業し，その後数年間，国中を旅して過ごした。❻アリスはとても活発な少女だった。彼女は読書や裁縫，踊りが大好きで，特に両親がパーティーを開くのが大好きだった。彼女がよく他人を完璧にまねて，皆を何時間も笑わせたことを覚えている人は多い。アリスは特に音楽に興味があり，できるだけそれを理解しようと長い時間を費やした。彼女が25歳になった年，コグスウェル博士が亡《な》くなった。アリスはとても動揺した。彼女は13日後に亡くなったが，多くの人は悲しみのあまりに亡くなったと言う。アリスは亡くなったとき25歳だった。アリスはアメリカの耳が聞こえない人の文化の誕生に大きく貢献した。彼女は多くの固定概念を打ち破り，耳が聞こえない人がいかに賢いかを健聴者に気づかせた。彼女の功績をたたえ，数体の銅像が建てられている。１つはギャローデット大学のキャンパスに，１つはアメリカ聾学校のキャンパスに，そして１つはコネチカット州のハートフォードにある。

８＜整序結合＞下線部以前の，大好きな娘の耳が聞こえなくなったという内容と語群から，並べかえる部分は「もう娘とコミュニケーションをとれないことは彼をとても悲しませた」といった意味になると推測できる。直前の that に注目し，「もう娘とコミュニケーションをとれないこと」は ‘that＋主語＋動詞…’「～すること」の形(この that は「～ということ」という意味の接続詞)で表す。no longer「もう～ない」は一般動詞の前，be動詞，助動詞の後に置くので，ここでは助動詞 could の後に置く。残りは ‘make＋人＋形容詞’「〈人〉を～(の状態)にする」の形で made him so sad とまとめる。　…, and that he could no longer communicate with his daughter made him so sad.

９＜適語補充＞②トーマスが耳の聞こえないアリスとコミュニケーションをとろうとしている場面。in the dirt「土(の中)に」とあることから「書いた」のだとわかる。前の pointing to his hat と並列される内容なので動名詞(～ing)にする。　by ～ing「～することによって」　④「教え方がうまくいくこともある」→「あまりうまくいかないこともある」→「全くうまくいかないこともある」という流れになる。work には「うまくいく」という意味がある。　not ～ at all「全く～ない」　⑩her a sign name という‘人＋物’が続いていることに注目し，この形をとる動詞を検討する。sign name は手話などで表現するあだ名のようなもの。give ～ a name で「～を名づける」という意味。

10＜指示語＞下線を含む文の because 以下に注目する。ギャローデットが耳の聞こえない生徒への教え方を知らないことで，何が遅くなるのかを考える。ギャローデットはアリスに文字を教えていたのだから，(い)「アリスに読み書きを教えること」がゆっくり進んだと考えられる。

11＜誤文訂正＞耳が聞こえない生徒たちへの指導を学ぶのはギャローデットなので，Gallaudet should travel ～ and learn … という構造でなければならない。learned だと，文全体の主語である They(＝町のお金持ちや有力者)が「耳が聞こえない生徒たちへの指導を学んだ」という意味になり，文脈に合わない。

12＜適文選択＞⑥空所前後の流れを考える。「ブレイドウッド家は発話などを教えていたが，トーマスは耳が聞こえない人にとって発話が自然だと思わず，手話用のアルファベットを学びたいと思った」という文脈である。　⑦直後がシカール神父の話題になっているので，それにつながる英文を探す。シカール神父はフランスの人なので，(お)は不適。　⑧(う)の He が直前の文にある国立聾学校を設立したド・レペー神父を指していると考えられる。

13＜指示語＞直後の very hard work から，this の指す内容が大変なことであるとわかる。ここから，this は直前の第３段落最終文 learn as much as he could to take back to America を指していると判断できる。「できるだけ多くを学んでアメリカに持ち帰ること」は「フランス〔パリ〕で全てを学ぶこと」と言い換えられる。

14＜内容真偽＞(あ)「アリスの父親は，ギャローデット氏がニューヨークに聾学校を設立するのを支援したいと思っていた」…×　第２段落終わりから５文目および第５段落第４文参照。アメリカに聾学校を設立することを考えており，実際に設立された場所はコネチカット州である。　(い)「アリスの兄弟姉妹は，アリスにはもう彼らと一緒に遊ぶのに必要な能力がないと思っていた」…○　第１段落最終文の内容に一致する。　not ～ anymore「もう～ない」　(う)「ギャローデット氏に英語の手話について最初に教えた人はシカール氏だった」…× 第３段落第６文参照。シカール神父はフランス語の手話を教えていた。 (え)「クレールは船上でギャローデットから耳が聞こえない人への指導法を学んだ」…× 第４段落最終文参照。クレールがギャローデットから学んだのは英語の読み書き。 (お)「アリスのおかげで，健聴者は耳が聞こえない人が頭がいいことを知り，理解するようになった」…○ 第６段落終わりから２文目の内容に一致する。 ‘come to＋動詞の原形’「～するようになる」 (か)「アリスは聴力を失ったとき，トーマスとクレールが設立した学校に申し込んだ」…× 第１段落第４文参照。アリスが聴力を失ったのは２歳のとき。 apply for ～「～に申し込む」 (き)「アリスはトーマスと一緒に砂に帽子を描いて，父親のコグスウェル博士を感動させた」…× 第２段落第３，６文参照。帽子ではなく文字を書いた。

Ⅲ〔長文読解総合─説明文〕

≪全訳≫❶①クエイル島には，ハンセン病と呼ばれる病気にかかった人々の歴史がある。❷クエイル島はニュージーランドの南島，クライストチャーチの近くにある。マオリ族はクエイル島に行った最初の人々だ。彼らはこの島で鳥の卵や他の食物を収集した。1851年，白人のニュージーランド人が平地で羊を育て始めた。島の名前となった在来種のウズラは，残念なことに農業によってすぐに全滅してしまった。1875年，移住者と太平洋の全ての英国植民地からやってくる動物用の健康検査所が設置されたときに，この島は隔離場所となった。それはジフテリアやスペイン風邪のような病気が国中に広がるのを防ぐという重要な役割を果たした。❸1903年７月の朝，ウェリントン市議会は，ウェリントン市内でハンセン病患者が発生した可能性があると警告を受けた。市議会の主任衛生検査官のジェームズ・ドイルは確認に出かけた。彼は果物屋で店員の１人に会った。彼の顔は斑点で覆われていた。加えて，彼の腕や脚は変わった形をしていた。ドイルは誤報には慣れていたが，今回の事例は本当だと思った。その果物店の店員は1906年にクエイル島に送られ，島はニュージーランド唯一のハンセン病隔離者の収容所となった。その後も数人の患者が出た。ハンセン病患者の見た目の違いから，人々はハンセン病患者についてよく不平を言った。ハンセン病に対する恐怖は，病気自体の実際のリスクよりも大きかった。❹隔離施設では，患者は厳しい生活を送った。彼らは家族から切り離され，仕事も趣味も失い，旅行することもできなかった。島の環境はひどいもので，食べ物はほとんどなく，夜はとても寒かった。ハンセン病患者は決して回復しないと考えられていたため，亡くなるまで島にとどめ置かれた。チャールズ・アパム博士のように，ハンセン病の痛ましい経過を記録し，治療を試みることで助けようとした医師もいたが，これらの試みはほとんど役に立たなかった。このような状況にもかかわらず，患者は自分たちが残してきた人間関係の代わりに，クエイル島で新しい人間関係を築いた。彼らは友人となり，悲しいときやうれしいとき，退屈なときに，自分の気持ちについて話す方法を学んだ。❺1924年，島で家畜を飼っている農民たちは隔離施設に反対した。それはクエイル島が相《あい》容《い》れない２つの異なるものに使われていたからだ。クエイル島はハンセン病患者のための場所であり，また動物が健康検査のために滞在する場所でもあった。この問題は市議会の会合で取り上げられた。農林省と保健省はそれについてよく話し合った。ニュージーランドにはハンセン病患者が多くなかったので，政府はクエイル島に良い隔離施設をつくることはできなかった。わずか数人の患者のために，スタッフや建物に大金を使いたくなかったのだ。患者数不足のため，彼らはハンセン病患者を支援することにより関心が薄くなった。ハンセン病の人々はしばしばひどい扱いを受け，必要なケアも受けられなかった。❻１か月後，フィジーはニュージーランドに，西太平洋の英国植民地のハンセン病患者をフィジーの島の１つであるマコガイ島のハンセン病ステーションに集中させることを伝えた。西サモアはすでにハンセン病患者をそこに送っていた。そこには政府の建物や病院があった。1925年，ニュージーランドはより良い医療を受けさせるために残りのハンセン病患者をマコガイ島に送った。ニュージーランドから来た８人の患者と医療スタッフ数人は，到着するとすぐにマコガイ島の施設に感動した。それらはクエイル島の施設よりも良かったのだ。❼マコガイ島はクエイル島とは全く違っていた。患者は患者ではなく，新しいスタッフだと考えられていた。島の患者は皆，自分たちの食べ物を育てることを期待されていた。彼らはまた，工芸品をつくり，漁をし，牛の世話をした。８人の患者のうち５人は二度とニュージーランドに戻らず，マコガイ島に残ることを決めた。❽クエイル島には，人々が忘れたい悲しい歴史がある。ハンセン病はいつの日か，ずっと昔の人々がかかっていた病気になるかもしれないが，私たちはそれを不当な扱いと差別を引き起こしたものとして覚えておくべきだ。両島の物語は，覚えておく価値がある。私たちはこの歴史から多くを学ぶことができるのだ。

15＜整序結合＞Quail Island has(３人称単数の主語＋has)，people who(先行詞＋関係代名詞)，got sick with 〜(get sick with 〜で「(病気)にかかる」)など，まとめられる語句をまとめていくとよい。また，文の意味は続く文章の内容から推測できる。 Quail Island has a history about people who got sick with a disease called leprosy.

16＜適語選択＞A.「在来種のウズラが全滅した」という内容につながるのは，unfortunately「残念なことに」。 B. 続く２文で a tough life「厳しい生活」が具体的に説明されている。

17＜要旨把握＞選択肢に関連するクエイル島の記述は第２段落にある。(い)，(う)，(え)の内容はそれぞれ第５文，第２文，第４文に書かれているが，(あ)に関する記述はない。1875年，クエイル島には移住者や動物の健康検査所が設置された。

18＜文脈把握＞直前の内容が下線部の内容の理由になっている。how they looked は「彼らの見え方」，つまり「見た目」ということ。 difference in 〜「〜の違い」

19＜語句解釈＞下線部の the ones は前にある relationships，they は the patients を指す。leave 〜 behind で「〜を後に残す〔置き去りにする〕」という意味。第４段落第２文から，ハンセン病患者は，家族から切り離されてクエイル島に送られたことがわかる。下線部を含む文全体としては，彼らが置いてきた人間関係に代わる新たな人間関係をクエイル島で築いたという内容である。

20＜指示語＞下線部を含む文の主語 They は，直前の Makogai's facilities を指す。マコガイ島の施設と比較できるのはクエイル島の facilities「施設」である。those は 'the＋前出の複数名詞' の代わりに使われる。

21＜内容真偽＞(あ)「白人のニュージーランド人はマオリ族よりも前にクエイル島に住んでいた」…× 第２段落第２文参照。クエイル島に最初に行ったのはマオリ族の人々である。 (い)「最初のハンセン病患者は1906年にクエイル島に連れてこられた」…○ 第３段落の内容に一致する。 (う)「ジェームズ・ドイルはチャールズ・アパム博士に患者の世話をするよう頼んだ」…× このような記述はない。 (え)「農林省と保健省は，クエイル島の使用法について話し合った」…○ 第５段落前半の内容に一致する。 (お)「フィジーと西サモアのハンセン病患者の生活は同じだった」…× 第６段落第２文参照。西サモアはフィジーのマコガイ島にハンセン病患者を送っている。また，西サモアのハンセン病患者の生活に関する記述はない。 (か)「８人の患者はフィジーからニュージーランドに戻った」…× 第７段落最終文参照。８人中５人はマコガイ島に残った。

(き)「私たちは現在，ハンセン病患者を公正に扱っているので，ハンセン病患者に対する差別は忘れられるだろう」…×　第８段落第２文参照。筆者は，ハンセン病患者に対する不当な扱いや差別は覚えておくべきだと述べている。

Ⅳ〔語彙・文法総合〕

22＜適語補充―共通語＞(a)上：「権利」という意味の名詞。　「全ての人が言論の自由についての権利を持つべきである」　下：「右に」という意味の副詞。　「次の角を右に曲がりなさい」　(b)上：「親切な」という意味の形容詞。　「ローラは私の面倒をみてくれた。彼女はとても親切な少女だ」　下：「種類」という意味の名詞。　「メヌエットは踊りの音楽の種類だ」

23＜適語補充＞(a)give ～ a big hand で「～に盛大な拍手を送る」という意味。　「彼のスピーチはすばらしかったので，聴衆は彼に盛大な拍手を送った」　(b)receive「～を受け取る」「昨日あなたに小包を送りました。受け取りましたか」　(c)take a rest「休憩をとる」　「あなたはとても疲れているように見える。休憩をとる必要があるよ」

24＜書き換え―適語補充＞(a)「サンノゼへの道を知っていますか」→「サンノゼへの行き方を知っていますか」　how to ～「～の仕方」　(b)「ヘレンは少年たちに『あなたたちと一緒に行きたくない』と言った」→「ヘレンは少年たちに彼らと一緒に行きたくないと言った」　直接話法から間接話法への書き換え。間接話法では，文を書いた人の視点に合わせ，動詞の形や代名詞を変える。上の文における引用符(“ ”)内の発言は過去の発言なので下の文では didn't に，引用符内の you は the boys のことなので them にする。

Ⅴ〔文法・作文総合〕

25＜書き換え―適語補充＞(a)「ピーターの最後の交響曲は，彼が亡くなったとき完成していなかった」→「ピーターは彼の最後の交響曲を完成せずに亡くなった」　without ～ing で「～せずに」の意味。　(b)「アナはこの学校で一番背の高い少女だ」→「この学校の他のどの少女もアナほど背が高くない」　‘No other＋単数名詞＋動詞＋as ～ as …’で「他のどの―も…ほど～ない」という意味。　(c)「十分なお金がないのでその車を買うことができない」→「もし十分なお金があれば，その車を買えるのに」　‘If＋主語＋過去形～，主語＋助動詞の過去形＋動詞の原形…’「もし(今)～だったら，…だろうに」の形で‘現在の事実に反する仮定’を表す仮定法過去の文。

26＜整序結合＞(a)the teacher を主語にし，‘let＋人＋動詞の原形’「〈人〉に～させてあげる」の形を続ける。let は不規則動詞(let－let－let)。　The teacher let us draw a picture on the blackboard.「先生は私たちに黒板に絵を描かせてくれた」　(b)I が主語。you があるので‘want＋人＋to ～’「〈人〉に～してほしい」の形を続ける。　I want you to go to Japan next month.「私はあなたに来月日本に行ってほしい」

27＜和文英訳―完全記述＞(a)「～ならいいのになあ」という‘現在の実現困難な願望’は‘I wish＋主語＋(助)動詞の過去形 ～’という仮定法過去の文で表せる。　(b)Ask that〔the〕girl の後に「(彼女が)何歳なのか」を‘疑問詞＋主語＋動詞’の語順の間接疑問で表す。how old を１つの疑問詞としてとらえることに注意。

2024年度／法政大学第二高等学校

数学解答

Ⅰ 問１ $(x^2+y^2)(x+y)(x-y)$
問２ $x=-15$，$y=35$
問３ $x=-80$　問４ $23+10\sqrt{3}$

Ⅱ 問１ -2　問２ $1-\sqrt{2}$
問３ 8　問４ $\frac{10}{3}\pi+2\sqrt{3}$ cm²

Ⅲ 問１ $\frac{1}{6}$　問２ $\frac{1}{24}$　問３ $\frac{19}{216}$

Ⅳ 問１ 2　問２ $\frac{\sqrt{2}}{2}$　問３ $\frac{3\sqrt{3}}{2}$

Ⅴ 問１ $4\sqrt{3}$ cm²　問２ $\frac{8}{3}$ cm
問３ $\frac{4}{3}\pi$ cm

Ⅵ 問１ $\frac{18\sqrt{19}}{19}$ cm　問２ 76cm³

Ⅰ〔独立小問集合題〕

問１＜式の計算―因数分解＞与式$=(x^2)^2-(y^2)^2=(x^2+y^2)(x^2-y^2)=(x^2+y^2)(x+y)(x-y)$

問２＜連立方程式＞$0.1(0.1x+5)=\frac{1}{100}y$……①，$x+y=20$……②とする。①より，$0.01x+0.5=\frac{1}{100}y$，$x+50=y$，$x-y=-50$……①′　①′＋②より，$x+x=-50+20$，$2x=-30$　$\therefore x=-15$　これを②に代入して，$-15+y=20$　$\therefore y=35$

問３＜二次方程式＞両辺を100倍して，$x^2+160x+6400=0$，$(x+80)^2=0$　$\therefore x=-80$

問４＜数の計算＞$5+\sqrt{3}=A$ とおくと，与式$=(A+\sqrt{5})(A-\sqrt{5})=A^2-5$となる。$A$をもとに戻して，与式$=(5+\sqrt{3})^2-5=25+10\sqrt{3}+3-5=23+10\sqrt{3}$となる。

Ⅱ〔独立小問集合題〕

問１＜関数―abの値＞２点A，Bは放物線$y=\frac{1}{2}x^2$と直線$y=3x+1$の交点だから，２式よりyを消去して，$\frac{1}{2}x^2=3x+1$，$x^2-6x-2=0$となり，$x=\frac{-(-6)\pm\sqrt{(-6)^2-4\times1\times(-2)}}{2\times1}=\frac{6\pm\sqrt{44}}{2}=\frac{6\pm2\sqrt{11}}{2}=3\pm\sqrt{11}$となる。よって，２点A，Bの$x$座標は$3+\sqrt{11}$と$3-\sqrt{11}$である。$a>b$のとき，$a=3+\sqrt{11}$，$b=3-\sqrt{11}$だから，$ab=(3+\sqrt{11})(3-\sqrt{11})=9-11=-2$となる。$a<b$のとき，$a=3-\sqrt{11}$，$b=3+\sqrt{11}$だから，$ab=(3-\sqrt{11})(3+\sqrt{11})=9-11=-2$となる。

問２＜数の計算＞与式$=x^2(x-2)=(1-\sqrt{2})^2\{(1-\sqrt{2})-2\}=(1-2\sqrt{2}+2)(-1-\sqrt{2})=(3-2\sqrt{2})(-1-\sqrt{2})=-3-3\sqrt{2}+2\sqrt{2}+2\times2=-3-3\sqrt{2}+2\sqrt{2}+4=1-\sqrt{2}$となる。

問３＜数の性質＞2^nを19でわったときの余りが９なので，商をpとすると，$2^n=19p+9$と表せる。2^nは偶数なので，$19p+9$も偶数であり，$19p$は奇数となる。これより，pは奇数だから，$p=1$，3，5，……について調べる。$p=1$のとき，$19p+9=19\times1+9=28=2^2\times7$であり，$2^n$で表せないので適さない。$p=3$のとき，$19p+9=19\times3+9=66=2\times3\times11$であり，$2^n$で表せないので適さない。以下同様にして，$p=5$のとき$19\times5+9=104=2^3\times13$，$p=7$のとき$19\times7+9=142=2\times71$，$p=9$のとき$19\times9+9=180=2^2\times3^2\times5$，$p=11$のとき$19\times11+9=218=2\times109$となり，いずれも適さない。$p=13$のとき，$19\times13+9=256=2^8$となるので，$2^n=2^8$より，$2^n$を19でわったときの余りが９となる最小の自然数$n$は$n=8$である。

問４＜平面図形―面積＞右図で，１辺の長さが２cmの正三角形ABCが直線l上をすべることなく１回転するとき，△ABCは，$\triangle A_1B_1C$，$\triangle A_1B_2C_1$，$\triangle A_2B_2C_2$

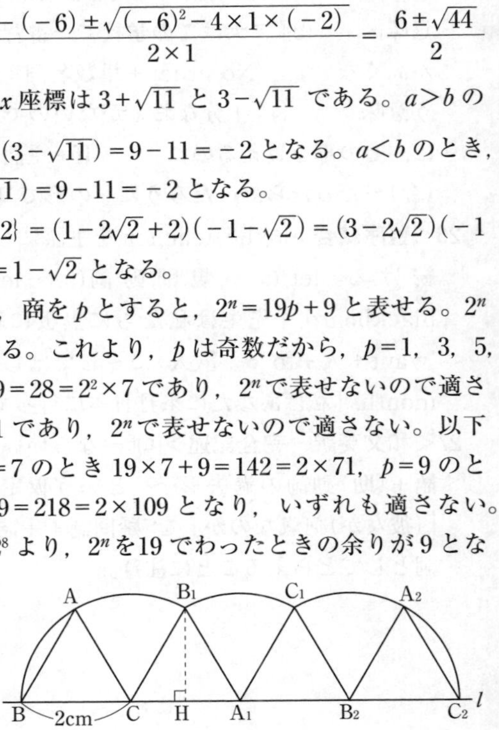

と移動する。これより，△ABCが通った部分は，直線lと$\overset{\frown}{BB_1}$，$\overset{\frown}{B_1C_1}$，$\overset{\frown}{C_1C_2}$で囲まれた図形で，おうぎ形CBB_1，$\triangle A_1B_1C$，おうぎ形$A_1B_1C_1$，$\triangle A_1B_2C_1$，おうぎ形$B_2C_1C_2$を合わせた図形である。$\triangle A_1B_1C$，$\triangle A_1B_2C_1$が正三角形より，$\angle B_1CA_1=\angle B_1A_1C=\angle C_1A_1B_2=\angle C_1B_2A_1=60°$だから，$\angle BCB_1=180°-\angle B_1CA_1=180°-60°=120°$，$\angle B_1A_1C_1=180°-\angle B_1A_1C-\angle C_1A_1B_2=180°-60°-60°=60°$，$\angle C_1B_2C_2=180°-\angle C_1B_2A_1=180°-60°=120°$である。よって，〔おうぎ形$CBB_1$〕=〔おうぎ形$B_2C_1C_2$〕$=\pi\times2^2\times\dfrac{120°}{360°}=\dfrac{4}{3}\pi$，〔おうぎ形$A_1B_1C_1$〕$=\pi\times2^2\times\dfrac{60°}{360°}=\dfrac{2}{3}\pi$となる。また，点$B_1$から直線$l$に垂線$B_1H$を引くと，$\triangle B_1CH$は3辺の比が$1:2:\sqrt{3}$の直角三角形となるから，$B_1H=\dfrac{\sqrt{3}}{2}B_1C=\dfrac{\sqrt{3}}{2}\times2=\sqrt{3}$となり，$\triangle A_1B_1C=\triangle A_1B_2C_1=\dfrac{1}{2}\times2\times\sqrt{3}=\sqrt{3}$となる。以上より，求める面積$S$は，$S=$〔おうぎ形$CBB_1$〕$+\triangle A_1B_1C+$〔おうぎ形$A_1B_1C_1$〕$+\triangle A_1B_2C_1+$〔おうぎ形$B_2C_1C_2$〕$=\dfrac{4}{3}\pi+\sqrt{3}+\dfrac{2}{3}\pi+\sqrt{3}+\dfrac{4}{3}\pi=\dfrac{10}{3}\pi+2\sqrt{3}\ (\mathrm{cm}^2)$である。

Ⅲ 〔データの活用―確率―サイコロ〕

問1＜確率＞1つのサイコロを2回振るとき，それぞれ6通りの目の出方があるから，目の出方は全部で$6\times6=36$(通り)ある。はじめ0のマスに駒があり，奇数の目が出たときは正の方向に，偶数の目が出たときは負の方向に，出た目の数だけ駒を進めるので，駒が-1のマスに止まるのは，出た目が奇数と偶数で，偶数の目の方が奇数の目より1大きい場合である。よって，(1回目，2回目)＝(1，2)，(2，1)，(3，4)，(4，3)，(5，6)，(6，5)の6通りあるから，求める確率は$\dfrac{6}{36}=\dfrac{1}{6}$である。

問2＜確率＞1つのサイコロを3回振るとき，目の出方は全部で$6\times6\times6=216$(通り)ある。このうち，駒が-1のマスに止まるのは，3回の出る目が，2と2と3，2と4と5のときである。2と2と3のとき，(1回目，2回目，3回目)＝(2，2，3)，(2，3，2)，(3，2，2)の3通りあり，2と4と5のとき，(2，4，5)，(2，5，4)，(4，2，5)，(4，5，2)，(5，2，4)，(5，4，2)の6通りある。よって，駒が-1のマスに止まる場合は$3+6=9$(通り)あるから，求める確率は$\dfrac{9}{216}=\dfrac{1}{24}$である。

問3＜確率＞同じ目が連続して出た場合は駒を動かさないというルールを追加すると，問2の9通りのうち，(1回目，2回目，3回目)＝(2，2，3)，(3，2，2)の2通りは-1のマスに止まらない。よって，同じ目が連続して出ない場合で駒が-1のマスに止まるのは，$9-2=7$(通り)ある。また，同じ目が連続して出る場合，駒を動かすのは2回である。問1より，サイコロを2回振って，駒が-1のマスに止まるのは，1と2，3と4，5と6の目が出たときだから，例えば，1と2の目が出たとき，(1回目，2回目，3回目)＝(1，1，2)，(1，2，2)，(2，1，1)，(2，2，1)のように，1の目か2の目のどちらかが連続して出ると，駒は-1のマスに止まる。このとき4通りあり，3と4，5と6の目が出たときも同様にそれぞれ4通りあるから，同じ目が連続して出る場合で駒が-1のマスに止まるのは，$4\times3=12$(通り)ある。以上より，-1のマスに止まるのは$7+12=19$(通り)あるので，求める確率は$\dfrac{19}{216}$である。

Ⅳ 〔関数―関数$y=ax^2$と一次関数のグラフ〕

問1＜y座標＞次ページの図で，直線$y=ax+1$の切片は1だから，Q(0，1)であり，QO=1となる。また，点Rからx軸に垂線RHを引くと，$\triangle PQO\backsim\triangle PRH$となる。よって，PQ=QRより，PQ：PR=1：2だから，QO：RH=PQ：PR=1：2であり，RH=2となる。これより，点Rのy座標は2である。

問２＜aの値＞右図で，点Rは放物線$y=x^2$上の点であり，問１より，y座標が２だから，$2=x^2$，$x=\pm\sqrt{2}$となる。点Rのx座標は正だから，$x=\sqrt{2}$より，$R(\sqrt{2},\ 2)$となる。点Rは直線$y=ax+1$上の点だから，$2=a\times\sqrt{2}+1$より，$a=\dfrac{\sqrt{2}}{2}$となる。

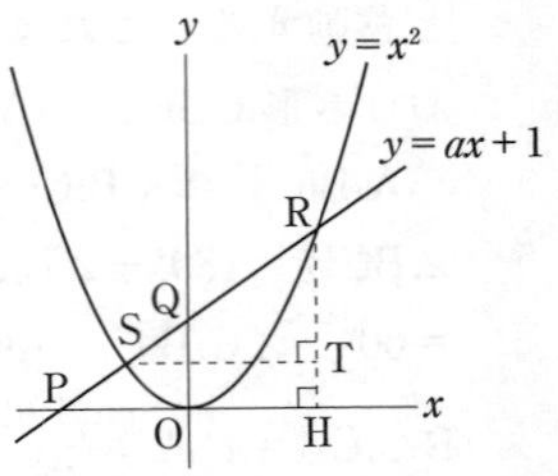

問３＜長さ＞右図で，問２より，点Sは，放物線$y=x^2$と直線$y=\dfrac{\sqrt{2}}{2}x+1$の交点となる。この２式からyを消去すると，$x^2=\dfrac{\sqrt{2}}{2}x+1$，$2x^2-\sqrt{2}x-2=0$となるので，$x=\dfrac{-(-\sqrt{2})\pm\sqrt{(-\sqrt{2})^2-4\times2\times(-2)}}{2\times2}=\dfrac{\sqrt{2}\pm\sqrt{18}}{4}=\dfrac{\sqrt{2}\pm3\sqrt{2}}{4}$である。よって，$x=\dfrac{\sqrt{2}-3\sqrt{2}}{4}=-\dfrac{\sqrt{2}}{2}$，$x=\dfrac{\sqrt{2}+3\sqrt{2}}{4}=\sqrt{2}$である。点Sの$x$座標は負だから，$-\dfrac{\sqrt{2}}{2}$であり，$y=\left(-\dfrac{\sqrt{2}}{2}\right)^2=\dfrac{1}{2}$より，$S\left(-\dfrac{\sqrt{2}}{2},\ \dfrac{1}{2}\right)$である。点Sから直線RHに垂線STを引くと，$R(\sqrt{2},\ 2)$だから，$ST=\sqrt{2}-\left(-\dfrac{\sqrt{2}}{2}\right)=\dfrac{3\sqrt{2}}{2}$，$RT=2-\dfrac{1}{2}=\dfrac{3}{2}$となる。△STRで三平方の定理より，$RS=\sqrt{ST^2+RT^2}=\sqrt{\left(\dfrac{3\sqrt{2}}{2}\right)^2+\left(\dfrac{3}{2}\right)^2}=\sqrt{\dfrac{27}{4}}=\dfrac{3\sqrt{3}}{2}$となる。

V 〔平面図形—三角形と円〕

≪基本方針の決定≫(3)　３点A，C，Qを通る円を考える。

問１＜面積＞右図１で，点PからABに垂線PHを引く。△ABPで，辺ABの長さは一定だから，△ABPの面積が最大になるのは，底辺をABと見たときの高さPHが最大になるときである。点Pは，点Aを含まない$\overset{\frown}{BC}$上を動くから，線分PHの長さが最大になるのは，線分P_1H_1のように，円の中心Oが線分PH上にあるときである。辺BCが円Oの直径より，$\angle BAC=90^\circ$であり，$\angle ABC=30^\circ$だから，△ABCは３辺の比が$1:2:\sqrt{3}$の直角三角形である。これより，$BC=\dfrac{2}{\sqrt{3}}AB=\dfrac{2}{\sqrt{3}}\times4=\dfrac{8\sqrt{3}}{3}$であり，$OP_1=OB=\dfrac{1}{2}BC=\dfrac{1}{2}\times\dfrac{8\sqrt{3}}{3}=\dfrac{4\sqrt{3}}{3}$である。$\triangle BOH_1$も３辺の比が$1:2:\sqrt{3}$の直角三角形だから，$OH_1=\dfrac{1}{2}OB=\dfrac{1}{2}\times\dfrac{4\sqrt{3}}{3}=\dfrac{2\sqrt{3}}{3}$である。よって，$P_1H_1=OP_1+OH_1=\dfrac{4\sqrt{3}}{3}+\dfrac{2\sqrt{3}}{3}=2\sqrt{3}$となるから，面積が最大になるとき，$S=\triangle ABP_1=\dfrac{1}{2}\times AB\times P_1H_1=\dfrac{1}{2}\times4\times2\sqrt{3}=4\sqrt{3}\,(\mathrm{cm}^2)$である。

図１

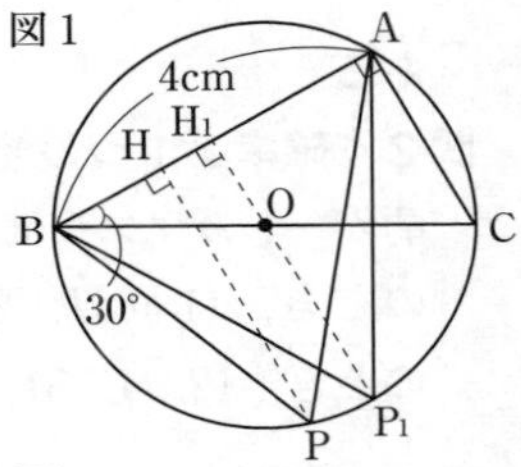

問２＜長さ＞右図２で，点Pが点Cと重なるとき，直線PCは点Cにおける円Oの接線と見なせるので，このときの２点P，QをそれぞれP_2，Q_2とすると点Q_2は，この接線上で，$\angle P_2AQ_2=\angle CAQ_2=90^\circ$となる点である。$\angle BAC=90^\circ$より，点$Q_2$は辺BAを延長した直線上にある。$\angle BCQ_2=90^\circ$，$\angle Q_2BC=30^\circ$より，$\triangle BCQ_2$は３辺の比が$1:2:\sqrt{3}$の直角三角形だから，$Q_2C=\dfrac{1}{\sqrt{3}}BC=\dfrac{1}{\sqrt{3}}\times\dfrac{8\sqrt{3}}{3}=\dfrac{8}{3}\,(\mathrm{cm})$である。

図２

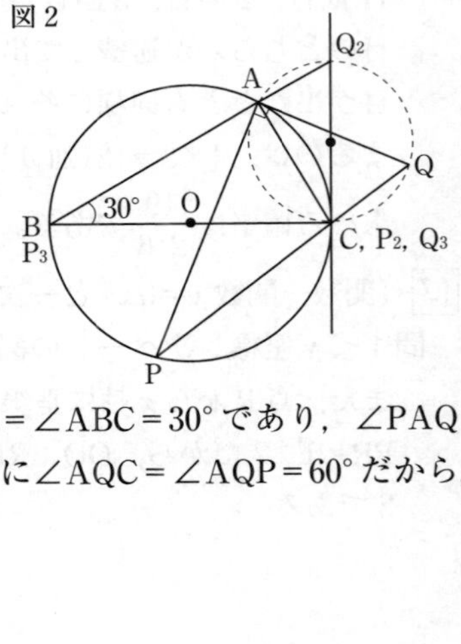

問３＜長さ＞右上図２で，円Oの$\overset{\frown}{AC}$に対する円周角より，$\angle APQ=\angle ABC=30^\circ$であり，$\angle PAQ=90^\circ$だから，△APQにおいて，$\angle AQP=60^\circ$である。よって，常に$\angle AQC=\angle AQP=60^\circ$だから，

3点A，C，Qを通る円を考えると，点Qはこの円の周上にある。点Pが点Bと重なるときの2点P，QをそれぞれP_3，Q_3とすると，$\angle P_3AQ_3=90^\circ$，$\angle BAC=90^\circ$より，点Q_3は点Cと重なる。問2より，点Pが点Cと重なるとき，点Qは点Q_2の位置なので，点Pが$\overset{\frown}{BC}$上を点Bから点Cまで動くとき，点Qは点Q_3から点Q_2まで動き，求める曲線の長さlは$\overset{\frown}{Q_3Q_2}$の長さとなる。$\angle Q_3AQ_2=\angle CAQ_2=90^\circ$より，3点A，C，Qを通る円は，線分$Q_2Q_3$を直径とする円だから，$\overset{\frown}{Q_3Q_2}$は，線分$Q_2Q_3$を直径とする半円の弧である。$Q_2Q_3=Q_2C=\dfrac{8}{3}$だから，求める曲線の長さ$l$は，$l=\overset{\frown}{Q_3Q_2}=\dfrac{8}{3}\pi\times\dfrac{1}{2}=\dfrac{4}{3}\pi$(cm)となる。

Ⅵ〔空間図形―立方体〕

問1＜長さ＞右図1で，3点I，F，Hを通る平面と辺ADの交点をJとし，辺EA，線分FI，線分HJの延長の交点をPとすると，点Eから3点I，F，Hを通る平面に引いた垂線の長さは，三角錐PEFHの底面を△PFHとしたときの高さである。$\angle PAI=\angle FBI=90^\circ$，$\angle PIA=\angle FIB$より，$\triangle PAI\backsim\triangle FBI$だから，PA：FB＝AI：IB＝2：1である。これより，$PA=2FB=2\times6=12$，$PE=PA+AE=12+6=18$となる。よって，$\triangle EFH=\dfrac{1}{2}\times EF\times EH=\dfrac{1}{2}\times6\times6=18$より，〔三角錐PEFH〕$=\dfrac{1}{3}\times\triangle EFH\times PE=\dfrac{1}{3}\times18\times18=108$

図1

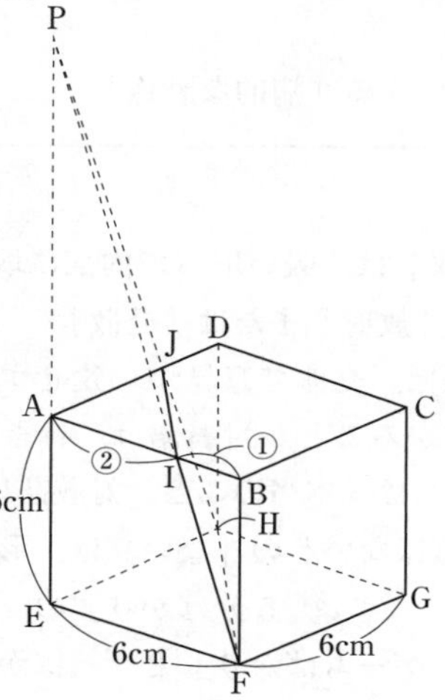

図2

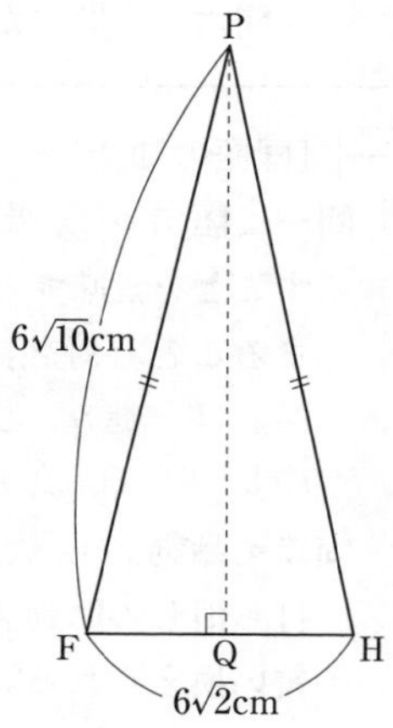

となるので，求める垂線の長さを$h$cmとすると，$\dfrac{1}{3}\times\triangle PFH\times h=108$である。次に，PE＝PE，EF＝EH，$\angle PEF=\angle PEH=90^\circ$より，$\triangle PEF\equiv\triangle PEH$だから，PF＝PHであり，△PFHは二等辺三角形である。また，△PEFは$\angle PEF=90^\circ$の直角三角形だから，三平方の定理より，$PF=\sqrt{PE^2+EF^2}=\sqrt{18^2+6^2}=\sqrt{360}=6\sqrt{10}$であり，△EFHは直角二等辺三角形だから，$FH=\sqrt{2}EF=\sqrt{2}\times6=6\sqrt{2}$である。右上図2の△PFHで，点Pから線分FHに垂線PQを引くと，点Qは線分FHの中点になり，$FQ=\dfrac{1}{2}FH=\dfrac{1}{2}\times6\sqrt{2}=3\sqrt{2}$となる。△PFQで三平方の定理より，$PQ=\sqrt{PF^2-FQ^2}=\sqrt{(6\sqrt{10})^2-(3\sqrt{2})^2}=\sqrt{342}=3\sqrt{38}$となるので，$\triangle PFH=\dfrac{1}{2}\times FH\times PQ=\dfrac{1}{2}\times6\sqrt{2}\times3\sqrt{38}=18\sqrt{19}$となる。以上より，$\dfrac{1}{3}\times18\sqrt{19}\times h=108$が成り立ち，$h=\dfrac{18\sqrt{19}}{19}$(cm)となる。

問2＜体積＞右上図1で，頂点Eを含む立体は，三角錐PEFHから三角錐PAIJを除いた立体である。三角錐PAIJと三角錐PEFHは相似であり，相似比はPA：PE＝12：18＝2：3だから，体積比は〔三角錐PAIJ〕：〔三角錐PEFH〕$=2^3:3^3=8:27$である。問1より，〔三角錐PEFH〕＝108だから，〔三角錐PAIJ〕$=\dfrac{8}{27}$〔三角錐PEFH〕$=\dfrac{8}{27}\times108=32$となり，求める体積$V$は，$V=$〔三角錐PEFH〕－〔三角錐PAIJ〕$=108-32=76$($cm^3$)である。

2024年度／法政大学第二高等学校

国語解答

一 問一 ① 放射 ② 決裂 ③ 停頓
④ 虚偽
問二 ①…ア ②…ウ 問三 イ
問四 ① はんぷ ② だいたい
③ らいさん

二 問一 ウ 問二 Ⅰ…エ Ⅱ…イ
問三 想定外
問四 試行錯誤を図面上で行う(こと)
問五 エ
問六 失敗にたいする「病的な恐怖」
問七 イ 問八 ア 問九 (省略)

三 問一 ウ 問二 Ⅰ…ウ Ⅱ…エ
問三 ウ 問四 イ 問五 イ
問六 課長は警戒～らりと見た
問七 ア 問八 イ
問九 学者として知識や資料を与えてくれ，また速い思考で鋭く自分を追い詰めた様子から，対話のできる人間だと好意的にとらえている。
(60字)

一〔国語の知識〕

問一＜語句＞①「吸収」は，吸い取って内部に取り入れること。対義語は，内部にあるものを外に出すことを意味する「放射」または「発散」。　②「妥結」は，交渉の際に双方が折れて交渉がまとまること。対義語は，交渉で意見が一致せずに物別れになることを意味する「決裂」。　③「進展」は，進み，広がること。対義語は，行き詰まって止まることを意味する「停頓」または「停滞」。　④「真実」は，本当のこと。対義語は，うそ偽りのことを意味する「虚偽」。

問二＜品詞＞①「欠点はない」の「ない」は，形容詞。「来られない」と「傷まない」の「ない」は，打ち消しの助動詞。　②「５分ばかり」の「ばかり」は，おおよその量を表す助詞で，「ほど」と言い換えられる。「ゲームばかり」と「敵ばかり」の「ばかり」は，限定の意味を表す助詞で，「だけ」と言い換えられる。

問三＜漢字＞「タイミングをはかる」と「自分の将来をはかる」の「はかる」は，「計る」と書く。「計る」は，時間や数などを数える，という意味のほかに，考える，という意味がある。「重さをはかる」の「はかる」は，重さ・容積や推量することについて用いる「量る」。「コミュニケーションの改善をはかる」の「はかる」は，企図について用いる「図る」。「深さをはかる」の「はかる」は，長さ・高さ・深さ・広さ・程度や推測することについて用いる「測る」。

問四＜漢字＞①「頒布」は，広く行きわたるように配ること。　②「代替」は，他のものでかわりとすること。　③「礼賛」は，褒めたたえること。

二〔論説文の読解―哲学的分野―哲学〕出典：信原幸弘『「覚える」と「わかる」　知の仕組みとその可能性』「状況を把握する」。

≪本文の概要≫何かをする際に，あらかじめ計画を立てることは重要である。計画を立てていなかったことによって，種々の失敗が起こるからである。しかし，どれほど緻密な計画を立てても，想定外のことは必ず起こるのであり，起こりうる全ての事柄を考慮することはできないため，絶対に失敗しない完全な計画を立てることは，不可能である。そうだとすれば，少なくともある程度は，その場で対処していくしかない。このような考えに基づいて，最近では「アジャイル」という言葉が，用いられるようになってきた。この言葉は，何らかの行動をしようとするときに，事前にきちんと計画するのではなく，進行中のその場の状況に応じて適当にどうするかを決め，うまく行かなければ修正を繰り返して行動全体を完遂するというやり方を指す。もちろん，計画がいっさい無用だというわけではない。過度に緻密な計画は無用だが，適度な計画は，効率の面でも成功率の面でも重要である。結局，計画とアジャイルの適切なバランスが，重要なのである。

問一＜接続語＞a．「よく計画してから行動せよと言われることも多い」けれども，「なぜ計画は重要」なのか。　b．「なぜ計画は重要なのだろうか」と考えてみると，「まず，その場で考えたのでは間に合わないケースがある」こと，そして「計画を立てないと，せっかく行ったことが無駄になることがある」ことが挙げられる。　c．家具を「やみくもに」動かしたときに起こることの例として，「動かした机が邪魔になって，そこに本棚を置くことができなかったりする」ことがある。　d．「『机上』の緻密な計画があってはじめて，効率的な配置換えが可能になる」が，言うまでもなく，「計画を立てるには，それなりの時間と労力がかかる」のである。

問二．Ⅰ**＜ことわざ＞**「現実と噛み合わない上滑りの思考は，空転するばかりで役に立たない」という意味のことわざとして，「下手の考え休むに似たり」がある。　Ⅱ**＜語句＞**「期す」は，そうなるように期待する，という意味。これまで，厳密になるようにするために，「少し込み入った話」をした。

問三＜文章内容＞「どれほど緻密に計画を立てて」も，「起こる可能性のある事柄はほぼ無限に」あり，考慮した範囲にないことが，必ず起こる。

問四＜文章内容＞「家具の配置換えを計画的に行う」ということは，「部屋の図面を書いて，どこに机や椅子，本棚を置くかを書きこみ，それらをそこに移動するためには，どの順にどのルートで動かすかを具体的かつ詳細に決めなければならない」ということである。それは，家具の配置換えについて「試行錯誤を図面上で行う」ということである。

問五＜文章内容＞「生じる可能性のある事柄」のうち，「妨害量の大きい事柄ほど，それが生じたときに成功を大きく妨げる」ことになる。したがって，妨害量が，「どの事柄を無視するかに関係して」くる。そこで，起こりうる「確率と妨害量を掛けあわせた値」を考慮に入れて，その「妨害の期待値」が大きいものを優先して対応を考えることが，必要になる。

問六＜文章内容＞「緻密な計画にこだわる」のは，「失敗にたいする『病的な恐怖』」による部分が大きい。しかし，「病的な恐怖」は，「害の未然の防止に役立たないどころか，有益な行動を妨げもする」のである。

問七＜文章内容＞「起こる可能性のある事柄はほぼ無限にあり，そのすべてを考慮することはできない」ため，「一部の事柄は起こらないものとして無視」し，「想定外」とするしかない。しかし，「想定外の事柄も，生じる確率がゼロでない以上，起こりうる」のであり，もし想定外のことが起これば，「計画はおそらく失敗するだろう」と推測される。

問八＜語句＞「ジレンマ」は，選択肢が二つあり，どちらを選んでも問題が生じて板挟みになり，葛藤が生じる状況のこと。「全てのクレタ人は嘘をつく」とクレタ人が言っても，葛藤や板挟みの状況は生じない。これは，論理的に矛盾がある「パラドックス(逆説)」である(ア…×)。

問九＜作文＞アジャイルとは，「何らかの行動をしようとするとき，事前にきちんと計画するのではなく，進行中のその時々の状況に応じて適当にどうするかを決め，うまく行かなければ修正を行うといったことを繰り返して，行動全体を完遂するというやり方」のことである。アジャイルは重要だが，「適度な計画」も重要である。したがって，何かをしようとする際に，あらかじめある程度の計画は立てておき，後は臨機応変にその計画を変えて，最終的には当初の目的を達成するということを，身の回りの生活の中などから挙げるとよい。

三　**〔小説の読解〕**出典：開高健『パニック』。

問一＜文章内容＞俊介は，「こうなることははじめからわかっていたと思う」「ぼくだって部下にだしぬかれるのはいやですよ」と言った。それは，「課長会議で自説を蹴られた」研究課長が，鼠害を防ぐことについて俊介を「だしにして我意を通そうと」したのを，俊介が見抜いていることを示していた。研究課長が俊介の発言に「たじろ」ぎ，その目を「狼狽の表情」がかすめたのを見た俊介は，研究課長が「自分の手の内を見すかされたと思って恥ずかしがっている」と思った。

問二．Ⅰ＜語句＞「酔狂」は，物好きなこと。俊介が「べつに命令されたわけでもない仕事に熱を入れる」のを，同僚たちは，物好きだと思った。　Ⅱ＜ことわざ＞「最小のエネルギーで最大の効果を」は，黙っているのが最もよい，という意味の「沈黙は金なり」の「新解釈」といえる。

問三＜心情＞同僚たちは，自分たちと同じ「ピラミッドの底辺」にいる俊介が企画書を局長宛に提出したことで，俊介に先を越された形になるかもしれないと思い，「不安と嫉妬」を感じた。

問四＜文章内容＞「その日その日のあたえられた仕事をなんとかごまかすことだけで精いっぱい」の同僚たちは，俊介が書類を局長宛に提出するのを見ると，「不安と嫉妬」を感じた。そのために俊介は，「急に課内でけむたがられ，うとんじられた」が，彼が見事に失敗すると，同僚たちは「安心」して再び俊介に近づいてきた。俊介と同僚たちは，誰かが突出することなく皆が横並びで同じ枠内に収まって，仲良くしている状態に戻ったのである。

問五＜心情＞課長は，俊介が提出したネズミの大量発生についての上申書を握りつぶしていた。ところが，実際にネズミが大量に発生して被害が出たために，課長は「困惑」し，上司としてあせりも感じていた。

問六＜表現＞課長がネズミの被害が出始めたことを俊介に伝えると，俊介は，「風呂敷をかじったのは一匹ですか？」と「いんぎんにおさえた」口調で尋ねた。それを聞いた課長は，「警戒するように俊介の顔をちらりと見た」後で，「見当がつかないらしい」と答えた。

問七＜文章内容＞同僚たちは，企画書を局長宛に提出した俊介をけむたがったが，俊介が失敗すると，今度は「しきりに俊介を弁護」した。また，課長は，上申書を握りつぶしておきながら，実際にネズミの被害が出ると，「責任回避の逃げ道」を必死に探した。いつもの俊介は，こうした他人の身勝手さに対して，自分の意見を特には言わず，「薄笑いするばかり」だったり「どっちつかずに黙って」いたりした。しかし，俊介は，相手に完全に迎合していたわけではなく，「最小のエネルギーで最大の効果」を上げるべく，冷静に自分の立場のマイナスとプラスを「計算」していた。

問八＜文章内容＞俊介と同僚たちは，「その日その日のあたえられた仕事をなんとかごまかすことだけで精いっぱい」で，「来る日も来る日も，一日はろくにわかりもしない伝票に判コをおすことだけですぎて」しまい，「そんな生活を酒場で“ポンポコ人生，クソ人生”などと自嘲の唄でまぎらしているばかり」である(ア・エ…○)。また，ネズミが大繁殖する予兆があっても，役所の中では，それに積極的に関わっていくことよりも，役所内の「面子の体系」や「垂直体系」に従っていることの方が，重要事項になっている(ウ…○)。俊介は，そうした人々や役所の体質にうんざりしつつも，冷静に観察し，自分の得になるように計算して立ち回っていた(イ…×)。

問九＜心情＞役所には「村政治，面子の体系」があり，同僚たちは与えられた仕事を無機的にこなすことしかできない。しかし，研究課長は，農学者として「恐慌の壮大なイメージと暗示」を与えてくれ，「すべての人間に軽蔑され，疎外された」俊介を理解して，「惜しまず資料を提供して」くれた。さらに，速い思考で俊介を追い詰める一方で，「彼の話に耳を傾け，慎重にひとつひとつの言葉を考えているよう」で，俊介の言動を理解しきれなければ「わからない」と言った。その姿を見て，俊介は，研究課長のことを「一度ゆっくり」話し合うことが可能な人間だと，好意的にとらえた。

Memo

Memo

2023年度 法政大学第二高等学校

【英　語】（50分）〈満点：100点〉

注意　1．スペリングや記号はまぎらわしい書き方をしないこと。書き方のくせ，大文字と小文字にも注意すること。とくに筆記体の *e* と *l*，*b* と *f*，*u* と *v*，*y* と *g*，*a* と *o* などの区別をはっきりさせること。

2．英単語の頭文字が指定されている場合，必ずその文字から書き始めること。

3．電子辞書機能のある機器は使用しないこと。

■リスニングテストの音声は，当社ホームページで聴くことができます。（当社による録音です）
再生に必要なユーザー名とアクセスコードは「収録内容一覧」のページに掲載しています。

Ⅰ　＜リスニング問題＞

(A)　男女の会話がそれぞれ1回読まれます。その会話に対する以下の質問の答えとして最も適切なものをそれぞれ1つ選び，記号で答えなさい。

1．

(1)　How will the weather be this evening?

(あ) Rainy.　(い) Snowy.　(う) Cloudy.　(え) Sunny.

(2)　What will they do tomorrow?

(あ) See the weather report.　(い) Exercise at the gym.
(う) Go jogging.　(え) Read at the library.

2．

(1)　How long will the man be in Europe?

(あ) For one week.　(い) For three weeks.
(う) For five weeks.　(え) For six weeks.

(2)　How many times has the woman been to the California Museum?

(あ) Once.　(い) Three times.
(う) Four times.　(え) Five times.

3．

(1)　How much money do the two people have with them?

(あ) $1.　(い) $4.　(う) $5.　(え) $6.

(2)　What will the man do first?

(あ) Get one more dollar.　(い) Call Mary.
(う) Go to the cafeteria.　(え) Wait for Mary.

4．

(1)　Why did the man see the movie?

(あ) Because his brother wanted to see it.
(い) Because he wanted to see the man who lived with a wild tiger.
(う) Because his favorite actor was in it.
(え) Because he likes animals that lived millions of years ago.

(2)　Why was the woman happy?

(あ) Because she could act well.
(い) Because she was popular.

(う) Because she shook hands with a famous actor.

(え) Because she performed in the movie.

5．＊以下の番組表を見ながら会話を聞きなさい。

<table>
<tr><th></th><th>Channel 1</th><th>Channel 3</th><th>Channel 4</th><th>Channel 8</th><th>Channel 9</th><th>Channel 10</th></tr>
<tr><td>7:00</td><td>News</td><td rowspan="4">Movie</td><td>News</td><td rowspan="2">Variety Show</td><td rowspan="3">Documentary</td><td rowspan="2">News</td></tr>
<tr><td>7:30</td><td rowspan="4">Music Program</td><td rowspan="3">[1]</td></tr>
<tr><td>8:00</td><td rowspan="2">Documentary</td><td rowspan="3">Movie</td></tr>
<tr><td>8:30</td><td>News</td></tr>
<tr><td>9:00</td><td>News</td><td>Drama</td><td>Quiz Show</td><td>Drama</td></tr>
</table>

(1) What should be in [1] in the program guide？

(あ) Magic Show　(い) Movie

(う) Documentary　(え) Quiz Show

(2) What channels will they probably watch？

(あ) Channel 1 and 8.　(い) Channel 3 and 8.

(う) Channel 1 and 9.　(え) Channel 3 and 9.

(B) これから読まれる英文を聞いて，下線部を埋めなさい。英文はそれぞれ3回読まれます。（解答欄には下線部分のみ書きなさい。）

1．＿＿＿＿＿＿＿＿＿＿？

2．A： I can't find my keys anywhere.

B： ＿＿＿＿＿＿＿＿＿＿.

※＜**リスニング問題放送原稿**＞は英語の問題の終わりに付けてあります。

[II] 次の英文を読んで，設問に答えなさい。（＊印の語には注釈がつけてあります。）

孤児院からやってきたWilliam。しかし，引き取り手の老兄妹(Elizabeth と Robert)の望む子どもは…。

When William woke up the next morning, he felt happy. He jumped out of bed and ran to the window and looked outside. It was a beautiful Sunday morning. The sun shone and the sky was blue. William opened the window. Outside, there was a fruit tree with beautiful flowers. In the sky, birds were flying up in the air and singing beautifully. William could see many other trees and flowers, and a small river, too.

"This is a wonderful place!" he thought. Then, suddenly, he remembered. He felt very sad. "But I can't stay here anymore. They don't want me because I'm not a girl," he thought.

Soon Elizabeth came into the room. "Good morning, William. It's such a beautiful day," she said. "Breakfast is waiting. Wash your face and put on your clothes."

"I'm feeling very hungry," William said. "I can never be sad in the mornings. I love mornings," he thought.

After breakfast, William washed the plates and cups. Elizabeth watched carefully, but William did the job well.

"This afternoon I'm going to drive to San Francisco," Elizabeth said. "You'll come with me, William, and we'll talk to Mrs. Anderson."

Robert didn't say anything, but he looked very sad. Later, he went to the ＊garage and got the car ready for Elizabeth. Elizabeth drove, and William sat next to her.

"(ア)" asked William.

"About eight kilometers," answered Elizabeth. "I know you like to talk, William. So tell me your story."

"It isn't very interesting," said William. "I was born in Spokane in Seattle, and I was eight last July. My mother was a singer and my father was a pianist at a big theater. But they both got sick and died when I was a baby. So their cleaner, Mrs. Palmer, took me into their house. Mr. Palmer ran a *grocery store. They had four children. When I was around five, I helped Mrs. Palmer with the children. But then, something terrible happened. Mr. Palmer died in an accident. Mrs. Palmer and the children went to Mr. Palmer's parents. They took me with them. Mr. Palmer's parents were happy to be with their grandchildren but not with me. They didn't want me."

"Then Mrs. Eliot, Mrs. Palmer's friend, took me into her house. She had a *cattle ranch and had eight children. They were very hard work. Then Mrs. Eliot sold her ranch and moved far away with her children. I had to go to the *orphanage because nobody wanted me. I was there for five months."

"(イ)" asked Elizabeth.

"No, not often," answered William. "I didn't have time. I was always busy with the children. But I like reading very much."

"Were these women—Mrs. Palmer and Mrs. Eliot—kind to you ?" asked Elizabeth.

"They wanted to be kind," William said slowly. "But they were always very tired. They couldn't really be kind to me."

①Elizabeth suddenly felt very sorry for William. The little boy's life was very sad. Nobody wanted him or loved him.

When Mrs. Anderson saw Elizabeth and William, she was very surprised. Elizabeth told her about the problem they had.

"I'm very sorry," answered Mrs. Anderson. "I made a big mistake. But I have an idea. My neighbor, Mrs. Bessinger, has a new baby. She wants a boy to help her. William can go and live with her. Mr. Bessinger is a *fisherman. He has his own fishing boat. William can help him someday."

"Oh," said Elizabeth. She knew about Mrs. Bessinger. Mrs. Bessinger had a lot of children, but she wasn't very kind to them.

"Look !" said Mrs. Anderson. "Here's Mrs. Bessinger now."

Mrs. Bessinger had small, cold eyes.

"This is Elizabeth Carpenter from Palo Alto," Mrs. Anderson told her. "And this little boy is from the orphanage. I brought him for Elizabeth but she wants a girl. (ウ)"

Mrs. Bessinger looked at William for a long time. She didn't smile. "He's very thin," she said. "I hope he's strong. He'll have to work hard from early in the morning to late at night every day. Yes, Mrs. Anderson, I'll take this boy. He can come home with me now."

Elizabeth looked at William's unhappy face. "I can't give William to Mrs. Bessinger," she thought. "Wait," she said. "First I have to discuss things with my brother, Robert. He wants William to stay with ②us."

William looked at Elizabeth in surprise. Then he jumped up and ran across the room. "Can I really stay with you at Palo Alto ?" he asked. "Did you really say that ?"

"I don't know," said Elizabeth. "Now sit down and be quiet."

When Elizabeth and William came back home, Robert was waiting in front of the garage. He was very happy when he saw William. Later, Elizabeth told him about Mrs. Bessinger. She told him William's story, too. Robert wasn't usually angry, (A) he was very angry about Mrs. Bessinger.

"That Bessinger woman is very unkind," he said.

"I know," said Elizabeth. "I don't like her either. All right, Robert, William can stay here with us. But I don't know very much about children. I hope I don't make any mistakes with him."

"Thank you, Elizabeth," said Robert happily.

"William's a very interesting little boy. Be good to him. Then he'll always love you," said Elizabeth with a smile in her face.

(注) garage 車庫　grocery store 食料品店　cattle ranch 牧場
orphanage 孤児院　fisherman 漁師

1．(ア)～(ウ)に入る最も適切な文を以下の(あ)～(か)の中からそれぞれ1つ選び，記号で答えなさい。

(あ) Did they often help you?
(い) How long does it take to get there?
(う) Did you go to school?
(え) Would you like him?
(お) What would you like her to do for you?
(か) Is it a long way to San Francisco?

2．次の質問に主語・動詞のある3語の英語で答えなさい。

When William was a baby, what did his parents do for a living?

3．下線部①はなぜそのように感じたのか，以下の(あ)～(え)の中から最も適切なものを1つ選び，記号で答えなさい。

(あ) 両親をなくしたことを，William は誰にも理解されていなかったから。
(い) 両親がなくなった後，誰も William を引き取ろうとせず，家から追い出そうとしたから。
(う) 両親がなくなった後，William を愛する人は誰もいなかったから。
(え) 両親がなくなった後，William の行った家庭では，大人たちが自分たちの子どもを理解していなかったから。

4．Mrs. Anderson と Mrs. Bessinger のやりとりから，Mrs. Bessinger の気持ちを最もよく表しているものを以下の(あ)～(え)の中から1つ選び，記号で答えなさい。

(あ) 自分は子ども好きなので，William を引き取って自分の子どもとして育てたい。
(い) Elizabeth は女の子をほしがっているので，自分が仕方なく William を引き取らなければならない。
(う) 自分は労働力を必要としているので，William には自分のために働いてもらいたい。
(え) 自分は男の子の教育に力を入れているので，William を引き取って教育を受けさせたい。

5．下線部②が指している人物を以下の(あ)～(え)の中から1つ選び，記号で答えなさい。

(あ) Elizabeth and Robert
(い) Elizabeth and Mrs. Anderson
(う) Elizabeth, Robert and Mrs. Anderson
(え) Elizabeth, Mrs. Anderson and Mrs. Bessinger

6．(A)に入る最も適切な接続詞1語を答えなさい。

7．本文の内容に当てはまるものを，以下の(あ)～(き)の中から全て選び，記号で答えなさい。

(あ) William stayed with the Palmer family after his parents died.
(い) William went to Mrs. Palmer's parents' house because they wanted him.
(う) William liked reading, so he went to school to read books every day.
(え) William wanted to go to Mrs. Bessinger's house because Mrs. Bessinger had a lot of children.
(お) Robert was pleased when Elizabeth came back home because she was with William.
(か) Robert was angry about Mrs. Anderson because she made a mistake.
(き) Elizabeth didn't know enough about children when she decided to take William home.

III 次の英文を読んで，設問に答えなさい。（*印の語には注釈がつけてあります。）

Do you need to own a phone? A sofa? A car? Some people want to buy things and use them for many years. But in a *circular economy, you don't have to. This is because many businesses are moving away from traditional ownership models of selling products. Instead, they are moving to different models that include paying money to use their products or offering "products-as-a-service." The key to the success of these *usership models is that products are high quality and can have a long life and many users.

When people move into their first home, they often look for furniture that is not so expensive. Many of them go to stores like IKEA, a famous European furniture company, to buy things like chairs and tables. However, some of this furniture is not designed—or expected—to last very long. When it breaks, the owners often just throw it away. In the United States alone, a huge amount of furniture is buried under the ground every year. IKEA is trying to solve this waste problem in several ways. First, the company has begun to *rent some of its products in parts of Europe. Each time a product comes back from a renter, it is cleaned and repaired to make the life of the product longer. Second, customers who buy new furniture can sell or rent it to a new customer. [ア] With this in mind, IKEA has started to design its products for longer life and easier repair. It is testing which parts of chairs, tables, lamps, etc. may break or become weaker first. The company wants to repair or change just that part to give each piece of furniture a longer life. Their goal is to realize this process. This model works well for products we use every day, such as furniture, but it also works for products that we use (①) frequently, for example, camping equipment and wedding dresses. They both have growing rental and *resale markets.

Renting and reselling are not the only *trends away from ownership. More and more consumers are choosing to pay a monthly fee for a service that allows them to use products instead of buying them. [イ] This model—sometimes called product-as-a-service—is already popular in the music business. It is becoming more common across other businesses, such as the smartphone market. Fairphone, one of the phone companies in *the Netherlands, makes smartphones using materials which are strong enough to use for a long time and environmentally friendly methods. But it doesn't (②) its phones. Instead, customers pay a monthly fee to use them. Because the company designs high-quality phones that are easy to repair, they last a long time, and they don't go straight to the trash can after they are used for a while.

For consumers, the good points of usership are clear. [ウ] They don't have to pay a high cost or worry about keeping the product in good condition. They can easily and cheaply repair or *upgrade their products. Young people, in particular, are attracted to usership models. They prefer using products to owning them. Many of them don't want to own a lot of things. Consumers' interest in ③these kinds of services is increasing for everything from cars to clothing. A recent report found that sales of these kinds of services have grown over 300 percent worldwide in seven years.

For businesses, usership also has good points. Fairphone's service provides the company with money from their users every month. For IKEA, usership strategies are helping the company to plan for the future. It will be harder to get the non-renewable raw materials needed to produce furniture someday. [エ] And for IKEA and other companies as well, moving to a usership model can improve their public image—it shows that they pay attention to the environment. This positive image is good for business.

The move from (X) to (Y) will probably continue growing, partly in response to growing consumer need for ④greener products. A recent survey of 15,000 people in Asia, Europe, and North America found that consumers increasingly worry about the environmental damage that waste can cause. More than half of them said they would pay a higher price to be sure that products are made in an environmentally friendly way. As the need for environmentally friendly products and services grows, product makers may need to move more quickly to prepare themselves for the end of (Z).

(注) circular economy 循環型経済　usership models 使用権モデル
rent (お金を払って)ものを賃借する　resale 転売，再販　trends 傾向
the Netherlands オランダ　upgrade (製品などの)品質・性能をよくする

1．空所(①)に入る最も適切な語を以下の(あ)～(え)の中から1つ選び，記号で答えなさい。
(あ) little　(い) less　(う) much　(え) more

2．空所(②)に入る最も適切な1語を本文中より探し，答えなさい。

3．下線部③の例として，最も適切なものを以下の(あ)～(え)の中から1つ選び，記号で答えなさい。
(あ) renting products and fixing them after they are returned
(い) fixing the products customers bought
(う) offering a special price for young customers
(え) paying a monthly fee to buy the products

4．次の1文が入る最も適切な箇所を本文中の[ア]～[エ]の中から1つ選び，記号で答えなさい。
The company is preparing for the future.

5．下線部④ "greener products" とは，具体的にどのような製品か。以下の語の後に続けて，答えなさい。
products made (　　)(　　)(　　)(　　)(　　)

6．空所(X)～(Z)に入る単語の最も適切な組み合わせを，次の(あ)～(え)の中から1つ選び，記号で答えなさい。
(あ) (X) usership　(Y) ownership　(Z) usership
(い) (X) renting　(Y) selling　(Z) renting
(う) (X) ownership　(Y) usership　(Z) ownership
(え) (X) selling　(Y) renting　(Z) renting

7．本文の内容に当てはまるものを，次の(あ)～(え)の中から1つ選び，記号で答えなさい。
(あ) Fairphone sells its smartphones and when they break, the company collects the phones and repairs them for free.
(い) Both IKEA and Fairphone are designing products that last longer and are easier to repair and by doing so, customers can use their products again and again.

(う) Fairphone is planning for a decrease in the raw materials which are necessary to make its phones, and the company is recycling the precious metal parts in their phones.

(え) IKEA doesn't sell its products because its customers have to return the products after they have used them for one year.

Ⅳ　指示に従って以下の設問に答えなさい。

1．次の各組の(　)に入る同じつづりの英語１語を答えなさい。

(a) It's cold.　May I (　　　) the window ?
You can walk to the station.　It's very (　　　) from here.

(b) I tried to use the new coffee maker but I couldn't (　　　) out how to use it.
Look at this (　　　).　This shows the number of people who visited Japan last year.

2．それぞれの英文の意味が通じるように(　)に入る英語１語を答えなさい。ただし，頭文字が指定されている場合は，それに従うこと。

(a) This shirt is too small for me.　Show me (a　　　) one, please.

(b) Boys, you can take any food you want.　Please help (　　　).

(c) The concert is tomorrow.　I'm really looking (　　　) to it.

3．次の各組の２つの英文がほぼ同じ意味になるように，(　)に入る最も適切な英語１語を答えなさい。

(a) There is a big supermarket in my hometown.
(　　　) (　　　) (　　　) a big supermarket.

(b) Nancy speaks French very well.
Nancy is (　　　) (　　　) (　　　) French.

Ⅴ　指示に従って以下の設問に答えなさい。

1．次の各組の英文がほぼ同じ意味になるように，下線部に入る最も適切な単語(英語１語)または語句(英語２語以上)を答えなさい。

(a) My dog died three years ago.
Three years ______ since my dog died.

(b) The Nile is longer than the Amazon.
The Amazon is not ______ as the Nile.

(c) What is the English name of this flower ?
______ do you call this flower ______ ?

2．与えられた[　]内の語または語句を並べかえて意味の通る英文を完成させ，４番目と６番目に来る語または語句の記号を答えなさい。なお，文頭に来る語(句)も小文字で示されています。

(a) [(あ) my favorite　(い) same　(う) by　(え) worn　(お) sweater　(か) the　(き) I　(く) bought　(け) actor].

(b) [(あ) go　(い) her　(う) why　(え) you　(お) last　(か) did　(き) out　(く) let　(け) night] ?

3．以下の日本語の意味を表す英文を答えなさい。ただし(　)に指示がある場合は，それに従うこと。

(a) 私は明日までに自分の部屋の掃除をし終えるつもりです。

(b) その映画を観た後に買い物に行きませんか。(shall を使うこと)

＜リスニング問題放送原稿＞

(A) （会話問題）

1．W： Did you see the weather report ?

M： Yes, it will rain this afternoon and then snow in the evening.

W： Will it snow tomorrow as well ?

M： No, it will just be cloudy.

W： How about going jogging or reading at the library tomorrow ?

M： Let's go jogging. I need some exercise.

(1) How will the weather be this evening ?

(あ) Rainy. (い) Snowy. (う) Cloudy. (え) Sunny.

(2) What will they do tomorrow ?

(あ) See the weather report. (い) Exercise at the gym.

(う) Go jogging. (え) Read at the library.

2．M： Winter vacation starts in four weeks !

W： Yeah, I'm excited ! Are you going anywhere ?

M： Yes, I'm going to Europe for six weeks. And you ?

W： I'm going to California for one week.

M： Have you ever been to the California Museum before ?

W： Let's see. I've been there a few times. Once in 2015, once in 2017, once in 2019, and the last time was two years ago.

M： Wow, you've been there a lot !

(1) How long will the man be in Europe ?

(あ) For one week. (い) For three weeks.

(う) For five weeks. (え) For six weeks.

(2) How many times has the woman been to the California Museum ?

(あ) Once. (い) Three times. (う) Four times. (え) Five times.

3．M： Oh, no ! I need two more dollars.

W： What for ?

M： Those notebooks are four for $6.

W： Sorry I can't help. I left my purse at home.

M： I have to call my sister, Mary, to bring me some more money.

W： OK. I will wait for you at the cafeteria.

(1) How much money do the two people have with them ?

(あ) $1. (い) $4. (う) $5. (え) $6.

(2) What will the man do first ?

(あ) Get one more dollar. (い) Call Mary.

(う) Go to the cafeteria. (え) Wait for Mary.

4．W： Have you seen the new dinosaur movie yet ?

M： Yeah. It was really exciting.

W： Are you interested in dinosaurs ?

M： Actually, no. But my favorite actor, Tom Pitt, was in it.

W： Tom Pitt ! I love him ! In fact, I shook hands with him when I saw him at the airport last month！ Didn't I tell you about that？ I was so pleased！

M： Wow, that's exciting.

(1) Why did the man see the movie？

(あ) Because his brother wanted to see it.

(い) Because he wanted to see the man who lived with a wild tiger.

(う) Because his favorite actor was in it.

(え) Because he likes animals that lived millions of years ago.

(2) Why was the woman happy？

(あ) Because she could act well.

(い) Because she was popular.

(う) Because she shook hands with a famous actor.

(え) Because she performed in the movie.

5．W： What do you want to watch, Richard？

M： What's on tonight？

W： Let me see . . . *Superwoman* is on tonight on Channel 10. It starts at eight.

M： Oh, I don't want to watch a movie tonight. What else is on？

W： The London Orchestra is playing Beethoven. This program starts at seven thirty and lasts for two hours.

M： Hmm . . . maybe that'll do. I prefer to listen to Mozart, though.

W： Wait. *A Hundred Million Yen* also begins at seven thirty. I want to watch this one.

M： What is it？ A magic show or something？

W： A quiz show. It's quite interesting. It lasts ninety minutes.

M： That long？ No, I can't watch a quiz show for that long. Let's watch something else.

W： Let me see . . . There's a documentary called *Birds in the Amazon*. It begins at eight.

M： Sounds great！ Let's watch that and the news at nine.

<table>
<tr><th></th><th>Channel 1</th><th>Channel 3</th><th>Channel 4</th><th>Channel 8</th><th>Channel 9</th><th>Channel 10</th></tr>
<tr><td>7:00</td><td>News</td><td rowspan="4">Movie</td><td>News</td><td rowspan="2">Variety Show</td><td rowspan="3">Documentary</td><td rowspan="2">News</td></tr>
<tr><td>7:30</td><td rowspan="4">Music Program</td><td rowspan="3">1</td></tr>
<tr><td>8:00</td><td rowspan="2">Documentary</td><td rowspan="3">Movie</td></tr>
<tr><td>8:30</td><td>News</td></tr>
<tr><td>9:00</td><td>News</td><td>Drama</td><td>Quiz Show</td><td>Drama</td></tr>
</table>

(1) What should be in 1 in the program guide？

(あ) Magic Show (い) Movie (う) Documentary (え) Quiz Show

(2) What channels will they probably watch？

(あ) Channel 1 and 8. (い) Channel 3 and 8.

(う) Channel 1 and 9. (え) Channel 3 and 9.

(B) （ディクテーション問題）

1．Can I get you something from the restaurant？

2．M： I can't find my keys anywhere.

W： I've just found them in the kitchen.

【数　学】 (50分) 〈満点：100点〉

注意　1．定規，コンパス，ものさしおよび分度器は使わないこと。
2．電卓・時計・携帯電話等についている計算機能は使わないこと。
3．必要ならば，円周率はπを用いること。
4．図は正確でない場合がある。
5．根号を含む形で解答する場合，根号の中に現れる自然数が最小となる形で答えること。
6．答えは分母に根号を含まない形で答えること。

Ⅰ　次の各問に答えなさい。

問1．$\sqrt{12}$ の小数部分を a，$\sqrt{3}$ の小数部分を b とするとき，ab の値を求めなさい。

問2．x，y についての連立方程式 $\begin{cases} 2(y-4)=-(x-1) \\ x-\dfrac{y+4}{2}-2=0 \end{cases}$ を解きなさい。

問3．2次方程式 $(x+2)^2+x^2=(x+4)^2-12$ を解きなさい。

問4．x^2-2x-y^2+2y を因数分解しなさい。

Ⅱ　次の各問に答えなさい。

問1．$x+y=-1$，$xy=-\dfrac{3}{5}$ のとき，$x^2-3xy+y^2$ の値を求めなさい。

問2．$\sqrt{n^2-105}$ が整数になる最大の自然数 n を求めなさい。

問3．定義域が $-6 \leqq x \leqq -2$ である2つの関数 $y=\dfrac{1}{2}x^2$，$y=ax+b\ (a<0)$ の値域が一致するような定数 a，b の値を求めなさい。

問4．1辺の長さが12cmの正三角形ABCに円O_1が内接している。また，円O_2は△ABCの2辺AB，CAと円O_1に接している。このとき，円O_2の半径を求めなさい。

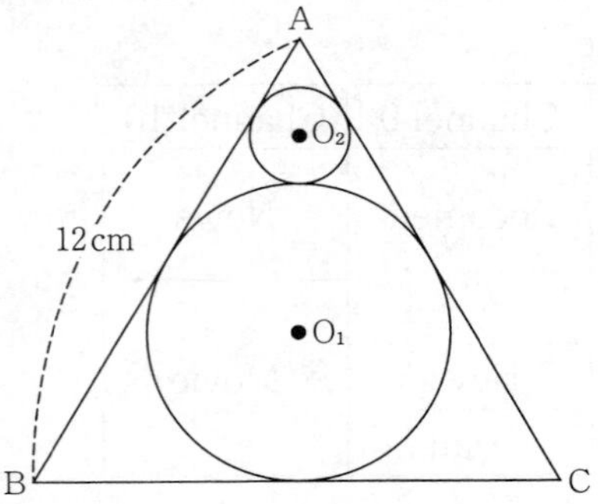

Ⅲ　1，2，7，17が書かれたカードがそれぞれ1枚ずつある。この中から無作為に1枚引き，書かれた数を記録してから元に戻す。この操作を3回繰り返し，記録した3つの数をすべて掛け合わせた整数を作る。次の各問に答えなさい。

問1．作られた整数が1となる確率を求めなさい。

問2．作られた整数が2023となる確率を求めなさい。

問3．作られた整数が素数となる確率を求めなさい。

Ⅳ　関数 $y=\frac{1}{4}x^2$ のグラフとそのグラフ上に点 $P(a,\ b)$（a は正の定数）がある。点Qの座標を $(a,\ -1)$，点Rの座標を $(0,\ 1)$，原点をOとする。次の各問に答えなさい。

問１．PQ＝3のとき，線分 PR の長さを求めなさい。

問２．$a=4$ のとき，△PQR の面積を求めなさい。

問３．$a=4$ のとき，点Pを通り四角形 OQPR の面積を二等分する直線の式を求めなさい。

Ⅴ　図のように点Oを中心とする半径２cmの円周上に長方形の頂点となるような４点Ａ，Ｂ，Ｃ，Ｄがある。この長方形ABCDは，BC＝2cmである。また，辺ADの延長線上にAC＝AEとなるような点Eをとり，線分CEと円との交点をF，線分AFと辺CDとの交点をGとする。次の各問に答えなさい。

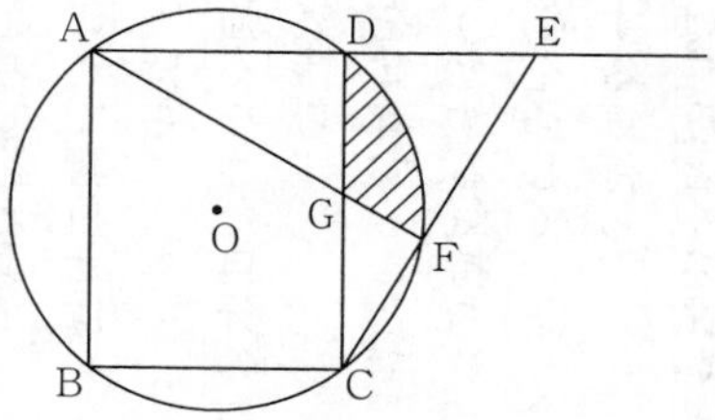

問１．線分 AG の長さを求めなさい。

問２．△CFG の面積を求めなさい。

問３．図の斜線部分の面積を求めなさい。

Ⅵ　図のように，１辺の長さが８cmの立方体 ABCD−EFGH がある。辺 AD，CD の中点をそれぞれM，Nとする。次の各問に答えなさい。

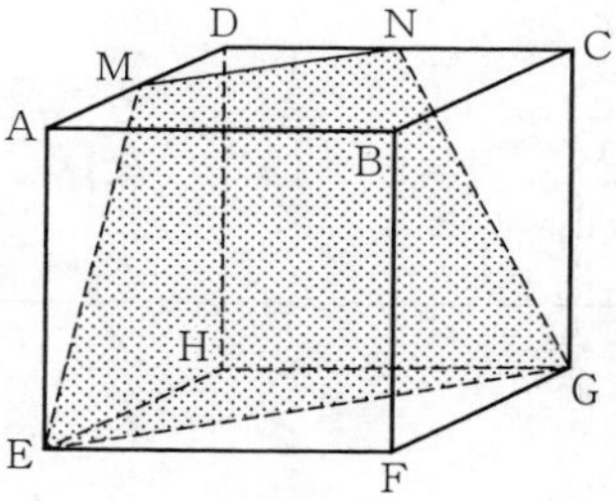

問１．四角形 MEGN の面積を求めなさい。

問２．点Hから四角形 MEGN までの距離を求めなさい。また，その考え方を書きなさい。

問五　傍線部③「号令」とあるが、雄吉にとって「号令」とはどのようなものであるか。その説明として**適切でないもの**を次から一つ選び、記号で答えよ。
ア、戦争中の苦い思い出につながるもの。
イ、組織における規律や上下関係。
ウ、これまで見失っていた本来の自分。
エ、剣道の自分の段位に対する劣等感。

問六　傍線部④「子供たちには良い道徳教育ね」とあるが、ここでの妻の考えはどのようなものであるか。その説明として最も適切なものを次から選び、記号で答えよ。
ア、礼儀の大切さを知る機会のない子供たちにとって、剣道はそれを伝えるのにふさわしいものだというもの。
イ、年上の人が率先して相手に敬意を示すことによって、子供に礼を重んじる姿勢を身につけさせられるというもの。
ウ、昇段試験に何度も挑戦している年長者が号令をかけることで、子供たちはその人を敬愛する姿勢が学べるというもの。
エ、年上の号令はそれに従う人たちに人生の奥行きを感じさせ、子供たちもそこで礼の大切さを知ることができるというもの。

問七　傍線部⑤「静かな境地にいる自分」とあるが、この時の雄吉の気持ちはどのようなものであるか。その説明として最も適切なものを次から選び、記号で答えよ。
ア、先生と向き合うことで勝負とは異なる心の通じ合いが生じ、その時を堪能する気持ち。
イ、敬愛する先生に強くなった自分の力を見せることができたという充実感に浸る気持ち。
ウ、先生と今の時間を共有することで、勝負へのこだわりを捨て無言で語り尽くそうとする気持ち。
エ、格上の先生との剣を通しての語り合いによって、自分の至らなさを心から実感する気持ち。

問八　傍線部⑥「剣道は二度とやるまいと誓いました」とあるが、先生はどのような経緯から決意したのか。その説明として最も適切なものを次から選び、記号で答えよ。
ア、本当は人を助けるために医学の道に進んだにも関わらず、剣道の有段者であったために戦争で人を殺す立場になったため、これからは部下への罪を償おうと剣道を辞める決意をした。
イ、本来剣道は人を殺すためではなく人間を活かすためのものであるべきなのに、軍国主義に利用され自身もその一端を担ったため、そうした世の中に反抗する手段として剣道を辞める決意をした。
ウ、剣道の有段者であったため斬り込み隊長に任じられたが、戦争では貧弱な武器しか持たない部下に斬り込みを命じる立場に立つことになり、その原因となった剣道を辞める決意をした。
エ、戦時中に斬り込み隊長として今でも忘れられないほどの厳しい経験をしたきっかけとなるのが剣道であり、そこから離れることで少しでも自分の心の傷を癒やすために剣道を辞める決意をした。

問九　傍線部⑦「段にこだわっている自分」とあるが、こうした雄吉のあり方を具体的に示す表現を本文中より十五字以上二十字以内で抜き出し、はじめとおわりの三字をそれぞれ答えよ。

問十　傍線部⑧「方便として、相手を前に置く」とあるが、これはどういうことか。剣道における「方便」が何を意味するのかを明らかにした上で、八十字以上百字以内で説明せよ。ただし、句読点等も字数に含むものとする。

と誓いました。それが戦後二十年たって誓いを破ったのは、患者さんと竹刀を交えて汗を流すことが〝和の剣道〟だと気づいたからです」

「〝和の剣道〟ですか」と雄吉はその言葉を繰り返した。

「それも屁理屈《へりくつ》ですがね」

先生は苦笑してつづけた。「江戸時代の※2柳生宗矩は※3沢庵禅師の教えを得て、殺人刀《せつにんとう》を活人剣《かつにんけん》に変えましたが、所詮人殺しの剣が人を活かすというのは矛盾がありますね。だが明治以降、人殺しの剣術が竹刀による剣道となって、人間修行の道になった。その剣道が軍国主義に利用されたのは悲しいことです」

「私も道場で号令をかけるとき、ふと戦争中を思い出すことがあるのですが……」

「号令をかけたり段位制のある剣道界は、一種の階級社会ですからね。私も号令は好きではありません。本来、人間は号令をかけたりかけられたり、旗を振ったり振らせたりするものではありません。段もいりませんね。私は戦時中の四段を戦後に返上しましたから、以来、無段ですよ」

「えッ、先生は無段ですか。無段でその腕前。いいですね。範士八段の先生とやって勝ちますね」

世辞ではなく、雄吉は心からそう思い、⑦段にこだわっている自分を恥じた。老先生はいった。

「剣道は段位や勝った負けたではありません。ご承知と思うが、寺を持たぬ禅僧だった※4澤木興道師はこういっていますね。『剣道とは剣を手にし、方便として相手を前に置き、仮りに勝負を論じ、精一杯の力を尽して、今かぎり此処かぎり真の自己を鍛錬し、新しい自己を創造することである』と」

「⑧方便として、相手を前に置く——のですね」

「方便」とは、仏教で衆生《しゅじょう》を導くために用いる便宜的な手段という意味である。竹刀を交える相手は、勝負を決する敵ではなく、おのれである。いや、仏かもしれなかった。

雄吉は老師とうなずき合い、盃を上げて飲み干した。

（佐江衆一「勝敗に非ず」より）

［注］ ※1 ゴボウ剣…旧日本陸海軍における銃剣の俗称。銃剣とは小銃に装着するための短剣のことを言う。

※2 柳生宗矩《やぎゅうむねのり》…武将、剣術家（一五七一—一六四六）。

※3 沢庵《たくあん》禅師…臨済宗の僧（一五七三—一六四五）。

※4 澤木興道《さわきこうどう》…曹洞宗の僧（一八八〇—一九六五）。

問一 空欄 A に入る表現として最も適切なものを次から選び、記号で答えよ。

ア、厳寒の荒野に一人静かにたたずんでいる

イ、ライバルと道場で修行に切磋琢磨する

ウ、秋の夕暮れに一人で虫の音に耳を傾ける

エ、清流の岸辺に立って風に吹かれている

問二 本文中に二カ所ある空欄 B に共通して入る言葉として最も適切なものを次から選び、記号で答えよ。

ア、やっと　　イ、おのずと

ウ、おもむろに　　エ、にわかに

問三 傍線部①「人格」とあるが、これはどういうことか。その説明として最も適切なものを次から選び、記号で答えよ。

ア、その人の個性的な人柄がただにじみ出ている姿。

イ、社会的な関係性から距離を置いた孤独な姿。

ウ、他者との関係により生じる像ではない自身の姿。

エ、他人との利害関係を削り去った無私の姿。

問四 傍線部②「その程度の人生」とあるが、これはどのような人生のことか。その説明として最も適切なものを次から選び、記号で答えよ。

ア、会社で評価を受けることを目標に、全力で邁進した人生。

イ、気力と体力が充実し、会社での評価が高いだけの人生。

ウ、心を見失い、会社という場に安住の地を見い出した人生。

エ、収入や利害にとらわれず、信念だけで頑張れた人生。

稽古が終わって汗を拭っていた老先生は、無沙汰を詫びる雄吉へにこやかにそういうと、自分の隣に座らせて子供たちへも紹介してから、いかにもうれしそうに面をつけた。

雄吉は何年ぶりかで久保先生と竹刀を構えて正対した瞬間、おやと思った。小柄な先生が以前は大きく見えて威圧されたものだが、いま竹刀を合わせている先生は一まわりも二まわりも小さく感じられた。お齢を召されて縮んだのか。いや、自分の腕が上がったのだと思った。

数年前から県の高齢者剣友会にも入会して、高齢の高段者との稽古も積んできた雄吉は、最近では相手が六十代の六段なら負けることがほとんどなかったし、同年配の七段の先生でも勝つことがあった。

(今日は六段の実力を先生に見てもらえる)

雄吉は自信に充ちた気合を発すると、剣尖《けんせん》をやや低めにつけてジリッと攻めた。小柄な先生はゆったりと構えたまま微動だにしない。わずかに剣尖が鶺鴒《せきれい》の尾のように揺れている。さあ、どこからでもいらっしゃいといっているようだ。面金の奥の目が優しい。腕を上げましたね、そう語りかけてもいる。だが、一分《いちぶ》の隙もなく、気勢さえ読ませない。雄吉が気力をこめて攻めると、竹刀が軽く乗ってくる。中心をとって乗ってはくるが、柔らかい剣尖だ。雄吉のどのような攻めにも瞬時に対応できる構えである。が、雄吉も互角。互いの竹刀の剣尖が軽く触れ合って、微かな音をたてた。二人が心の内で語り合っている、その言葉のように。

雄吉は先生に勝とうとも負けるとも思わず、張りつめた清らかな気持で剣の攻防を繰り返しながら、そのような⑤静かな境地にいる自分を先生に伝えるよろこびの中にいた。

――剣で語り合う。

(中略)

そうした相手とはめったに出会えるものではなかった。

「参りました」

さわやかな胸の内から[B]その言葉が出た。

竹刀を収めてから先生の前に正座して改めて礼をのべると、先生は鄭重な辞儀を返してにこやかにいった。

「見事な面を頂戴しました。ありがとう。見違えるほど腕を上げましたね」

シャワーを浴びてから先生の隠居所で日本酒をご馳走になった。

「そうですか。自分で受かったと思ったなら、それが一番いいことです。審査は所詮他人の評価です。気にしないことです」

今度も六段に不合格だったと報告すると、老先生はそういって雄吉に酒をすすめた。

「江戸時代までは剣術に段などありませんでしたね。それぞれの流派の道場主が弟子の技量を認めて免許皆伝を与えたものです。それも商売みたいなものですがね。私は子供のころから剣道を習ったので、医学生のときに四段でしたが、それで南方戦線に出征したとき、医官なのにガ島で斬り込み隊長をやらされました」

老先生は酒盃を静かに口にはこびながら、自身に語りかけるように低い声で話しはじめた。

太平洋戦争中の昭和十七年八月から翌年二月にかけて日本軍とアメリカ軍が激戦し、日本軍将兵三万余名の三分の二が戦死あるいは餓死したガダルカナル島の先生が生き残りだとは雄吉は聞いていたが、家族にも口をとざして語らなかったというそのときのことに先生は触れたのだ。

「斬り込み隊といってもわずか五人の班で、軍刀を持っていた少尉の私も若かったが、私のほかは銃につけた※1ゴボウ剣で白兵突撃する若い兵たちでした。深夜、真暗闇のジャングルを敵陣へ忍び寄るので、木の幹にしるしをつけて帰れるようにしたが、斬り込む前に敵に発見され銃撃されて、部下が次々に斃《たお》れました……」

声が途絶え、瞑目《めいもく》した先生はしばらくして夕なずむ庭へ視線をやると、言葉をついだ。

「餓死もせずに生き残って復員した私は、⑥剣道は二度とやるまいその三年後、六十三歳のとき県単位で行われる四段の審査に二度目で合格した雄吉は、試合にはほとんど「出ると負け」だったが、ひとつの開眼をした。

——勝ちたい勝ちたいと思って勝てるものではなく、負けると思えば必ず負ける。

といって、勝てると思っても勝てるとは限らない。要は、勝ちたいという我欲を捨てて、無心の技が［B］出たときに勝てる。

（中略）

雄吉には一生つづけても八段受審は夢のまた夢だが、六十七歳で五段になれた彼は高齢者への受審資格短縮特例で七十歳から六段を受審してきて、七十五歳にして十回も落ちつづけているのである。

かなり酔って高木と新幹線に乗った雄吉は、三十分ほど熟睡し、ふと目覚めて、闇が疾走していく車窓のガラスに映る自分の疲れきった老いの酔顔《すいがん》へつぶやいていた。

——私の人生のピークは、疲れも諦めも知らなかった、五十代前半の名古屋営業所長時代のあのころだったな……。

②その程度の人生だったかと寂しくも思うが、その後の老いの下り坂が剣道のおかげで力づけられているとも思った。

「残念だったわね。お疲れさま。もう受けるのはおやめなさいよ。これを最後にするっていってたでしょう?」

「まあ、そうなんだが……」

慰めてくれる老妻へ雄吉はあいまいな返事をしたが、諦める気はなかった。

「七十面下げて稽古のとき③号令をかけるのは、いい加減に願い下げにしたいんだよ」

冗談半分にいったが、それも早く六段になりたい理由の一つだった。

稽古では、道場の上座に八段、七段、六段の先生方が居並び、五段以下は段位の高い古い順に下座に正座するのが普通である。そして五段筆頭者が「着座」「黙想」「神前に礼」「先生方に礼」「お互いに礼」といった号令をかけ、最後には全員で「ありがとうございました」と高段者の先生方に大声で両手をついて礼をいう。四段になってから市の合同稽古や他の道場で稽古するようになった雄吉は、五段の筆頭になってから号令をかけてきて、五段の若い人が雄吉を追い抜いて六段に昇段して上座に移るので、いつまでも号令役なのだ。

「キリッとしていいじゃありませんか。それが〝礼に始まり礼に終る〟剣道なんでしょう。④子供たちには良い道徳教育ね」

妻はそういい、雄吉も規律ある団体行動に身心の心地良い緊張を感じるが、号令をかけるたびにではないにしても、戦争中の苦い思い出がふとよみがえってくるのだ。国民学校（小学校）で級長をしていた彼は、朝礼や皇居遥拝《ようはい》や分列行進のときなどに「気をつけ」「最敬礼」「歩調トレ」「頭《かしら》ァ右ッ」などと号令をかけさせられ、声が小さいと先生や上級生からビンタをもらい、立派な兵隊さんになれないと叱られた。そして考えてみれば、会社勤めの間、そんな号令ではないけれども、組織の規律に縛られて安心と心地良さを味わってきたのだ。殊《こと》に営業所長時代はその先頭に立って成績向上のために号令をかけて、本来あるべき自分を見失っていたのかもしれなかった。

次の土曜日、雄吉は防具を担いでしばらくぶりに久保道場を訪ねた。六段をとったらお礼と報告をと思っているうちに、ずいぶんとご無沙汰してしまっていた。

八十六歳の久保先生は、とうに医院を息子にゆずって隠居していたが、道場では患者さんや近所の子供たちにまだ教えていた。小柄ながら長年の稽古で鍛えた均整のとれた体躯《たいく》と姿勢の良さが米寿近い者とは思えない。

「おや、めずらしい人がお見えになった。久しぶりにお手合わせ願えますね」

ウ、平時で成功を収めたものの社会の閉塞感を敏感に感じとり、自分の持っている価値観のまま逃げ出そうとする人たち。

エ、平時や非常時も、さらに閉塞感のある社会もものともせず、外国へ逃れてでも自己を保って生き抜こうとする人たち。

問八　本文における筆者の主張として最も適切なものを次から選び、記号で答えよ。

ア、今の日本の社会状況を考えると、人間が共同的に生きることのできる場を作るだけの経済力を持つ人こそが、この先に必要とされるのだ。

イ、日本社会のシステムの崩壊に備え、今のうちから「逃げ支度」をしておくことは、社会の再建という仕事を放棄する無責任な行動だ。

ウ、今の日本は「閉塞感漂う現代社会」であり、しかも社会のシステムが崩れ始めているため、諦めてこの現状を受け止める才能が必要だ。

エ、今の日本の学校教育のシステムにおいてあまり評価されることのない子どもたちの中にこそ、社会の閉塞感を打破する人材がいるはずだ。

問九　波線部X「真の才能」とあるが、「閉塞感漂う現代社会」における「真の才能」とはどのようなものだと考えられるか。次の条件に従って説明せよ。

【条件】

・「閉塞感漂う現代社会」に相当する具体的な社会状況を少なくとも一つは例として挙げること。その上で「真の才能」について説明すること。

・字数は百字以上百五十字以内とし、段落は作らずに一マス目から詰めて書くこと。ただし、句読点等も字数に含むものとする。

三　次の文章を読んであとの各問に答えよ（なお、出題の都合上、本文を省略した所がある）。

雄吉が久保道場に入門したのは、名古屋営業所から東京本社にもどって間もなくのころだった。営業所長として四年間懸命に頑張り成績を上げたのに、本社にもどってみると期待したポストではなく、出世コースからはずれた職場だった。定年までの五年間、いわゆる窓際族として過さねばならない。つき合いゴルフのほかにはこれといった趣味もなかった。無力な五十男の自分に突然向き合わされたようで、定年後をどのように生きたらいいのかの迷いもあった。

その雄吉に「門前に立って迷っていないで、中に入ってみることです」との言葉は、何か大きな力で背中をやさしく押されたようだった。

竹刀の構え方、振り方、足運びなどの剣道の基本を習い、ゴルフのスイングと同じように左手で振り右手は添えるだけだといわれても、相手がボールではないのでうまくいかなかったが、防具をつけて相手と竹刀を交えるうちに、剣道は一対一で人間に対する道だと知った。これまでも会社の仕事でさまざまな人と対してきたが、竹刀の先の相手は、肩書きも収入の上下も、利害関係も全くない、①人格があるだけの一個の人間だった。子供は無邪気でその子らしく、おとなはそれぞれの性格と悩みを持っていたが、すべてを忘れて裸の人間になろうとしていた。雄吉自身、稽古に熱中して全身からしぼるほど汗を流すたびに、それまでの自分が削ぎ落されて、［　A　］ような気がした。

初段をとってからは試合にも出たが、二、三合打ち合ううちに「面」や「小手」や「胴」をとられてあっけなく負けた。試合経験ゆたかな若者にとても勝てるものではなかった。試合に勝つには、場数を踏んで試合慣れする必要があった。剣道をはじめて五年、三段をとった六十歳の秋、市の剣道大会ではじめて若者二人に勝って三位の賞状をもらった。

できる日本人」にもなりたがる様子もなく、遠い眼をして物思いに耽《ふけ》っている。彼らはたしかに何かを「諦めている」のだが、それは地平線の遠くに「どんなことがあっても、諦めてはいけないもの」を望見しているからである。たぶんそうだと思う。

（内田　樹『武道論　これからの心身の構え』より）

［注］※1　白川静…漢文学者（一九一〇―二〇〇六）。
※2　鈴木大拙《すずきだいせつ》…仏教学者（一八七〇―一九六六）。
※3　賦活《ふかつ》…活力を与えること。
※4　ノーメンクラトゥーラ…旧ソ連や東欧諸国における共産党・政府のエリート層や支配階級のこと。

問一　二重傍線部ａ「イノベーティブ」の言い換えとして最も適切なものを次から選び、記号で答えよ。

ア、普遍的　　イ、革新的
ウ、保守的　　エ、功利的

問二　空欄［A］・［B］に入る最も適切な言葉を、本文中よりそれぞれ抜き出して答えよ。ただし［A］は五字、［B］は四字で抜き出すこと。

問三　傍線部①「いささかも懸念するには及ばない」とあるが、これはなぜか。その説明として最も適切なものを次から選び、記号で答えよ。

ア、「起死回生の逆転劇」を演じられるような大ぶりな若者は地道な努力により成功を手にするため、年寄りの説教に耳を貸す必要がないから。
イ、開花するはずの才能が開くことなく終わるという悲劇は、「起死回生の逆転劇」を演じられるような大ぶりな若者には起きそうもないから。
ウ、中には一〇万人にひとりくらいの割合で、ほんとうに「起死回生の逆転劇」を演じられるような大ぶりな若者がいることもあるから。
エ、「起死回生の逆転劇」を演じられるような大ぶりな若者には、自らの力で自己評価を適正なレベルまで下方修正する習慣があるから。

問四　傍線部②「富貴の人は根源的になることがない」とあるが、これはどういうことか。その説明として最も適切なものを次から選び、記号で答えよ。

ア、今の世の中はスマートな仕組みに支えられているが、これに適応して権力や財貨や威信や人望を持つ人の根源的な存在価値は認められないということ。
イ、お金のある人には孔子の生き方は虚構であり、むなしさを感じさせるものでもあるため、今の世の中を生きるロールモデルにはなりえないということ。
ウ、豊かで健康な人間は自分の循環器系や内分泌系の仕組みを知らずとも今の世の中で生きていけるため、身体を根源的に追究することがないということ。
エ、今の世の中の仕組みに精通し、必要なものを身につけて楽しく暮らしていける人は、この世の中や人間のあり方を深く考察することがないということ。

問五　傍線部③「そういう時」とあるが、その指示する内容を、解答欄の「時」に続く形で本文中より十五字で抜き出して答えよ。

問六　傍線部④「すべてが崩れるように見えるカオス的状況においても局所的には秩序が残る」とあるが、ここで言われている「局所的に」残る「秩序」とはどのようなものか。その内容として適切な表現を、本文中より八字で抜き出して答えよ。

問七　傍線部⑤「一番スマートな人たち」とあるが、これはどのような人たちのことか。その説明として最も適切なものを次から選び、記号で答えよ。

ア、いずれ訪れる閉塞感のある社会を見通して非常時対応の才能を身につけ、その中でなんとか生き抜こうとする人たち。
イ、閉塞感の漂う現代の社会から逃げ出し、非常時であれ平時であれ、双方に対応して確実に生きていこうとする人たち。

げることができる。
　私はそんなふうに考えている。
　自分の将来について考えるときに、「死ぬまで、この社会は今あるような社会のままだろう」ということを不可疑の前提として、このシステムの中で「費用対効果のよい生き方」を探す子どもたちと、「いつか、この社会は予測もつかないようなかたちで破局を迎えるのではあるまいか」という漠然とした不安に囚われ、その日に備えておかなければならないと考える子どもたちがいる。「平時対応」モードの子どもたちと「非常時対応」モードの子どもたちと言い換えてもいい。
　実は、彼らはそれぞれのモードに従って何かを諦めている。
「平時対応」を選んだ子どもたちは、「もしもの時」に自分が営々として築いてきたもの、地位や名誉や財貨や文化資本が「紙くず」になるリスクを負っている。「非常時対応」の子どもたちは、「もしもの時」に備えるために、今のシステムで人々がありがたがっている諸々の価値の追求を断念している。どのような破局的場面でも揺るがぬような確かな思想的背骨を求めつつ同時に「富貴」であることはできないからである。
　人間は何かを諦めなければならない。これに例外はない。自分が平時向きの人間であるか、非常時向きの人間であるかを私たちは自己決定することができない。それは生得的な傾向として私たちの身体に刻みつけられているからである。
　それが言うところの「あるがままの自己」である。
　だから、「あるがままの自己」を受け入れるということは、「システムが順調に機能しているときは羽振りがよいが、カオスには対応できない」という無能の様態を選ぶか、「破局的状況で生き延びる力はあるが、システムが順調に機能している時はぱっとしない」という無能の様態を選ぶかの二者択一をなすということである。どちらかを取れば、どちらかを諦めなければならない。
　以上は一般論である。そして、より現実的な問題は今私たちがいるのが「閉塞感漂う現代社会」の中だということである。閉塞感というのは、システムがすでに順調に機能しなくなり始めていることの徴候である。
　制度が、立ち上がったときの鮮度を失い、劣化し、あちこちで崩れ始めているとき、私たちは閉塞感を覚える。そこにはもういきいきとしたものが感じられないからだ。壁の隙間から腐臭が漂い、みずみずしいエネルギーが流れているはずの器官が硬直して、もろもろの制度がすでに可塑性《かそせい》や流動性を失っている。今の日本はそうなっている。それは上から下までみんな感じている。システムの受益者たちでさえ、このシステムを延命させることにしだいに苦痛を覚え始めている。
　⑤一番スマートな人たちは、そろそろ店を畳んで、溜め込んだ個人資産を無傷で持ち出して、「日本ではないところ」に逃げる用意を始めている。シンガポールや香港に租税回避したり、子どもたちを中学から海外の学校に送り出そうとしたり、日本語より英語ができることをありがたがったりするのは、「逃げ支度」の一つの徴候である。
　彼らはシステムが瓦解する場には居合わせたくないのである。破局的な事態が訪れた後、損壊を免れたわずかばかりの資源と手元に残っただけの道具を使って、瓦礫から「新しい社会」を再建するというような面倒な仕事を彼らは引き受ける気がない。
　だから、私たちがこの先頼りにできるのは、今のところあまりスマートには見えないけれど、いずれ「ひどいこと」が起きたときに、どこにも逃げず、ここに踏みとどまって、ささやかだが、それなりに条理の通った、手触りの優しい場、人間が共同的に生きることのできる場所を手作りしてくれる人々だということになる。
　いずれそのような重大な責務を担うことになる子どもたちは、たぶん今の学校教育の場ではあまり「ぱっとしない」のだろうと思う。「これを勉強するといいことがある」というタイプの利益誘導にさっぱり反応せず、「グローバル人材育成」戦略にも乗らず、「英語がいい才能」の多寡をあげつらい、格付けに勤《いそ》しみ、優劣勝敗巧拙をうるさく言挙げする。

今の世の中で「才能」と呼ばれているものは、一言で言ってしまえば「この世界のシステムを熟知し、それを巧みに活用することで自己利益を増大させる能力」のことである。だから、「才能ある人」たちはこの世の中の仕組みを理解し、その知識を利用して、「いい思い」をしている。

彼らは、なぜこの世の中はこのような構造になっているのか、どのような与件によってこの構造はかたちづくられ、どのような条件が失われたときに瓦解《がかい》するのかといったことには知的資源を用いない。この世の中の今の仕組みが崩れるというのは、「富貴の人」にとっては「最も考えたくないこと」だからである。

考えたくないことは、考えない。フランス革命の前の王侯たちはそうだったし、ソ連崩壊前の※4ノーメンクラトゥーラもそうだった。そして、「考えたくないことは考えない」でいるうちに、しばしば最も考えたくないことが起き、それについて何の備えもしていなかった人たちは崩れ落ちる大伽藍《だいがらん》とともに大地の裂け目に呑み込まれて行った。

この世のシステムはいずれ崩壊する。これは約束してもいい。いつ、どういうかたちで崩壊するのかはわからない。でも、必ず崩壊する。歴史を振り返る限り、これに例外はない。二五〇年間続いた徳川幕府も崩壊したし、世界の五大国に列した大日本帝国も崩壊した。戦後日本の政体もいずれ崩壊する。それがいつ、どういうかたちで起きるのかは予測できないが。

私たちが「真の才能」を重んじるのは、それだけが「③そういう時」に備えているからである。「真の才能」だけが「そういう時」に、どこに踏みとどまればいいのか、何にしがみつけばいいのか、どこに向かって走ればいいのか、それを指示できる。「真の才能」はつねに世界のありようを根源的なところからとらえる訓練をしてきたからだ。

問題はすべてが崩れることではない。④すべてが崩れるように見えるカオス的状況においても局所的には秩序が残ることである。「真の才能」はそれを感知できる。

カオスにおいても秩序は均質的に崩れるわけではない。崩れ切ってしまう部分と、局所的に秩序が生き延びる場が混在する。秩序と混乱が混在するからカオスなのである。すべてが均質的に壊れる状態、例えば、地球上の全員が一瞬で死んでしまうような破局（いきなり彗星が激突するとか）は「カオス」とは呼ばれない。「無」である。

混沌と無は別物である。カオスにおいては、秩序と混乱が混在する。

そして、それなしでは人間が集団的に生きてゆくことができない制度はどんな場合でも残る。あるいは瓦礫《がれき》の中から真っ先に再生する。

どれほど悲惨な難民キャンプでも、そこに暮らす人々の争いを鎮めるための司法機関と、傷つき病んだ人を受け容れるための医療機関と、子どもたちを成熟に導くための教育機関と、死者を悼み、神仏の加護と慈悲を祈るための霊的な場だけは残る。そこが人間性の最後の砦だからである。それが失われたらもう人間は集団的には生きてゆけない。

司法と医療と教育と宗教。この四つの制度の働きを動詞で言い換えると、「裁く」と「癒す」と「学ぶ」と「祈る」ということになる。この四つの根源的な動詞が言い表す営みが集団が集団として存続するための必須のものなのである。それを担うためにはどんな集団であっても、そこに一定数の「大人」が存在しなければならない。

別に成員の全員が「大人」である必要はない。せめて一割程度の人間が、どのようなカオス的状況にあっても、この四つの根源的な仕事がなければならないということを知っているならば、システムが瓦解した後でも、カオスの大海に島のように浮かぶその「条理の通る場」を足がかりにして、私たちはまた新しいシステムを作り上ている」という現実そのものを滋養にして開花するのである。説教一つでつぶれてしまうような才能は「才能」とは呼ばれない。

真にaイノベーティブな才能は、その人の出現によって、それまで「旧《ふる》いシステム」に寄食していた何千人か何万人かの面目を丸つぶれにしたり、失業に追いやってしまうものである。だから、その出現が既得権益者によって妨害されるのは当然のことなのである。万人がその出現を諸手を挙げて歓迎する才能などというものはこの世に存在しない。

かつて※1白川静は孔子を評してこう書いたことがある。

「孔子の世系についての『史記』などにしるす物語はすべて虚構である。孔子はおそらく、名もない巫女《みこ》の子として、早くに孤児となり、卑賤のうちに成長したのであろう。そしてそのことが、人間についてはじめて深い凝視を寄せたこの偉大な哲人を生み出したのであろう。思想は富貴の身分から生まれるものではない」(白川静、『孔子伝』、中公文庫、二〇〇三年、二六頁)

思想は富貴の身分から生まれるものではない。これは白川静がその実存を賭けて書いた一行である。

「富貴の身分」というのはこの世の中の仕組みにスマートに適応して、しかるべき権力や財貨や威信や人望を得て、今あるままの世界の中で愉快に暮らしていける人のことである。「富貴の人」はこの世界の仕組みについて根源的な考察をする必要を感じない(健康な人間が自分の循環器系や内分泌系の仕組みに興味を持たないのと同じである)。「人間いかに生きるべきか」というような問いを自分に向けることもない(彼ら自身がすでに成功者であるのに、どこに自己陶冶《とうや》のロールモデルを探す必要があるだろう)。②富貴の人は根源的になることがない。

やり方を知らないし、必要もない。そういう人間から思想が生まれることはないと白川静先生は言ったのである。

同じようなことを※2鈴木大拙も書いていた。『日本的霊性』において、平安時代に宗教はなく、それは鎌倉時代に人が「大地の霊」に触れたときに始まったという理説を基礎づける中で大拙はこう書いている。

「享楽主義が現実に肯定される世界には、宗教はない。万葉時代は、まだ幼稚な原始性のままだから、宗教は育たぬ。平安時代に入りては、日本人もいくらか考えてよさそうなものであったが、都の文化教育者はあまりに現世的であった。外からの刺激がないから、反省の機会はない。(……)宗教は現世利益の祈りからは生まれぬ。」(鈴木大拙、『日本的霊性』、岩波文庫、一九七二年、四一―四二頁、強調は内田)

白川静が「思想」と呼んでいるものと、鈴木大拙が「宗教」と呼んでいるものは、呼び方は違うが中身は変わらない。世界のありようを根源的にとらえ、人間たちに生き方を指南し、さらに一人ひとりの生きる力を※3賦活する、そのような言葉を語りうることである。

思想であれ宗教であれ、あるいは学術であれ芸術であれ、語るに足るものは「 A 」や「 B 」や「現世利益」からは生まれない。ふたりの老賢人はそう教えている。

これが話の前提である。

私が問題にしているのはX「真の才能」である。なぜ、私が「自己評価の下方修正」についての原稿をまず「真の才能とは何か?」という問いから始めたかというと、「真の才能」を一方の極に措定《そてい》しておかないと、「才能」についての話は始まらないからである。というのは、私たちがふだん日常生活の中でうるさく論じ、その成功や失敗について気に病んでいるのは、はっきり言って「どうでもいい才能」のことだからである。

「富貴」をもたらし、「享楽主義」や「現世利益」と相性がよいのは「どうでもいい才能」である。それは思想とも宗教とも関係がない。そんなものは「あっても、なくても、どうでもいい」と私は思う。

ところが現代人は、まさにその「あっても、なくても、どうでも

二〇二三年度 法政大学第二高等学校

【国　語】（五〇分）〈満点：一〇〇点〉

一 次の各問に答えよ。

問一 次の①～④の傍線部の語の「対義語」を正確に漢字二字で答えよ。

① 幼少期に濃密な人間関係を築く。

② 農家が閑散な時期には町へ出稼ぎに行く。

③ 都会の生活に浸り暮らしぶりが華美に流れる。

④ 複雑な現象を単純な要素に分けて解明するのが分析だ。

問二 次の①・②の傍線部の中から一つだけ文法的な説明が異なるものを選び、記号で答えよ。

① ア、機械の故障ではなさそうだ。
　イ、桜の開花が早まりそうだ。
　ウ、今年の夏は暑くなるそうだ。

② ア、もう夕方なのに、依然として仕事は山積みだ。
　イ、夏の高原でさわやかな朝の空気を吸う。
　ウ、あの音楽家は世界的に有名なので、取材希望が絶えない。

問三 次の傍線部の語の中から一つだけ活用の種類が異なるものを選び、記号で答えよ。

ア、親に苦労をかけないよう、倹約を心がける。
イ、主力選手が欠け、戦力が著しく低下した。
ウ、その事実を書けば、世間が騒然とするに違いない。

問四 次の①～③の傍線部の漢字の読みをひらがなで答えよ。

① 自らを卑下する。

② 格別の恩恵を被る。

③ 品位を保つため自重する。

二 次の文章を読んであとの各問に答えよ。

「半分諦めて生きる」という不思議なお題を頂いた。「あるがままの自己を肯定し、受け入れるためには、上手に諦めることも必要なのでは。閉塞感漂う現代社会でどう生きていけばいいのか」という寄稿依頼の趣旨が付されていた。

『児童心理』という媒体からのご依頼であるから、不適切な(過大な)自己評価をしている子どもたちの自己評価を下方修正させることの効用と、そのための実践的な手順についてのお訊《たず》ねなのであろうと思った。

なぜ私にそのような原稿発注があったかというと、ずいぶん前に学校教育について論じた中で、「教師のたいせつな仕事の一つは子どもたちの過大な自己評価を適正なレベルにまで下方修正することにある」と書いたことがあるからである。これはたしかにほんとうの話で、「宇宙飛行士になる」とか「アイドルになる」とか「サッカー選手になる」とかいうことを「将来の夢」として小学生が卒業文集に書く分には可憐だが、二〇歳過ぎて仕事もしないで家でごろごろしている人間が語るとあまりかわいげがない。そういう人はどこかで「進路修正」のタイミングを失したのである。むろん、そういう人の中にも一〇万人にひとりくらいの割合で、それからほんとうにNASAに就職したり、グラミー賞を受賞したり、セリエAにスカウトされたりする人も出てくることがあるので、あまり断定的には言えないが、そういう「起死回生の逆転劇」を演じられるような大ぶりな若者は年寄りの説教など端《はな》から耳を貸さないので、こちらがみがみ言ったくらいで「大輪と咲くはずだった才能が開花せずに終わった」というような悲劇は起きないから、①いささかも懸念するには及ばないのである。

というようなことを書いたかに記憶している。その意見は今も変わらない。

才能というのはまわりの人間がその開花を妨害しようとすればつぶせるようなやわなものではない。むしろ「自分をつぶしにかかっ

英語解答

Ⅰ (A) 1 (1)…(い) (2)…(う)
2 (1)…(え) (2)…(う)
3 (1)…(い) (2)…(い)
4 (1)…(う) (2)…(う)
5 (1)…(え) (2)…(い)
(B) 1 Can I get you something from the restaurant
2 I've just found them in the kitchen

Ⅱ 1 ア…(か) イ…(う) ウ…(え)
2 (例) They were musicians.
3 (う) 4 (う) 5 (あ)
6 but 7 (あ), (お), (き)

Ⅲ 1 (い) 2 sell 3 (あ)
4 エ
5 (例) in an environmentally friendly way
6 (う) 7 (い)

Ⅳ 1 (a) close (b) figure
2 (a) another (b) yourselves
(c) forward
3 (a) My hometown has
(b) good at speaking

Ⅴ 1 (a) have〔has〕 passed
(b) as〔so〕 long
(c) What, in English
2 (a) ４番目…(い) ６番目…(え)
(b) ４番目…(く) ６番目…(あ)
3 (a) (例) I'm going to finish cleaning my room by tomorrow.
(b) (例) Shall we go shopping after we watch the movie？

Ⅰ 〔放送問題〕解説省略

Ⅱ 〔長文読解総合―物語〕

≪全訳≫❶ウィリアムが翌朝目覚めたとき，彼は幸せを感じた。彼はベッドから飛び出して，窓に駆け寄り，外を見た。美しい日曜日の朝だった。太陽が輝き，空は青かった。ウィリアムは窓を開けた。外には，美しい花が咲いた果物の木があった。空を見ると，鳥が空中を舞い上がり，美しくさえずっていた。ウィリアムは，他の多くの木や花，そして小さな川も見ることができた。❷「ここはすばらしい場所だ！」と彼は思った。そのとき，突然，彼は思い出した。彼はとても悲しかった。「でも，もうここにはいられないんだ。彼らは僕を望んでいない。僕が女の子じゃないから」と彼は思った。❸すぐにエリザベスが部屋に入ってきた。「おはよう，ウィリアム。とても美しい日ね」と彼女は言った。「朝食ができてるわ。顔を洗って服を着なさい」❹「とてもおなかがすきました」とウィリアムは言った。「朝に悲しい気持ちにはなれないな。僕は朝が大好きだから」と彼は思った。❺朝食後，ウィリアムは皿とカップを洗った。エリザベスは注意深く観察していたが，ウィリアムは上手にその仕事をした。❻「今日の午後，私はサンフランシスコに車で行くつもりよ」とエリザベスは言った。「私と一緒に来るのよ，ウィリアム，私たちはアンダーソン夫人と話をするの」❼ロバートは何も言わなかったが，とても悲しそうにしていた。その後，彼は車庫へ行き，エリザベスのために車を準備した。エリザベスが運転し，ウィリアムは隣に座った。❽「ア サンフランシスコまでは遠いですか？」とウィリアムは尋ねた。❾「約８キロよ」とエリザベスは答えた。「あなたはおしゃべりが好きよね，ウィリアム。だからあなたの話を聞かせてちょうだい」❿「あまりおもしろくはありませんよ」とウィリアムは言った。「僕はシアトルのスポケーンで生まれ，この前の７月に８歳になりました。母は歌手で，父は大きな劇場のピアニストでした。でも，２人とも僕が赤ちゃんのときに病気になって死んでしまいました。それで，彼らの掃除人をしていたパーマー夫人が僕を彼女たちの家に連れていってくれました。パーマーさんは食料品店を経営していました。彼らには４人の子どもがいました。僕が５歳くらいのとき，パーマー夫人が子どもたちの世話をするのを手伝いました。でも，その後，恐ろしいことが起こりました。パーマーさんが事故でなくなったんです。パーマー夫人と子どもたちはパーマーさんのご両親のところへ行きました。彼女たちは僕を連れていきました。パーマーさんのご両親は孫たちと一緒にいられて喜んでいましたが，僕と一緒にいるのは喜んでいませんでした。彼らは僕を望んでいなかったんです」**11**「その後，パーマー夫人の友人であるエリオット夫人が僕を彼女の家に連れていってくれました。彼女は牧場を持っていて，８人の子どもがいました。彼らはとても大変でした。その後，エリオット夫人は牧場を売って，子どもたちと遠くに引っ越しました。誰も僕を望まなかったので，僕は孤児院に行かなければなりませんでした。僕はそこに５か月いました」**12**「イ学校には行ったの？」とエリザベスが尋ねた。**13**「いいえ，めったに行きませんでした」とウィリアムは答えた。「時間がなかったんです。僕はいつも子どもたちの世話で忙しかったですし。でも，読書は大好きです」**14**「女性たちは，パーマー夫人とエリオット夫人のことだけど，あなたに優しかった？」とエリザベスは尋ねた。**15**「彼女たちは親切になりたいと思っていました」とウィリアムはゆっくりと言った。「でも，彼女たちはいつもとても疲れていました。彼女たちはあまり僕に優しくすることができませんでした」**16**エリザベスは突然，ウィリアムのことをとても気の毒に思った。少年の人生はとても悲しいものだった。誰も彼を望まず，愛さなかったのだ。**17**エリザベスとウィリアムを見たとき，アンダーソン夫人はとても驚いた。エリザベスは，彼女たちが抱えている問題について彼女に話した。**18**「本当にごめんなさい」とアンダーソン夫人は答えた。「私は大きな間違いをしてしまったわ。でも，考えがあるの。お隣のベッシンガー夫人に赤ちゃんが生まれたのよ。彼女は助けてくれる男の子を求めてる。ウィリアムは彼女と暮らすことができるわ。ベッシンガーさんは漁師なの。彼は自分の漁船を持ってるのよ。ウィリアムはいつか彼を助けることができるわ」**19**「ああ」とエリザベスは言った。彼女はベッシンガー夫人のことを知っていた。ベッシンガー夫人にはたくさんの子どもがいたが，彼女は子どもたちにあまり優しくはなかった。**20**「ほら！」とアンダーソン夫人が言った。「ベッシンガー夫人が来たわ」**21**ベッシンガー夫人は小さな，冷たい目をしていた。**22**「こちらはパロアルトから来たエリザベス・カーペンターよ」とアンダーソン夫人は彼女に言った。「そして，この少年は孤児院から来たの。エリザベスのところに彼を連れていったんだけど，彼女は女の子を望んでるの。ウあなたに彼はどうかしら？」**23**ベッシンガー夫人は長い間ウィリアムを見た。彼女はほほ笑まなかった。「彼はとてもやせているわね」と彼女は言った。「彼が丈夫ならいいけど。毎日朝早くから夜遅くまで懸命に働かなければならないだろうから。そうね，アンダーソン夫人，この子をもらうわ。彼は今，私と家に帰れるわよ」**24**エリザベスはウィリアムの悲しそうな顔を見た。「ベッシンガー夫人にウィリアムを渡すわけにはいかない」と彼女は思った。「待って」と彼女は言った。「まず，兄のロバートと話し合う必要があるわ。彼はウィリアムが私たちのところにいることを望んでいるの」**25**ウィリアムは驚いてエリザベスを見た。それから彼は飛び上がり，部屋を走って横切った。「本当にパロアルトであなたたちのところにいられるのですか？」と彼は尋ねた。「本当にそう言いましたか？」**26**「わからないわ」とエリザベスは言った。「さあ，座って静かにしなさい」**27**エリザベスとウィリアムが家に帰ると，ロバートが車庫の前で待っていた。ウィリアムを見て，彼はとてもうれしく思った。その後，エリザベスはベッシンガー夫人のことを彼に話した。彼女は彼にウィリアムの話もした。ロバートはふだん怒らないが，ベッシンガー夫人に対してはとても怒っていた。**28**「そのベッシンガーという女性はとても冷酷だ」と彼は言った。29「そうなのよ」とエリザベスは言った。「私も彼女が好きじゃないの。わかったわ，ロバート，ウィリアムは私たちとここにいられる。でも私は子どものことをあまり知らないわ。私が間違いを犯さなければいいけど」30「ありがとう，エリザベス」とロバートは喜んで言った。31「ウィリアムはとてもおもしろい子ね。彼に親切にしてね。そうすれば，彼はいつもあなたを愛してくれるわ」とエリザベスは顔に笑みを浮かべて言った。

1＜適文選択＞ア．直後でエリザベスが「約８キロ(メートル)」と答えていることから，距離に関する質問を選ぶ。(い)の How long ～？は‘時間’の長さを尋ねる表現なので不適切。‘距離’を尋ねる疑問詞は How far。　イ．この後ウィリアムが No と答えているので，空所は疑問詞のない疑問文が入る。この質問に対する「時間がなかった」「でも，読書は大好き」というウィリアムの返答につながるものを選ぶ。　ウ．アンダーソン夫人がベッシンガー夫人にウィリアムを紹介している場面。この後のベッシンガー夫人の発言にある Yes, Mrs. Anderson, I'll take this boy. が空所に入る質問への直接的な返答になっている。Would you like ～？「～はいかがですか」

2＜英問英答＞「ウィリアムが赤ちゃんのとき，彼の両親はどんな仕事をしていたか」―「彼らは音楽家だった」　第10段落前半参照。彼の母は歌手，父はピアニストだった。‘What do/does＋主語＋do for a living？’は‘職業’を尋ねる表現。「主語・動詞のある３語」という条件に合わせて答えること。

3＜文脈把握＞be sorry for ～で「～を気の毒に思う」という意味。ここでは be動詞ではなく feel の過去形 felt が使われている。エリザベスがウィリアムを気の毒に思った理由は下線部直後の２文に書かれている。

4＜要旨把握＞第18，23段落参照。ベッシンガー夫人は自分を手伝ってくれる少年を必要としており，毎日早朝から夜遅くまで働かせようと考えている。

5＜指示語＞us「私たち」が指すのはこの会話の話し手であるエリザベスと，エリザベスと一緒に住んでいる兄のロバートである。‘want＋人＋to ～’「〈人〉に～することを望む」　‘stay with＋人’「〈人〉の家に滞在する」

6＜適語補充＞空所の前の「ロバートはふだん怒らなかった」と後の「ベッシンガー夫人に対してはとても怒っていた」という相反する内容をつなぐのは‘逆接’の接続詞 but。

7＜内容真偽＞(あ)「ウィリアムは両親がなくなった後，パーマー家のところにいた」…○　第10段落中盤の内容に一致する。　(い)「ウィリアムはパーマー夫人の両親が彼を望んでいたので，彼女たちの家に行った」…×　第10段落後半参照。パーマー夫人(Mrs. Palmer)ではなく，パーマーさん(Mr. Palmer)の両親の家に行った。また，ウィリアムは彼らに望まれなかった。　(う)「ウィリアムは読書が好きだったので，彼は本を読むために毎日学校に行った」…×　第13段落参照。子どもの世話で忙しく，学校にはほとんど行けなかった。　(え)「ウィリアムは，ベッシンガー夫人にたくさんの子どもがいたので，ベッシンガー夫人の家に行きたがった」…×　第24段落第１文参照。ベッシンガー夫人の話を聞いた後，ウィリアムは不満そうな表情をしている。　(お)「エリザベスがウィリアムと一緒だったので，エリザベスが家に帰ってきたとき，ロバートは喜んだ」…○　第27段落第１，２文の内容に一致する。　(か)「ロバートはアンダーソン夫人が間違いを犯したので怒った」…×　このような記述はない。　(き)「ウィリアムを家に連れて帰ろうと決めたとき，エリザベスは子どもについて十分に知らなかった」…○　第29段落第４文に一致する。

Ⅲ〔長文読解総合―説明文〕

≪全訳≫❶電話を所有する必要があるだろうか。ソファは？　車は？　物を買って何年も使いたいと思う人もいる。しかし，循環型経済では，その必要はない。というのも，多くの企業が，製品を販売する従来の所有権モデルから脱却しつつあるからだ。代わりに，彼らは製品を使用するためにお金を払ったり，「サービスとしての製品」を提供したりする，異なるモデルに移行している。これらの使用権モデルの成功の鍵は，製品の品質が高く，寿命が長く，多くの使用者を獲得できることだ。❷人は最初の家に引っ越すとき，あまり高価でない家具を探すことが多い。彼らの多くは，椅子やテーブルなどを買うために，ヨーロッパの有名な家具会社であるイケアのような店に行く。ただし，このような家具の中には，あまり長持ちするように設計されていない，あるいは期待されていないものもある。壊れると，多くの場合，所有者はそれを捨てるだけなのだ。アメリカだけでも，毎年膨大な量の家具が地中に埋められている。イケアは，この廃棄物の問題をいくつかの方法で解決しようとしている。まず，同社はヨーロッパの一部でいくつかの製品のレンタルを始めた。借主から商品が戻ってくるたびに，製品の寿命をより長くするためにクリーニングと修理がなされる。第二に，新しい家具を購入した顧客は，それを新しい顧客に販売やレンタルができる。このことを考慮して，イケアは寿命を延ばし，容易に修理できるように製品の設計をするようになった。イケアは椅子やテーブル，ランプなどのどの部分が壊れる，あるいは最初に弱くなる可能性があるのかをテストしている。同社はそれぞれの家具の寿命を延ばすために，その部分だけを修理または交換したいと考えている。彼らの目標は，このプロセスを実現することだ。このモデルは，家具など私たちが毎日使う製品に適しているが，例えばキャンプ用品やウェディングドレスなど，それほど頻繁には使わない製品にも適している。それらの両方ともレンタル市場と再販市場が成長している。❸所有権から離れる傾向はレンタルと再販だけではない。ますます多くの消費者が，製品を買わないで製品を使用できるようにするサービスに月額料金を支払うことを選択している。このモデルは，「サービスとしての製品」と呼ばれることもあるが，音楽業界ではすでに普及している。スマートフォン市場など，他のビジネスでも一般的になりつつある。オランダの電話会社の１つであるフェアフォンは，長期間使用するのに十分な強度の素材と，環境に優しい方法を使うスマートフォンを製造している。しかし，電話は販売していない。代わりに，顧客はそれらを使うために月額料金を支払う。同社が修理しやすい高品質の電話を設計しているため，それらは長持ちし，しばらく使用した後でも，すぐにゴミ箱行きとなることはない。❹消費者にとって，使用権の良い点ははっきりしている。彼らは高額な費用を支払う必要も，製品を良好な状態に保つことを心配する必要もない。彼らは製品を容易にかつ安価に修理したり，アップグレードしたりできる。若者は特に，使用権モデルに魅力を感じている。彼らは製品を所有するより，使用することを好む。彼らの多くは，あまり多くのものを所有したいと思わない。この種のサービスに対する消費者の関心は，自動車から衣料品まであらゆるもので高まっている。最近のレポートによると，この種のサービスの売り上げは，世界中で７年間に300％以上増えた。❺企業にとっても，使用権はメリットがある。フェアフォンのサービスによって，同社は毎月使用者からお金を得ている。イケアにとって，使用権戦略は同社が将来の計画を立てるのに役立っている。そのうちに，家具の生産に必要とされる再生不可能な原材料を入手することがより難しくなるだろう。エ同社は将来の準備をしているのだ。また，イケアやその他の企業にとっても，使用権モデルに移行することで，世間のイメージを向上させることができる――それは，企業が環境に注意を払っていることを示すのだ。この肯定的なイメージはビジネスに有益だ。❻より環境に優しい製品に対する消費者のニーズの高まりに対応する意味もあり，所有権から使用権への移行はおそらく成長し続けるだろう。アジア，ヨーロッパ，北アメリカの１万5000人を対象にした最近の調査によると，消費者は廃棄物が引き起こしうる環境被害についてますます気にかけていることがわかった。彼らの半数以上が，製品が環境に優しい方法でつくられるようにするために，より高い価格を支払うと答えた。環境に優しい製品やサービスへの必要性が高まるにつれ，製品メーカーは，所有権の終了に備えるために，より迅速に移行する必要があるのかもしれない。

1＜適語選択＞空所の後で例として挙げられている「キャンプ用品やウェディングドレス」は，文前半の「家具」などとは異なり，日常的には使われないものである。　‘less＋形容詞〔副詞〕(＋than ～)’「(～ほど)…ない」　frequently「頻繁に」

2＜適語補充＞空所を含む文のitはフェアフォンを指す。直後のInstead「代わりに，そうではなく」に着目し，その後に続く顧客が携帯電話を使うために月額料金を支払うことが，何の代わりなのかを考える。空所前後は，フェアフォンは長持ちする製品をつくるが，それを売ることはせず，代わりに顧客から月額料金を徴収してそれを使わせる，という流れになっている。第2段落第9文にsellがある。

3＜語句解釈＞下線部these kinds of services「この種のサービス」とは，前にある内容から，使用権モデルに基づくサービス(消費者が物を買わずに製品を使用するサービス)を指す。この具体例として適切なのは㈤「製品をレンタルし，返却後に修理すること」。第2段落第7，8文のイケアの事例参照。

4＜適所選択＞挿入する文は「その企業は将来の準備をしている」という意味。エの前の2文で，使用権モデルがイケアにとって将来のための戦略であるということが示されており，ここに入れると話がつながる。

5＜語句解釈＞greenには形容詞で「環境に優しい」という意味がある。この意味を知らなくても，直後の文の内容から意味を推測できる。同段落第3文のin an environmentally friendly wayをそのまま使って，「環境に優しい方法でつくられた製品」とするとよいだろう。

6＜適語選択＞X・Y．‘from ～ to …’で「～から…へ」という意味。‘～’に当たるXには従来の所有権モデル，‘…’に当たるYには新しく広がりつつある使用権モデルが入る。　Z．the end of ～「～の終わり」に続くのは従来の所有権モデル。

7＜内容真偽＞㈤「フェアフォンでは自社のスマートフォンを販売しており，壊れた場合は回収し，無料で修理する」…×　第3段落後半参照。フェアフォンはスマートフォン本体の販売をしていない。また，無料で修理するかどうかについては述べられていない。　㈥「イケアもフェアフォンも，長持ちし，修理しやすい製品を設計しており，そうすることで，顧客は彼らの製品を繰り返し使用できる」…○　第2段落中盤および第3段落後半の内容に一致する。　㈦「フェアフォンは携帯電話をつくるのに必要な原材料の削減を計画しており，同社は携帯電話の貴金属部品をリサイクルしている」…×　このような記述はない。　㈧「イケアでは，顧客が製品を1年間使用した後に返却する必要があるので，製品を販売していない」…×　このような記述はない。

Ⅳ〔語彙・文法総合〕

1＜適語補充—共通語＞(a)上：「～を閉める」という意味の動詞。　「寒いです。窓を閉めてもいいですか」　下：「近い」という意味の形容詞。　「駅までは歩いていけます。ここからとても近いです」　(b)上：figure out ～で「～がわかる」という意味。figureは動詞。　「新しいコーヒーメーカーを使おうとしたが，使い方がわからなかった」　下：「数字」という意味の名詞。「この数字を見てください。これは昨年日本を訪れた人の数を示しています」

２＜適語補充＞(a)「このシャツは私には小さすぎます。別のものを見せてください」　another one で「もう１つの〔別の〕もの」という意味。この one は前に出た‘数えられる名詞’と同種のものを表す代名詞。　(b)「皆さん，欲しい食べ物はどれでも取ってかまいません。自由に取って食べてください」　help ～self で「～を自由に取って食べる〔飲む〕」という意味。前の文に Boys, you can ... とあるので，複数形の yourselves にすることに注意。　(c)「コンサートは明日だ。本当にそれが楽しみだ」　look forward to ～ で「～を楽しみにする」という意味。この to は前置詞なので，後には名詞や動名詞(～ing)が続く。

３＜書き換え―適語補充＞(a)「私の故郷には大きなスーパーマーケットがある」　‘There＋is/are ～ in＋場所’「〈場所〉には～がある〔いる〕」の構文を，‘場所＋have/has ～’「〈場所〉は～を持っている」→「〈場所〉には～がある」に書き換える。　(b)「ナンシーはとても上手にフランス語を話す」→「ナンシーはフランス語を話すのが得意だ」　be good at ～ing で「～するのが得意だ」という意味。上の文で very well が使われているので，good をより意味の強い great としてもよい。

V〔文法・作文総合〕

１＜書き換え―適語補充＞(a)「私の犬は３年前に死んだ」→「私の犬が死んでから３年がたつ」　‘期間＋have/has passed since＋主語＋動詞...’で「～してから〈期間〉がたつ」という意味。なお，これは‘It has been〔is〕＋期間＋since＋主語＋動詞...’「～してから〈期間〉が過ぎた」の形でも同様の意味を表せる。　(b)「ナイル川はアマゾン川より長い」→「アマゾン川はナイル川ほど長くない」　‘比較級＋than ～’「～より…」の文を‘not as ～ as …’「…ほど～ない」を使って書き換える。　(c)「この花の英名は何ですか」→「あなたはこの花を英語で何と呼びますか」　‘call＋*A*＋*B*’で「*A* を *B* と呼ぶ」という意味。この文では‘*B*’が疑問詞 What となって前に出ている。　‘in＋言語’「〈言語〉で」

２＜整序結合＞(a) I bought「私は買った」で始め，bought の目的語を the same sweater とまとめる。worn は wear の過去分詞(wear－wore－worn)なので，worn by my favorite actor とまとめ，the same sweater の後ろに置く。worn 以下が前の名詞 sweater を修飾する過去分詞の形容詞的用法。　I bought the same sweater worn by my favorite actor.「私は大好きな俳優が着ていたのと同じセーターを買った」　(b)語群の why, you, did から，Why did you ～？の形を考える。また，let は‘let＋目的語＋動詞の原形’「～に…させる」の形をとるので let her go out とまとめて you の後に続け，last night を文末に置く。　Why did you let her go out last night?「あなたはなぜ昨夜彼女を外出させたのですか」

３＜和文英訳―完全記述＞(a)「～するつもりだ」は be going to ～ や will ～ とする。「掃除をし終える」は finish ～ing「～し終える」の形を使うとよい。「～までに」という‘期限’は by を使って表せる。　(b) Shall we ～？で「～しませんか」という‘提案’を表せる。「映画を観た後に」は after we watch the movie または，after watching the movie などとするとよい。

2023年度／法政大学第二高等学校

数学解答

Ⅰ 問１　$9-5\sqrt{3}$　問２　$x=5$，$y=2$
問３　$x=0$，４　問４　$(x-y)(x+y-2)$

Ⅱ 問１　４　問２　53
問３　$a=-4$，$b=-6$
問４　$\frac{2\sqrt{3}}{3}$cm

Ⅲ 問１　$\frac{1}{64}$　問２　$\frac{3}{64}$　問３　$\frac{9}{64}$

Ⅳ 問１　３　問２　10
問３　$y=\frac{11}{6}x-\frac{10}{3}$

Ⅴ 問１　$\frac{4\sqrt{3}}{3}$cm　問２　$\frac{2\sqrt{3}}{3}$cm^2
問３　$\frac{2}{3}\pi-\frac{2\sqrt{3}}{3}$cm^2

Ⅵ 問１　72cm^2　問２　$\frac{16}{3}$cm

Ⅰ〔独立小問集合題〕

問１＜数の計算＞$\sqrt{9}<\sqrt{12}<\sqrt{16}$ より，$3<\sqrt{12}<4$ だから，$\sqrt{12}$ の整数部分は３であり，$\sqrt{12}$ の小数部分 a は $a=\sqrt{12}-3=2\sqrt{3}-3$ となる。また，$\sqrt{1}<\sqrt{3}<\sqrt{4}$ より，$1<\sqrt{3}<2$ だから，$\sqrt{3}$ の整数部分は１であり，小数部分 b は $b=\sqrt{3}-1$ となる。よって，$ab=(2\sqrt{3}-3)(\sqrt{3}-1)=6-2\sqrt{3}-3\sqrt{3}+3=9-5\sqrt{3}$ となる。

問２＜連立方程式＞$2(y-4)=-(x-1)$……①，$x-\frac{y+4}{2}-2=0$……②とする。①より，$2y-8=-x+1$，$x+2y=9$……①′　②×２より，$2x-(y+4)-4=0$，$2x-y-4-4=0$，$2x-y=8$……②′　①′＋②′×２より，$x+4x=9+16$，$5x=25$　∴$x=5$　これを①′に代入して，$5+2y=9$，$2y=4$　∴$y=2$

問３＜二次方程式＞$x^2+4x+4+x^2=x^2+8x+16-12$，$x^2-4x=0$，$x(x-4)=0$　∴$x=0$，４

問４＜式の計算―因数分解＞与式$=x^2-y^2-2x+2y=(x+y)(x-y)-2(x-y)$として，$x-y=A$ とおくと，与式$=(x+y)A-2A=A(x+y-2)$となる。A をもとに戻して，与式$=(x-y)(x+y-2)$である。

Ⅱ〔独立小問集合題〕

問１＜式の計算＞与式$=x^2+2xy+y^2-2xy-3xy=(x+y)^2-5xy$として，$x+y=-1$，$xy=-\frac{3}{5}$を代入すると，与式$=(-1)^2-5\times\left(-\frac{3}{5}\right)=1+3=4$ となる。

問２＜数の性質＞$\sqrt{n^2-105}$ が整数のとき，$n^2-105=k^2$（k は０以上の整数）と表せる。このとき，$n^2-k^2=105$，$(n+k)(n-k)=105$ となる。また，n は自然数，k は０以上の整数より，$n+k$ は自然数，$n-k$ は整数で，105は正の整数だから，$n+k\geqq n-k>0$ となる。これらの条件を満たす$(n+k,\ n-k)$の組は，(105，１)，(35，３)，(21，５)，(15，７)の４組ある。$(n+k,\ n-k)=(105,\ 1)$のとき，$(n+k)+(n-k)=105+1$，$2n=106$，$n=53$ となる。同様に，$(n+k,\ n-k)=(35,\ 3)$のとき，$n=19$，$(n+k,\ n-k)=(21,\ 5)$のとき，$n=13$，$(n+k,\ n-k)=(15,\ 7)$のとき，$n=11$ となる。よって，条件を満たす最大の自然数 n は $n=53$ である。

問３＜関数―変域＞関数 $y=\frac{1}{2}x^2$ は，x の絶対値が大きいほど y の値も大きくなる。よって，定義域（x の変域）が$-6\leqq x\leqq-2$ のとき，y の値は $x=-2$ で最小で，$y=\frac{1}{2}\times(-2)^2=2$，$x=-6$ で最大で，$y=\frac{1}{2}\times(-6)^2=18$ となるから，値域（y の変域）は $2\leqq y\leqq 18$ となる。また，$a<0$ より，関数 $y=ax+b$ は，x の値が増加すると y の値は減少するから，y の値は $x=-2$ で最小で，$y=a\times(-2)+b=-2a+b$，$x=-6$ で最大で，$y=a\times(-6)+b=-6a+b$ となる。したがって，値域は$-2a+b\leqq y\leqq-6a+b$ となるから，$-2a+b=2$……①，$-6a+b=18$……②が成り立つ。①，②を連立方程式として解くと，①－②より，$4a=-16$　∴$a=-4$　これを①に代入して，$-2\times(-4)+b=2$　∴$b=-6$

問4＜平面図形―長さ＞右図で，円 O_1，円 O_2 と辺ABの接点をそれぞれP，Q，円 O_1 と円 O_2 の接点をRとし，点 O_1 と3点A，B，P，点 O_2 と点Qを結ぶ。図形の対称性より，線分 O_1A，O_1B はそれぞれ∠BAC，∠ABCの二等分線で，2点R，O_2 は線分 O_1A 上にある。これより，$\angle O_1AB=\angle O_1BA=60°\div2=30°$ だから，$\triangle O_1AB$ は $O_1A=O_1B$ の二等辺三角形である。さらに，$O_1P\perp AB$ だから，点Pは辺ABの中点であり，$AP=\dfrac{1}{2}AB=\dfrac{1}{2}\times12=6$ となる。$\triangle O_1AP$ は3辺の比が $1:2:\sqrt{3}$ の直角三角形なので，$O_1P=\dfrac{1}{\sqrt{3}}AP=\dfrac{1}{\sqrt{3}}\times6=2\sqrt{3}$，$O_1A=2O_1P=2\times2\sqrt{3}=4\sqrt{3}$ である。また，$O_2Q\perp AB$ より，$\triangle O_2AQ$ も3辺の比が $1:2:\sqrt{3}$ の直角三角形だから，$O_2Q=r$ とすると，$O_2A=2O_2Q=2r$ となり，$AR=2r+r=3r$ となる。よって，$AR=O_1A-O_1R=O_1A-O_1P=4\sqrt{3}-2\sqrt{3}=2\sqrt{3}$ より，$3r=2\sqrt{3}$ が成り立ち，$r=\dfrac{2\sqrt{3}}{3}$(cm)である。

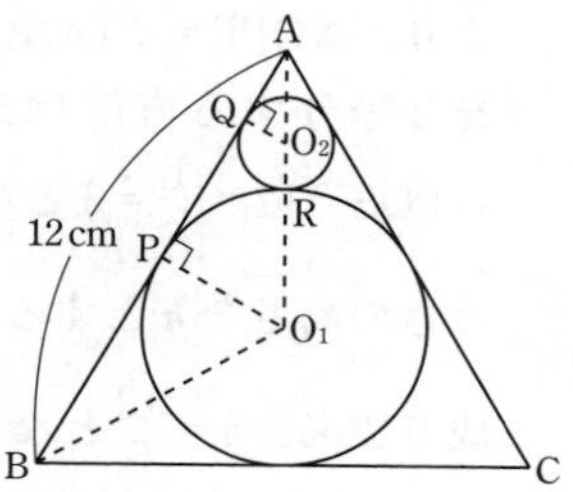

Ⅲ〔データの活用―確率―カード〕

≪基本方針の決定≫問2　$2023=7\times17^2$ より，記録した3つの数がわかる。

問1＜確率＞1回のカードの引き方は4通りあるので，3回のカードの引き方は，全部で $4\times4\times4=64$(通り)ある。このうち，3つの数をかけ合わせてつくられる整数が1となるのは，3回とも1を引く場合で1通りある。よって，求める確率は $\dfrac{1}{64}$ となる。

問2＜確率＞$2023=7\times289=7\times17\times17$ だから，3つの数の積が2023となるのは，7を1回，17を2回引く場合である。このような場合は，(1回目，2回目，3回目)＝(7，17，17)，(17，7，17)，(17，17，7)の3通りあるから，求める確率は $\dfrac{3}{64}$ となる。

問3＜確率＞カードに書かれた4つの数のうち，2，7，17は素数だから，3つの数の積が素数となるのは，1を2回，2，7，17のいずれかを1回引く場合である。1を2回，2を1回引く場合は，(1回目，2回目，3回目)＝(2，1，1)，(1，2，1)，(1，1，2)の3通りあり，1を2回，7を1回引く場合も，1を2回，17を1回引く場合も同様に3通りずつある。よって，3つの数の積が素数となる場合は，$3\times3=9$(通り)あるから，求める確率は $\dfrac{9}{64}$ となる。

Ⅳ〔関数―関数 $y=ax^2$ と一次関数のグラフ〕

問1＜長さ＞右図1で，2点P，Qの x 座標は a で等しいから，PQ∥〔y 軸〕である。よって，$PQ=b-(-1)=b+1$ であり，$PQ=3$ のとき，$b+1=3$ より，$b=2$ となる。これより，$P(a,\ 2)$ となり，点Pは放物線 $y=\dfrac{1}{4}x^2$ 上にあるので，$2=\dfrac{1}{4}a^2$，$a^2=8$　$\therefore a=\pm2\sqrt{2}$　$a>0$ より，$a=2\sqrt{2}$ となるから，$P(2\sqrt{2},\ 2)$ である。点Pから y 軸に垂線PAを引くと，△PARで三平方の定理より，$PR=\sqrt{AP^2+AR^2}$ となる。したがって，点Pの座標より，$AP=2\sqrt{2}$，$AR=2-1=1$ だから，$PR=\sqrt{(2\sqrt{2})^2+1^2}=\sqrt{9}=3$ である。

図1

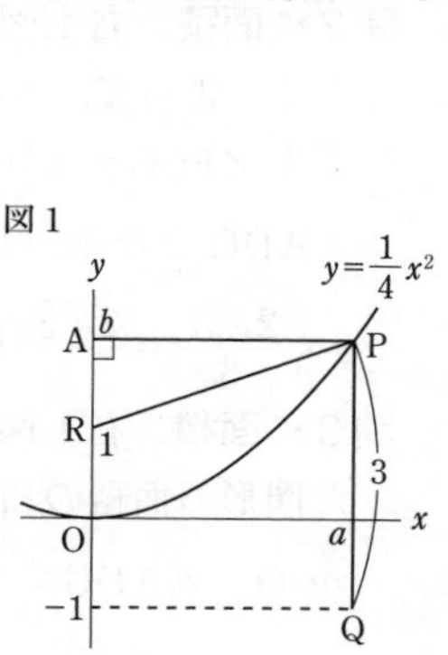

問2＜面積＞次ページの図2で，$a=4$ のとき，$y=\dfrac{1}{4}\times4^2=4$ より，$P(4,\ 4)$ となる。また，$Q(4,\ -1)$ だから，$PQ=4-(-1)=5$ である。△PQRの底辺をPQと見たときの高さは，点Pの x 座標より4だから，$\triangle PQR=\dfrac{1}{2}\times5\times4=10$ となる。

問3＜直線の式＞次ページの図2で，△OQRの底辺を $OR=1$ と見たときの高さは4だから，$\triangle OQR=\dfrac{1}{2}\times1\times4=2$ であり，〔四角形OQPR〕＝△PQR＋△OQR＝10＋2＝12である。よって，PQ∥RO

より，△OPR＝△OQR＝2だから，点Pを通り四角形OQPRの面積を2等分する直線は辺OQと交わり，その交点をSとすると，△PQS＝$12\times\frac{1}{2}=6$となる。ここで，△PQSの底辺をPQ＝5と見たときの高さをhとすると，△PQSの面積について，$\frac{1}{2}\times5\times h=6$が成り立ち，$h=\frac{12}{5}$となる。これより，点Sの$x$座標は$4-\frac{12}{5}=\frac{8}{5}$である。点Sは直線OQ上の点で，直線OQは原点OとQ(4, −1)を通るので，傾きは$(-1)\div4=-\frac{1}{4}$であり，その式は$y=-\frac{1}{4}x$となる。

図2

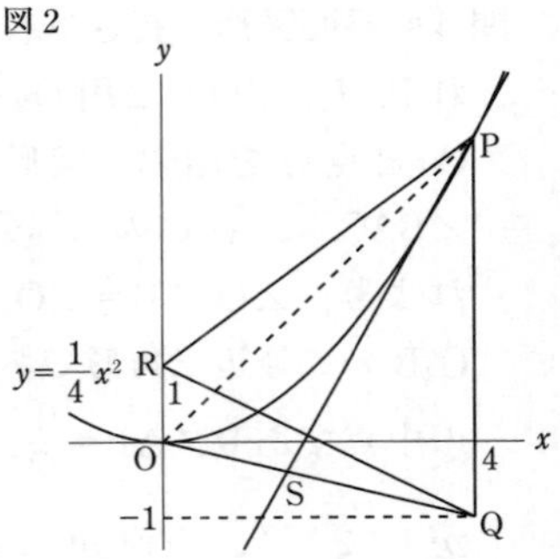

したがって，$y=-\frac{1}{4}\times\frac{8}{5}=-\frac{2}{5}$より，S$\left(\frac{8}{5},\ -\frac{2}{5}\right)$となるから，求める直線PSの傾きは$\left\{4-\left(-\frac{2}{5}\right)\right\}\div\left(4-\frac{8}{5}\right)=\frac{11}{6}$である。直線PSの式を$y=\frac{11}{6}x+b$とすると，P(4, 4)を通るから，$4=\frac{11}{6}\times4+b$，$b=-\frac{10}{3}$となり，求める直線の式は$y=\frac{11}{6}x-\frac{10}{3}$である。

V〔平面図形―円と三角形〕

≪基本方針の決定≫問1　∠ADC＝90°だから，2点A，Cを結ぶ線分は円Oの直径になる。
問2　△CFGは直角三角形である。　問3　3点O，F，Dを結ぶと正三角形ができる。

問1＜長さ＞右図のように，長方形の対角線ACを引き，2点O，Dを結ぶ。∠ADC＝90°より，線分ACは円の直径なので，線分ACは点Oを通る。また，AD＝BC＝2であり，OA＝OD＝2だから，△OADは正三角形となり，∠OAD＝60°である。よって，△ACEは，∠CAE＝60°，AC＝AEより，正三角形であり，ACが直径より，∠AFC＝90°だから，△ACF≡△AEFである。これより，∠CAF＝∠EAF＝60°÷2＝30°となり，∠ADG＝90°なので，△ADGは3辺の比が$1:2:\sqrt{3}$の直角三角形である。したがって，$\mathrm{AG}=\frac{2}{\sqrt{3}}\mathrm{AD}=\frac{2}{\sqrt{3}}\times2=\frac{4\sqrt{3}}{3}$(cm)となる。

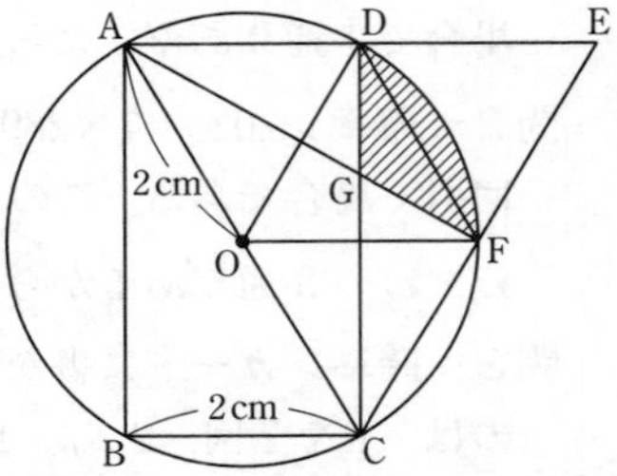

問2＜面積＞右上図で，問1より，△ACEは正三角形だから，△OCFも正三角形であり，CF＝2となる。よって，△CFGと△ADGにおいて，CF＝AD，∠CFG＝∠ADG＝90°，$\overset{\frown}{\mathrm{DF}}$に対する円周角より∠FCG＝∠DAG＝30°となり，1組の辺とその両端の角がそれぞれ等しいので，△CFG≡△ADGとなる。したがって，$\mathrm{GD}=\frac{1}{2}\mathrm{AG}=\frac{1}{2}\times\frac{4\sqrt{3}}{3}=\frac{2\sqrt{3}}{3}$より，△ADG＝$\frac{1}{2}\times\mathrm{AD}\times\mathrm{GD}=\frac{1}{2}\times2\times\frac{2\sqrt{3}}{3}=\frac{2\sqrt{3}}{3}$だから，△CFGの面積は$\frac{2\sqrt{3}}{3}$cm^{2}である。

問3＜面積＞右上図で，2点D，Fを結ぶ。斜線部分の面積は，△DFGと，線分DFと$\overset{\frown}{\mathrm{DF}}$で囲まれた図形の面積の和となる。△ADGと△DFGで，底辺をそれぞれAG，GFと見ると，高さが等しいから，△ADG：△DFG＝AG：GFとなる。問1よりAG＝$\frac{4\sqrt{3}}{3}$，問2よりGF＝GD＝$\frac{2\sqrt{3}}{3}$，△ADG＝$\frac{2\sqrt{3}}{3}$だから，$\frac{2\sqrt{3}}{3}$：△DFG＝$\frac{4\sqrt{3}}{3}$：$\frac{2\sqrt{3}}{3}$が成り立つ。これより，△DFG×$\frac{4\sqrt{3}}{3}=\frac{2\sqrt{3}}{3}\times\frac{2\sqrt{3}}{3}$，△DFG＝$\frac{\sqrt{3}}{3}$である。また，問1，問2より，△OAD，△OCFは正三角形だから，∠FOD＝180°−60°×2＝60°であり，〔おうぎ形OFD〕＝$\pi\times2^2\times\frac{60^\circ}{360^\circ}=\frac{2}{3}\pi$となる。さらに，△OFDも1辺が2の正三角形より，高さは$\frac{\sqrt{3}}{2}\times2=\sqrt{3}$だから，△OFD＝$\frac{1}{2}\times2\times\sqrt{3}=\sqrt{3}$である。よって，線分DFと$\overset{\frown}{\mathrm{DF}}$で囲まれた図形の面積は，〔おうぎ形OFD〕−△OFD＝$\frac{2}{3}\pi-\sqrt{3}$となる。し

たがって，斜線部分の面積は，$\frac{\sqrt{3}}{3}+\left(\frac{2}{3}\pi-\sqrt{3}\right)=\frac{2}{3}\pi-\frac{2\sqrt{3}}{3}$ (cm^2) となる。

Ⅵ〔空間図形―立方体〕

≪基本方針の決定≫問１　四角形 MEGN は GN＝EM の台形である。　問２　求める距離は，四角錐 H-MEGN の底面を四角形 MEGN と見たときの高さに当たる。

問１＜面積＞右図１で，△EGH は直角二等辺三角形なので，EG＝$\sqrt{2}$ EH＝$\sqrt{2}\times8=8\sqrt{2}$ である。また，２点 M，N は辺 AD，CD の中点だから，DM＝DN＝$\frac{1}{2}$AD＝$\frac{1}{2}\times8=4$ であり，△DMN も直角二等辺三角形だから，MN＝$\sqrt{2}$ DM＝$\sqrt{2}\times4=4\sqrt{2}$ となる。また，△AEM で三平方の定理より，EM＝$\sqrt{\mathrm{AM}^2+\mathrm{AE}^2}=\sqrt{4^2+8^2}=\sqrt{80}$ ＝$4\sqrt{5}$ となり，△AEM≡△CGN だから，GN＝EM＝$4\sqrt{5}$ となる。ここで，右下図２のように，２点 M，N から辺 EG にそれぞれ垂線 MI，NJ を引くと，四角形 MEGN は MN∥EG の台形だから，四角形 MIJN は長方形となり，IJ＝MN＝$4\sqrt{2}$，MI＝NJ である。よって，△MEI≡△NGJ で，EI＝GJ＝$(8\sqrt{2}-4\sqrt{2})\div2=2\sqrt{2}$ となるから，△MEI で三平方の定理を利用すると，MI＝$\sqrt{\mathrm{ME}^2-\mathrm{EI}^2}$＝$\sqrt{(4\sqrt{5})^2-(2\sqrt{2})^2}=\sqrt{72}=6\sqrt{2}$ となる。したがって，〔四角形 MEGN〕＝$\frac{1}{2}\times(\mathrm{MN}+\mathrm{EG})\times\mathrm{MI}=\frac{1}{2}\times(4\sqrt{2}+8\sqrt{2})\times6\sqrt{2}=72$ (cm^2) である。

図１

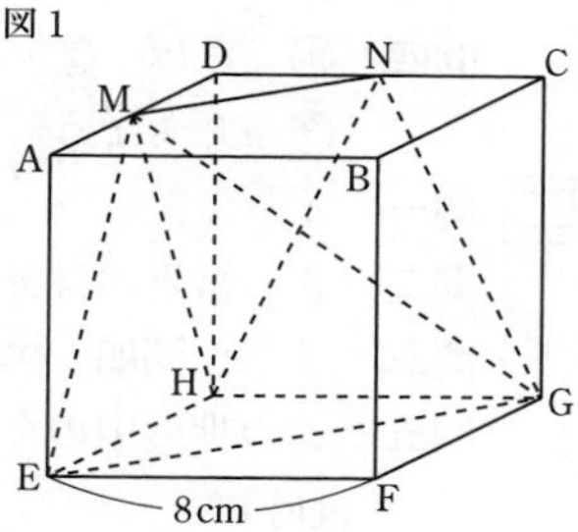

図２

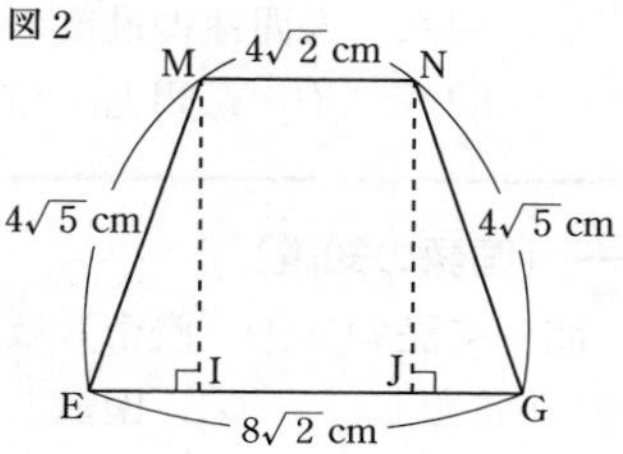

問２＜長さ＞右上図１で，点 H と点 M，N をそれぞれ結ぶと，点 H から四角形 MEGN までの距離は，四角錐 H-MEGN の底面を四角形 MEGN と見たときの高さになる。よって，求める距離を h とすると，$\frac{1}{3}\times$〔四角形 MEGN〕$\times h$＝〔四角錐 H-MEGN〕である。点 M と点 G を結ぶと，四角錐 H-MEGN は，三角錐 M-EHG と三角錐 M-NHG に分けられる。三角錐 M-EHG は底面を △EHG と見ると高さは AE だから，〔三角錐 M-EHG〕＝$\frac{1}{3}\times$△EHG$\times$AE＝$\frac{1}{3}\times\left(\frac{1}{2}\times8\times8\right)\times8=\frac{256}{3}$ であり，三角錐 M-NHG は底面を △NHG と見ると高さは DM だから，〔三角錐 M-NHG〕＝$\frac{1}{3}\times$△NHG$\times$DM＝$\frac{1}{3}\times\left(\frac{1}{2}\times8\times8\right)\times4=\frac{128}{3}$ となり，〔四角錐 H-MEGN〕＝$\frac{256}{3}+\frac{128}{3}=128$ となる。したがって，$\frac{1}{3}\times72\times h=128$ が成り立ち，$h=\frac{16}{3}$ (cm) となる。

国語解答

一　問一　①　希薄　②　繁忙〔多忙〕
　　　　　③　質素〔質実〕　④　総合
　　問二　①…ウ　②…ア　　問三　ウ
　　問四　①　ひげ　②　こうむ
　　　　　③　じちょう

二　問一　イ
　　問二　A　富貴の身分　B　享楽主義
　　問三　イ　　問四　エ
　　問五　この世の中の今の仕組みが崩れる
　　　　　［時］
　　問六　人間性の最後の砦　　問七　ウ
　　問八　イ　　問九　（省略）

三　問一　エ　　問二　イ　　問三　ウ
　　問四　ア　　問五　ウ　　問六　イ
　　問七　ア　　問八　ウ
　　問九　七十五～ている
　　問十　剣道における「方便」とは，対戦相手と試合をすることである。「方便として，相手を前に置く」とは，懸命に自己を鍛錬し，新しい自己を創造するための便宜的な手段として，試合を行う，ということである。（95字）

一〔国語の知識〕

問一＜語句＞①「濃密」は，濃くて，細やかなさま。対義語は，密度や気持ちが薄いことを意味する「希薄」。　②「閑散」は，仕事がなくて暇なこと。または，ひっそりと静まり返っていること。対義語は，仕事が多くて忙しいことを意味する「繁忙」または「多忙」。　③「華美」は，華やかで美しいこと。対義語は，飾り気がなく地味なことを意味する「質素」，または，飾り気がなく真面目であることを意味する「質実」。　④「分析」は，複雑な事柄を一つ一つの要素に分け，その構成などを解明すること。対義語は，さまざまなものを一つに合わせまとめることを意味する「総合」。

問二＜品詞＞①「なさそうだ」「早まりそうだ」の「そうだ」は，推量を表す助動詞。「暑くなるそうだ」の「そうだ」は，伝聞を表す助動詞。　②「さわやかな」「有名な」は，それぞれ形容動詞「さわやかだ」「有名だ」の連体形。「夕方なのに」の「な」は，断定の助動詞「だ」の連体形。

問三＜品詞＞「かけないよう」の「かけ」は，カ行下一段活用動詞「かける」の未然形。「欠け」は，カ行下一段活用動詞「欠ける」の連用形。「書けば」の「書け」は，カ行五段活用動詞「書く」の仮定形。

問四＜漢字＞①自分の価値を劣ったものとして，いやしめること。へりくだること。　②音読みは「被害」などの「ヒ」。　③軽率な行動を取らないように気をつけること。

二〔論説文の読解―教育・心理学的分野―教育〕出典；内田樹『武道論　これからの心身の構え』。

≪本文の概要≫「真の才能」とは，世界のありようを根源的にとらえ，生き方を指南し，生きる活力を与える言葉を語りうる才能のことである。我々が日頃問題にしているのは，「どうでもいい才能」にすぎない。今の世の中で才能と呼ばれているものは，この世界のシステムを熟知し，それを巧みに活用することで自己利益を増大させる能力のことである。我々が「真の才能」を重んじるのは，それだけがいずれ起こるシステムの崩壊に備えているからである。「真の才能」の人々が一定数いれば，システムが瓦解した後でも，我々は，また新しいシステムをつくり上げることができる。今，我々は，「閉塞感漂う現代社会」の中にいる。現在のシステムは，すでに機能しなくなりつつある。我々が頼りにできるのは，破局が訪れたときに，人間が共同的に生きる場所をつくってくれる人々である。いずれそのような責務を担う子どもたちは，今のシステムの中での成功は諦めているだろうが，「どんなことがあっても，諦めてはいけないもの」をはるかに眺めているのだと思う。

問一＜語句＞「イノベーティブ」は，革新的な，という意味。

問二＜文章内容＞白川静は，「思想は富貴の身分から生まれるものではない」と書いた。また，鈴木大拙は，「享楽主義が現実に肯定される世界には，宗教はない」と書いている。「思想であれ宗教であれ，あるいは学術であれ芸術であれ，語るに足るもの」は，「富貴の身分」や「享楽主義」からは生まれないのである。

問三＜文章内容＞以前，「私」は，「教師のたいせつな仕事の一つは子どもたちの過大な自己評価を適正なレベルにまで下方修正することにある」と書いたことがある。そんなことをしたら，「『大輪と咲くはずだった才能が開花せずに終わった』というような悲劇」が起こるのではないかと，不安に思う人もいるかもしれない。しかし，「『起死回生の逆転劇』を演じられるような大ぶりな若者は年寄りの説教など端から耳を貸さない」し，才能というのは，周囲の人間がその開花を「妨害しようとすればつぶせるような」ものではないので，そのような悲劇が起こる心配はないのである。

問四＜文章内容＞「富貴の身分」とは「この世の中の仕組みにスマートに適応」してしかるべき権力や財貨などを得て，今の世界で「愉快に暮らしていける人のこと」である。現状にうまく適応し，十分満足している「富貴の人」は，「この世界の仕組みについて根源的な考察をする必要を感じない」し，「『人間いかに生きるべきか』というような問いを自分に向けることもない」のである。

問五＜指示語＞「この世のシステムはいずれ崩壊する」のであり，「真の才能」だけが，「そういう時」，つまり，「この世の中の今の仕組みが崩れる」ときに備えているのである。

問六＜文章内容＞カオス的状況では「秩序と混乱が混在」し，「それなしでは人間が集団的に生きてゆくことができない制度」が残る。それが「人間性の最後の砦」であり，司法機関，医療機関，教育機関，霊的な場といった「人間性の最後の砦」さえ残っていれば，システムが瓦解した後でも，我々は，その「条理の通る場」を足がかりにして，「また新しいシステムを作り上げることができる」のである。

問七＜文章内容＞「一番スマートな人たち」は，自分たちが「システムが順調に機能しているときは羽振りがよいが，カオスには対応できない」ことを自覚している。そのため，システムの瓦解が迫っていることを予感すると，彼らは，平時に蓄えた財産を持ち出して，「『平時対応』モード」のままで生きていける場所へと逃避するのである。

問八＜主題＞我々は，「閉塞感漂う現代社会」を生きており，日本の制度は「あちこちで崩れ始めて」いる。今，必要とされているのは，「『どんなことがあっても，諦めてはいけないもの』を望見し」て，「瓦礫から『新しい社会』を再建する」ことができる才能であり（ウ…×），「私たちがこの先頼りにできる」のは，「いずれ『ひどいこと』が起きたときに，どこにも逃げず，ここに踏みとどまって，ささやかだが，それなりに条理の通った，手触りの優しい場，人間が共同的に生きることのできる場所を手作りしてくれる人々」である（ア…×）。日本社会の崩壊を予感し，「溜め込んだ個人資産を無傷で」持ち出して海外へ「逃げる用意」を始めている人たちは，それまでの「システムの受益者」であったにもかかわらず，「瓦礫から『新しい社会』を再建するというような面倒な仕事」を引き受けるつもりはない（イ…○）。「今の学校教育の場ではあまり『ぱっとしない』」子どもたちの中に，いずれ「瓦礫から『新しい社会』を再建」するような「重大な責務を担う」人材がいると思われる（エ…×）。

問九＜作文＞「『閉塞感漂う現代社会』に相当する社会的状況」の例としては，少子高齢化による労働人口の減少が予想されるため経済成長が見込めそうにないこと，国の借金が増え続けていて返済のめどが立たないこと，地方の過疎化が進んで地域社会の存続が危うくなっていることなどが挙げられる。「真の才能」は，現代のシステムが瓦解した後に，「瓦礫から『新しい社会』を再建する」ことであることを頭に置いて，具体例に即して，「真の才能」とは何かを説明すればいいだろう。

三〔小説の読解〕出典；佐江衆一『勝敗に非ず』(『あの頃の空』所収)。

問一＜文章内容＞「剣道は一対一で人間に対する道」であり，「竹刀の先の相手は，肩書きも収入の上下も，利害関係も全くない，人格があるだけの一個の人間」だった。雄吉自身，稽古に熱中して汗を流すたびに，「それまでの自分が削ぎ落とされ」て，余計なものが何もない，ただの人間として存在しているような，快適で，さわやかな気持ちになった。

問二＜表現＞雄吉は，試合に「勝ちたいという我欲を捨てて，無心の技」が，自然に「出たときに勝てる」ということに気づいた(…前)。久保先生と立ち合ったとき，雄吉の胸の内から，自然に，「参りました」という言葉が出た(…後)。

問三＜文章内容＞「肩書き」や「収入の上下」や「利害関係」は，自分以外の他者や組織との関係によって生じたものである。ここでの「人格」とは，そういうものとは無関係に，「一個の人間」としての自分が備えている性質のことである。

問四＜文章内容＞雄吉の人生のピークは「疲れも諦めも知らなかった，五十代前半の名古屋営業所長時代のあのころ」で，雄吉は「営業所長として四年間懸命に頑張り成績を上げた」のに，本社に戻ってみると，「出世コースからはずれた職場」で働くことになった。雄吉の人生は，会社のために懸命に働いたのに，会社はそれほど彼の働きを評価してくれなかったという程度の人生だった。

問五＜文章内容＞雄吉は，「五段の筆頭になってから号令をかけてきて，五段の若い人が雄吉を追い抜いて六段に昇段して上座に移るので，いつまでも号令役」なのである。号令をかけるたびに，雄吉は，自分がいつまでも五段にとどまっていて，六段になれないことを痛感させられた(エ…○)。号令をかけるとき，雄吉は，「規律ある団体行動に身心の心地良い緊張を感じる」のである(イ…○)。一方で，「号令をかけるたびにではないにしても，戦争中の苦い思い出がふとよみがえってくる」のである(ア…○)。営業所長時代の雄吉は，「成績向上のために号令をかけて」いたので，号令によって「本来あるべき自分を見失っていたのかも」しれなかった(ウ…×)。

問六＜文章内容＞七十五歳の雄吉が先頭に立って号令をかけ，年下の上級者に敬意を表すのを見て，子どもは礼とは何かを学ぶだろうと，妻は考えているのである。

問七＜心情＞雄吉は，以前と比べるとはるかに腕を上げており，先生と互角に戦えるまでになっていた。二人の竹刀の剣尖が触れ合う音は，「二人が心の内で語り合っている」言葉のようであり，雄吉は「先生に勝とうとも負けるとも思わず，張りつめた清らかな気持」を感じていた。雄吉は，先生と試合をしているとき，勝ち負けとは関係のない，先生との心のふれ合いを楽しんでいたのである。

問八＜心情＞先生は，剣道四段の腕前のために，医官であるにもかかわらず，ガダルカナル島で斬り込み隊長をさせられた。先生以外は，ゴボウ剣を持った若い兵たちだけだったが，斬り込む前に発見されて，部下は全員殺された。命令する立場でありながら，ただ一人生き残った先生は，自分が隊長になる原因となった剣道をやめようと誓ったのである。

問九＜文章内容＞雄吉は，六十七歳で五段になったが，その後，「高齢者への受審資格短縮特例で七十歳から六段を受審してきて，七十五歳にして十回も落ちつづけている」のである。雄吉は，「段にこだわっている」ので，何度落ちても，六段になりたかったのである。

問十＜文章内容＞剣道において試合は，勝ち負けを決めるために行うのではなく，ほかの目的を達するための「便宜的な手段」にすぎない。「方便として，相手を前に置く」とは，「精一杯の力を尽して，今かぎり此処かぎり真の自己を鍛錬し，新しい自己を創造する」という目的を達するための「便宜的な手段」として，試合という形式を取るということである。

Memo

Memo

2022年度 法政大学第二高等学校

【英　語】（50分）〈満点：100点〉

注意　1．スペリングや記号はまぎらわしい書き方をしないこと。書き方のくせ，大文字と小文字にも注意すること。とくに筆記体の *e* と *l*，*b* と *f*，*u* と *v*，*y* と *g*，*a* と *o* などの区別をはっきりさせること。

2．英単語の頭文字が指定されている場合，必ずその文字から書き始めること。

3．電子辞書機能のある機器は使用しないこと。

■リスニングテストの音声は，当社ホームページで聴くことができます。（当社による録音です）
再生に必要なユーザー名とアクセスコードは「収録内容一覧」のページに掲載しています。

I　＜リスニング問題＞

(A) 男女の会話がそれぞれ１回読まれます。その会話に対する以下の質問の答えとして最も適切なものをそれぞれ１つ選び，記号で答えなさい。

1．

(1) What is the woman's bag like ?

(あ) It's small, square and pink.　(い) It's small, round and pink.
(う) It's small, square and white.　(え) It's small, round and white.

(2) Where is the woman's bag ?

(あ) on the sofa in the bedroom　(い) on the table in the bedroom
(う) on the sofa in the living room　(え) on the table in the living room

2．

(1) Which country's team shirt will the man buy ?

(あ) Spain　(い) Italy　(う) France　(え) Germany

(2) Which one is true ?

(あ) The man wants something for his daughter.
(い) The man will buy a T-shirt for himself.
(う) The man's son is a big soccer fan.
(え) The man's son has no T-shirts of soccer teams.

3．

(1) Why is Miki calling Tom ?

(あ) to give him some advice　(い) to show him the classroom
(う) to remind him of the next class　(え) to ask him for help

(2) What will Miki do before she meets Tom ?

(あ) clean her classroom　(い) give a speech
(う) have a break　(う) listen to his advice

4．

(1) When will the man take a vacation ?

(あ) in June　(い) in July　(う) in August　(え) in September

(2) What did the woman NOT do in Osaka ?

(あ) go to an amusement park　(い) go to her friend's house
(う) enjoy shopping　(え) take photos

5．＊以下のスケジュール表を見ながら会話を聞きなさい。

Course	Time	Day
Hiking	13:00-16:00	Monday to Sunday
Yoga	6:00-7:20	Monday to Saturday
Tennis	7:30-9:00	Monday & Friday
Fishing	anytime	Monday to Friday
Painting	9:00-12:00	Tuesday & Sunday

(1) What time will they have breakfast on Saturday ?

(あ) 5:30　(い) 6:30　(う) 7:00　(え) 7:30

(2) Which course will they take on Sunday ?

(あ) Hiking　(い) Yoga　(う) Painting　(え) Fishing

(B) これから読まれる英文を聞いて，下線部を埋めなさい。英文はそれぞれ3回読まれます。（解答欄には下線部分のみ書きなさい。）

1．I have a problem. ＿＿＿＿＿＿＿＿＿＿ ?

2．This soup is so good. ＿＿＿＿＿＿＿＿＿＿ ?

※＜リスニング問題放送原稿＞は英語の問題の終わりに付けてあります。

II 次の英文を読んで，設問に答えなさい。（＊印の語には注釈がつけてあります。）

When I was a little girl, we lived in New York City just down the block from my grandparents. Every evening my grandfather would go for his ①"constitutional." In the summers I would join him.

When Grandpa and I went for our walk one evening, I asked how things were different when he was a little boy. He told me about *outhouses instead of flush toilets, horses instead of cars, letters instead of telephones, and candles instead of electric lights. ②As he told me all the wonderful things that I never thought of living without them, my little mind *wandered and I asked him, "Grandpa, what was the hardest thing you ever had to do in your life ?"

Grandpa stopped walking and stared at the horizon and didn't say a word for a minute or so. Then he took my hands and with tears in his eyes he began to speak.

"When your mom and uncles were little children, Grandma got very sick after your Aunt Mary was born. Grandma had to go to a place called a *sanitarium to get well for a long time. The little ones went to live with Grandma's sisters. But there was no one to take care of your mom and uncles so ③they went to an *orphanage. The *nuns took care of them for me so I could work two or three jobs to get your grandma well and everyone home again."

"The hardest thing I ever had to do was putting them in there. I went every week to see them but the nuns would not *let me talk to them or hold them. I *watched the three of them play from behind a one-way mirror. I brought them sweets every week and I hoped they knew they were from me. I would keep both hands on the mirror for 30 minutes. I was allowed to see them for only 30 minutes. I wished they would come and touch my hand. I went a whole year without touching my children. I missed them very much. But I knew it was a harder year for them. I will never forget that I couldn't hold them. But ④they said I would make them sad and they would have more trouble there. So I listened."

That was the first time I saw Grandpa cry like that. He held me ⑤close and I told him that I had the best Grandfather ever and that I loved him. We continued our walks for years (a) my family and Grandparents moved to different states.

Fifteen years went by and I never talked about that one special walk with Grandpa. After my grandmother died, my grandfather had *memory lapses and suffered from *depression. I was encouraging my mother to let Grandpa come and live with us. ⑥My mother and Grandpa were never very close. She was not interested in the topic of Grandpa. But I kept saying, "We have to find out what is best for him."

She angrily replied, "Why? He never cared about what happened to us!"

I somehow knew what she was talking about. "He has always cared and loved you," I said.

My mother replied, "You don't know what you are talking about!"

"The hardest thing he ever did was putting you, Uncles Eddie and Kevin in the orphanage."

"Who told you about that?" she asked.

My mother never discussed her days there with us.

"Mom, he came every week to see the three of you. He used to watch the three of you play from behind the one-way mirror. He used to buy you sweets when he went to see you. He never missed a week. He really wanted to hold you in his arms but he was not allowed to do so."

"You're lying! He was never there. No one ever came to see us."

"How would I know about the visits (b) he didn't tell me? How would I know about the treats he brought? He was there. He was always there. But the nuns wouldn't let him be in the room with you because they said it would be too hard when he had to leave. Mom, Grandpa loves you. He always has!"

That day changed my mother's relationship with her father. My grandfather came to live with us for the rest of his life. My mother learned that her father always loved her.

（注） outhouse 屋外便所　wander さまよう　sanitarium 療養所　orphanage 孤児院
nun 修道女　let＋O＋動詞の原形 Oに～させる
watch(see)＋O＋動詞の原形 Oが～するのを見る　memory lapse 記憶障害　depression 抑うつ

1．下線部①"constitutional"の言い換えとして最も適切な1語を本文中より抜き出しなさい。

2．下線部②には文法的に余分な単語が1語含まれている。その単語を指摘しなさい。

3．下線部③と④は何を指しているか。本文中の同じ段落からそれぞれ抜き出しなさい。

4．下線部⑤のcloseのseの部分と同じ発音を含む単語を次から1つ選び，記号で答えなさい。

(あ) apples　(い) bags　(う) shops　(え) houses

5．空所（a），（b）に入る最も適切な語を次から1つずつ選び，記号で答えなさい。

(あ) while　(い) until　(う) because　(え) after　(お) if

6．下線部⑥とあるが，それはなぜか。その理由として最も適切なものを次から1つ選び，記号で答えなさい。

(あ) My mother had to live with Grandma's sisters.
(い) Grandpa bought her only sweets she didn't like.
(う) Grandpa came to the orphanage twice a week.
(え) My mother was left in the orphanage and she never met Grandpa there.

7．本文の内容と一致するものを次の中から1つ選び，記号で答えなさい。

(あ) The author's mother and one uncle had to go to an orphanage.
(い) Grandfather often went to the orphanage but couldn't see his children's faces at all.

(う) The nuns didn't want Grandfather to see his children because they didn't like him.
(え) Grandfather always lied to his daughter.
(お) At last the author's mother found out that she was loved by her father.

III 次の英文を読んで，設問に答えなさい。（＊印の語には注釈がつけてあります。）

Young People Win Climate Case in Germany

Germany's top *court has reached a decision that parts of the country's 2019 *climate action law must be changed because they don't do a good job of protecting young people. The result was a big victory for the nine young people who started the *lawsuit.

The court case gives great attention to an important part of the *climate crisis : (　a　). That's because the impacts of global warming will become more serious in the near future. Since the adults have paid no attention to these problems, young people will be left to handle them as they become adults.

In 2019, Germany passed a new law and the government promised, in the law, that the country would be *carbon neutral by 2050. The law made a plan of action until 2030. But the law didn't have any clear rules or plans for climate actions that would be taken between 2031 and 2050.

A group of nine young people aged 15 to 24 took the government to court about the law. They said that the government didn't make a careful plan and it was putting their future lives in danger. Under the government's plan, they felt they would be left to face the most difficult *emissions challenges when they were adults.

On April 29, 2021, the *judges of Germany's highest court agreed with the young people and said that parts of the German law didn't follow Germany's *constitution. The judges said that if the government does not take climate action, it might take away the basic right of young people to a better future.

The young people *challenged the government's law in four areas. The judges didn't agree with all of the challenges. They agreed with only a part of their challenges. But even a part of their case is seen as a big victory.

Luisa Neubauer is one of the young people who took the government to court. She works with the climate action group Fridays For Future. Ms. Neubauer said, "①Climate protection is our basic right and that's official now. This is a huge win for the climate movement. It changes a lot."

The court has given the German government a year, until the end of 2022, to fix the law. The climate law will now need to have a much more careful plan for the actions that will be taken after 2030 to cut Germany's pollution and lead the country to be carbon neutral by 2050.

Germany's government has said that ②it will quickly begin working to make the needed changes.

One important part of high court decisions like this is that they act as guides or examples for future decisions. This means that in the future, Germany's lawmakers will more probably think about the climate future of young people when they create their (　b　).

Other groups of young people around the world are also bringing lawsuits against governments. Last year a group of six young people from Portugal began a lawsuit against 33 European countries in *the European Court of Human Rights. Recently young people in Australia, Brazil, and the United Kingdom have also taken their governments to court about climate action.

（注）　court　裁判所　　climate action law　気候保護法　　lawsuit　訴訟　　climate crisis　気候危機

carbon neutral　カーボンニュートラル(環境用語)。二酸化炭素の排出を「全体としてゼロにする」こと。
つまり排出量と植物などが吸収する量を差し引きゼロにすること。

emissions challenges　排出量の課題　　judge　裁判官　　constitution　憲法

challenge　～に関する妥当性を問う　　the European Court of Human Rights　欧州人権裁判所

1．空所(a)に入る最も適切なものを次の中から1つ選び，記号で答えなさい。

(あ) the climate crisis will influence young people much more than adults

(い) the climate crisis will destroy the natural environment all over the world

(う) the climate crisis will cause the country to lose a lot of money

(え) the climate crisis will result in record-breaking high temperatures

2．Ms. Neubauer が下線部①のように言った根拠は何か。最も適切なものを次の中から1つ選び，記号で答えなさい。

(あ) In 2019, the German government created a new law about becoming carbon neutral.

(い) Germany's highest court said that the climate crisis was a difficult problem to solve.

(う) Germany's top court agreed that a basic right of young people should be protected by taking climate action.

(え) The new climate action law didn't follow the German constitution.

3．下線部②の it が具体的に指すものを，本文の中から抜き出して答えなさい。

4．本文の内容に合うように，空所(b)に入る最も適切な語を次の中から1つ選び，記号で答えなさい。

(あ) government　　(い) groups　　(う) problems　　(え) laws

5．以下の英文にある空所ア，イにそれぞれ入る年を算用数字(西暦)で答えなさい。

Germany's top court ordered that the government should change the climate action law until the end of (ア) and the new law should have more careful plans for climate action until (イ).

6．本文の内容と一致するものを次の中から1つ選び，記号で答えなさい。

(あ) The judges of Germany's highest court agreed that the 2019 climate action law protected young people's future enough.

(い) The young people challenged the climate action law in four areas, but the judges didn't agree with any of them.

(う) The top court's decisions will influence the government's action for the climate future of the country's young people.

(え) The climate action group Fridays For Future talked with young people around the world and they started a lawsuit against the government.

IV　指示に従って以下の設問に答えなさい。

1．次の各組の(　)に入る同じつづりの英語1語を書きなさい。

(a) We had a picnic in the (　　).
You can't (　　) in this street.

(b) The police saved their (　　).
Paul (　　) with his family.

2．それぞれの英文の意味が通じるように(　)に入る英語1語を書きなさい。ただし，頭文字が指定されている場合は，それに従うこと。

(a) The black one is my bicycle.　This silver one is also (　　).

(b) I got caught in the rain.　I want to change my (c-　　).
(c) I can't eat anything now.　I have a (s-　　).

3．次の各組の2つの英文がほぼ同じ意味になるように，(　)に入る最も適切な英語1語を書きなさい。

(a) It snowed a lot in the mountains in France last year.
They (　　) (　　) snow in the mountains in France last year.
(b) I finished my homework.　Ben helped me.
Ben (　　) (　　) (　　) my homework.

V　指示に従って以下の設問に答えなさい。

1．次の各組の英文がほぼ同じ意味になるように，下線部に入る最も適切な単語(英語1語)または語句(英語2語以上)を書きなさい。

(a) I have never seen such a terrible movie.
This is ______ movie that I ______ seen.
(b) I can't buy that car because it costs a lot.
I can't buy that car because of its ______ price.
(c) All of the students in this school have an iPad.
______ student in this school has an iPad.

2．与えられた[　]内の語または語句を並べかえて意味の通る英文を完成させ，2番目と4番目に来る語または語句の記号を答えなさい。なお，文頭に来る語(句)も小文字で示されています。

(a) [(あ) been　(い) five hours　(う) for　(え) has　(お) my brother　(か) reading　(き) that book].
(b) [(あ) do　(い) has　(う) know　(え) the key　(お) the person　(か) who　(き) you]?

3．以下の日本語の意味を表す英文を書きなさい。

(a) もし僕が君なら，彼女にその花は買わないよ。
(b) その少女がなぜ泣いているのか私に教えてください。(Please で始めること)

＜リスニング問題放送原稿＞

これからリスニング問題を始めます。問題用紙1ページ目を準備して下さい。

(A) 男女の会話がそれぞれ1回読まれます。その会話に対する以下の質問の答えとして最も適切なものをそれぞれ1つ選び，記号で答えてください。1つの会話に対して質問は2問ずつ設けられていますので，注意して解答してください。それでは始めます。

1．W：Have you seen my bag?
M：Which one?
W：The small, round and pink one.
M：Oh, I saw it on the table.
W：Thank you.　On the table in the living room?
M：No, in the bedroom.

2．W：Hello, may I help you?
M：Hi, I'm looking for a T-shirt for my son.　He likes tennis, baseball and basketball.　But he especially likes soccer.

W： Sure. How about this country's team shirt？ Spain is very popular among young people.

M： He's got it already. Do you have another one？

W： We have more. Italy, France, Germany.

M： OK, the last one is perfect. I'll take it.

3．W： Hello, Tom. This is Miki. Can we talk now？

M： Hi, Miki. Sure, what's the matter？

W： Do you have any plans after school tomorrow？ Actually, I'm going to make a speech in English class next week. Could you listen to my speech and give me some advice？

M： Of course, I would love to. Shall we meet at 2:50？

W： Sorry, but I have to clean our classroom. How about at 3:15？ Is that all right？

M： No problem. See you tomorrow.

4．W： When are you going to take a vacation？

M： I have to work until the end of August.

W： Oh, you have to work until the end of this month？

M： That's right. So, it's going to be next month. How about you？

W： I've already had mine. I visited Osaka with my friend last week.

M： Did you？ How was it？

W： Great！ We went to a famous amusement park. We enjoyed the rides, shopping and taking photos there.

M： Wow！ Please tell me the places you recommend.

5．M： So, which course are we going to take tomorrow？

W： I want to exercise because I haven't been getting much exercise recently. Tomorrow is Saturday and I want to go shopping in the afternoon. So, we can take this course.

M： All right. What time will we have breakfast？

W： Let's have breakfast after our activity.

M： Sounds good！ What about the day after tomorrow？

W： Let me see. Let's do something you like.

M： Really？ Great！ I'd like to go for a long walk outside and enjoy the nature here.

W： OK, so you're not taking the painting course. Fine.

(B) これから読まれる英文を聞いて，下線部を埋めなさい。英文はそれぞれ3回読まれます。解答欄には下線部分のみ書きなさい。

1．I have a problem. Can I ask you something？

2．This soup is so good. What's in it？

以上で，リスニング問題を終わります。残りの問題に取り組んでください。

【数　学】 (50分) 〈満点：100点〉

注意　1．定規，コンパス，ものさしおよび分度器は使わないこと。
　　　2．電卓・時計・携帯電話等についている計算機能は使わないこと。
　　　3．必要ならば，円周率はπを用いること。
　　　4．図は正確でない場合がある。
　　　5．答えは分母に根号を含まない形で答えること。

Ⅰ　次の各問に答えなさい。

問1．$x^2y+2xy^2-24y^3$ を因数分解しなさい。

問2．連立方程式 $\begin{cases} 37x-53y=2 \\ 17x-19y=1 \end{cases}$ の解x，yに対し，解の比$x:y$を最も簡単な整数の比で答えなさい。

問3．2次方程式 $7(x^2-10x+25)-3=0$ を解きなさい。

問4．$\sqrt{2022-6n}$ が自然数となるような正の整数nのうち，最も小さいnの値を求めなさい。

Ⅱ　次の各問に答えなさい。

問1．$a>0$とする。2つの関数$y=ax+2$と$y=ax^2$において，xが-1からaまで増加するときの変化の割合が等しいとき，aの値を求めなさい。

問2．n，Nを自然数とする。$N \leqq \sqrt{n} < N+1$ を満たすnが15個あるとき，Nを求めなさい。

問3．aが2個，bが1個，cが1個ある。この4文字すべてを1列に並べる方法は何通りあるか，求めなさい。

問4．ある会社で製品Aと製品Bをつくっている。4月につくった製品Aと製品Bの個数の合計は650個であった。その翌月である5月は4月に比べて，製品Aの個数は40%減少し，製品Bは20%増えたので，製品Bは製品Aより60個多かった。4月につくった製品Aと製品Bの個数をそれぞれ求めなさい。

問5．図は2つの扇形を組み合わせたものである。斜線部分の図形を，直線lを軸として1回転してできる立体の体積を求めなさい。

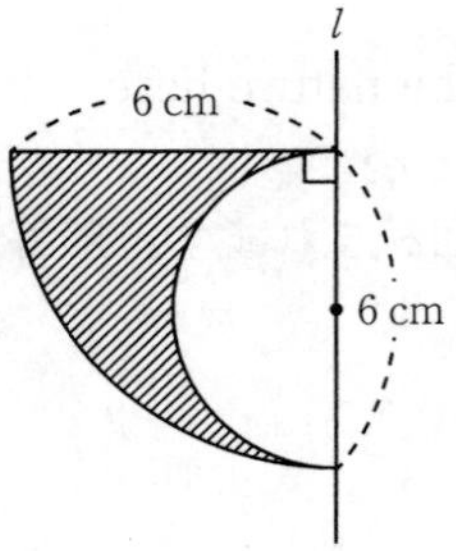

Ⅲ　2個のサイコロA，Bを1回だけ振って出た目の数をそれぞれa，bとする。このa，bに対し，放物線$y=ax^2$と直線$y=bx-1$を考える。一般に，放物線上にもあり，同時に直線上にもある点のことを，放物線と直線の共有点という。次の問に答えなさい。

問1．放物線と直線との共有点が1つだけである確率を求めなさい。

問2．放物線と直線との共有点のx座標が1となる確率を求めなさい。考え方も書きなさい。

Ⅳ　図のように放物線 $y=2x^2$ 上の原点Oと点E(1, 2)の間に点Aをとる。点B，Cは x 軸上にあり，点Cと点Dの x 座標は1である。AB∥DC，AD∥BCであるとき，次の問に答えなさい。

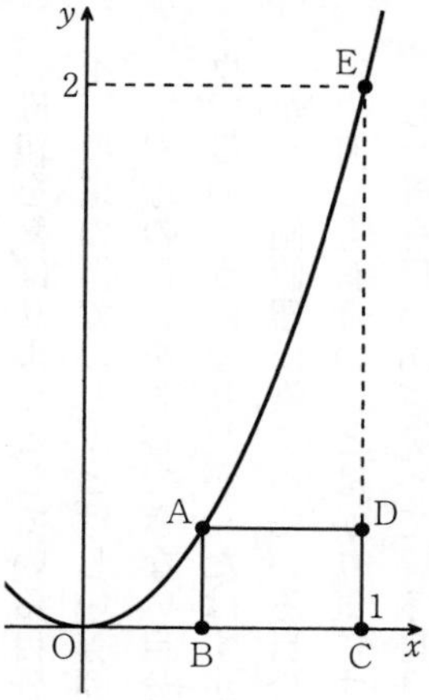

問1．四角形ABCDが正方形となる点Bの x 座標を求めなさい。

問2．四角形ABCDの4辺の長さの和が $\dfrac{7}{4}$ となる点Bの x 座標を求めなさい。

Ⅴ　図のような正方形ABCDがある。点E，F，G，Hは正方形の各辺の中点で，点Oは正方形の対角線の交点である。円Oは点Oを中心とし，CEとCHにそれぞれ接している。また，点Iは，CEとBDの交点である。次の問に答えなさい。

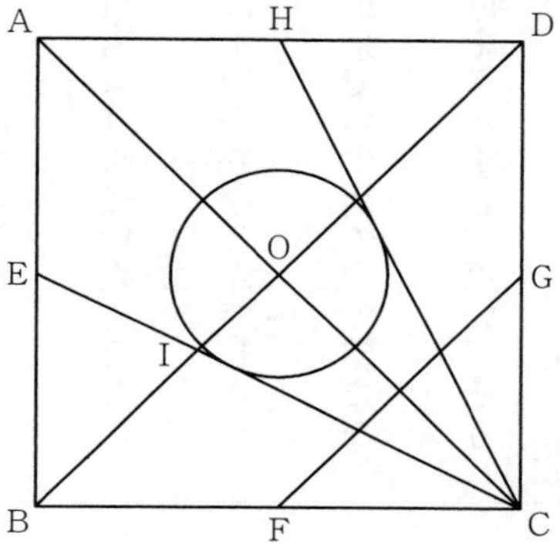

問1．AB=4であるとき，△OICの面積を求めなさい。考え方も書きなさい。

問2．AB=4であるとき，円Oの半径を求めなさい。

問3．円Oの面積が 5π であるとき，ABの長さを求めなさい。

Ⅵ　1辺の長さが $2a$ の正方形ABCDを底面とする正四角錐P-ABCDがある。AB，CDの中点をそれぞれM，Nとすると，∠PMN=45°になった。いまPB上に∠AHP=90°となるように点Hをとり，3点A，C，Hを通る平面でこの正四角錐を2つに切り分ける。次の問に答えなさい。

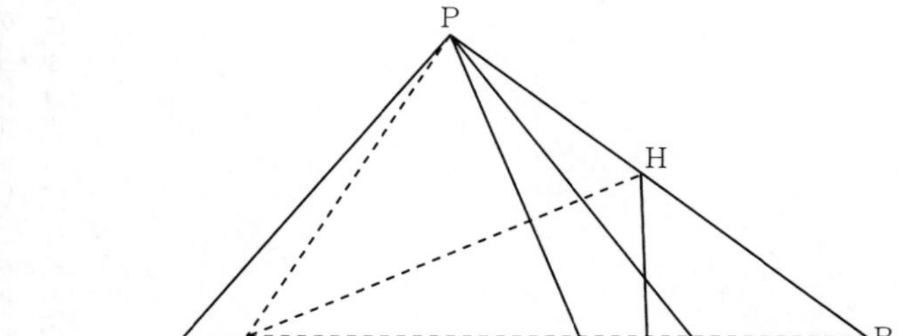

問1．△PABの面積を a で表しなさい。

問2．AHの長さを a で表しなさい。

問3．切り分けたあとにできる2つの立体のうち点Bを含む方の立体の体積を a で表しなさい。

が、あくまで母のためであることを強調するために疲れを見せまいとしている様子。

イ、年老いた母を気遣って提案をしているのに自分の老いを受け入れない頑固な母に対し、どうにかこちらの提案を受けてもらおうとしている様子。

ウ、東京に関しては自分の方が詳しいので母に甘えて欲しいが、素知らぬ顔の母に苛立ちを感じてしまい、どうにかそれを抑えようとしている様子。

エ、上京してきた母を喜ばせるための提案をしているのに、それを受けてくれない母に対しての苛立ちを表面に出さないようにしている様子。

オ、思い通りに動いてくれない母に対する怒りが爆発しそうになるのを、自分なりに懸命に抑え込もうとして、冷静にふるまっている様子。

問八　傍線部⑦「得意顔で包みを解いた」とあるが、ここには母のどのような気持ちが反映していると読み取れるか。三十字以上四十字以内で説明せよ。ただし、句読点・記号等も字数に含むものとする。

問九　傍線部⑧「もっと大きな、自分がいつしか背負ってしまった現実が恨めしい」とあるが、ここにおける「自分」とはどのような自分か。その説明として最も適切なものを次から選び、記号で答えよ。

ア、東京の生活になじんでしまって、質素よりもぜいたくで今の母親を喜ばせようとしている自分。

イ、東京の街でのとげとげしい雰囲気にすっかりなじんでしまって、母の行いを許容できない自分。

ウ、母のようになりたかったはずが、東京での生活の中で望まなかった価値観に染まっている自分。

エ、何でもお金のことばかり気にする母をうとましく思い、そうした母を思いあざ笑っている自分。

オ、東京での生活で、いつの間にか質素な母の誠実さを忘れ浪費こそ美徳と思うようになった自分。

印字する機械）を打ち、文字を印字することを職業とする人。かつては女性が中心に担った。

※4　雷蔵…八代目市川雷蔵。一九五〇年代後半から一九六〇年代にかけて活躍した歌舞伎役者出身の映画俳優。

※5　資生堂パーラー…銀座にある明治三十五年創業の高級洋食店。

※6　精養軒…上野恩賜公園内にある明治五年創業の高級洋食店。

※7　日水…日本水産の略称（ニッスイ）。魚肉ソーセージで知られる食品会社。

問一　空欄 X ～ Z に入る言葉として最も適切なものをそれぞれあとから選び、記号で答えよ。

空欄 X

ア、働き者　イ、果報者

ウ、わがまま　エ、孝行者

空欄 Y

ア、すまし顔　イ、したり顔

ウ、仏頂面　エ、泣きっ面

空欄 Z

ア、怒り　イ、笑い　ウ、動揺　エ、興奮

問二　傍線部①「母は、なにひとつ変わっていなかった」とあるが、佳代子にとってこれまで母はどのような存在であったか。これがわかる表現を本文中より二十字以上二十五字以内で抜き出し、はじめとおわりの三字をそれぞれ答えよ。

問三　傍線部②「母の髪は薄く、つむじの辺りは大きく地肌が見えていた」とあるが、この表現は母に関わるどのようなものの存在を象徴しているか。この傍線部以降の本文中より十五字以上二十字以内で抜き出し、はじめとおわりの三字をそれぞれ答えよ。

問四　傍線部③「佳代子は、周囲のテーブルに母の声が届いてしまうことを恐れた」とあるが、それはなぜか。その理由の説明として最も適切なものを次から選び、記号で答えよ。

ア、母の質素な生き方を周囲の人は理解できないと思ったから。

イ、贅沢さえ知らずに節約を得意げに語る母が哀れだったから。

ウ、母の言葉を裕福な女性たちに聞かれたらみっともないから。

エ、母の声が大きいため周囲の人が驚いて迷惑だと思ったから。

オ、最初に下駄を新調すれば恥ずかしくなかったと思ったから。

問五　傍線部④「ちびた下駄の音がからからと空疎だった」とあるが、佳代子はこの時、下駄の音をどのような気持ちで聞いていたのか。その説明として最も適切なものを次から選び、記号で答えよ。

ア、この下駄が汚く感じられてしまい疎ましい気持ち。

イ、自分と母の気持ちがかみ合わずやるせない気持ち。

ウ、下駄はより内側が傷んでいて買い換えたい気持ち。

エ、その音に母の老いが感じられて悲しく思う気持ち。

オ、自分と母の理想がかけ離れていて絶望する気持ち。

問六　傍線部⑤「母が母なのは、故郷とこの家の中だけなのだ」とあるが、これはどういうことか。その説明として最も適切なものを次から選び、記号で答えよ。

ア、東京の街に出れば頼りなく気後れしたようになってしまうこと。

イ、東京の街に出かけるとすぐ周りを気にしなくなってしまうこと。

ウ、東京の街に行けば見るものすべてをお金に換算してしまうこと。

エ、東京の街に出れば何でも怖がって好奇心を持てないでいること。

オ、東京の街に出かけると母の態度がかたくなになってしまうこと。

問七　傍線部⑥「努めて明るく言う」とあるが、これは佳代子のどのような様子を表しているか。その説明として最も適切なものを次から選び、記号で答えよ。

ア、母だけでなく自分も疲れているのでこうした提案をしている母は急いで素知らぬ顔を作った。
なぜ甘えてくれないのだろう。佳代子は、得体の知れない苛立ちに覆われた。車だって喫茶店で休むのだっていくらもしないことなのに。ただ、お母さんに喜んで欲しいだけなのに。
「やっぱり下駄を買いましょう。車で行けばいいわ。お昼は※6精養軒を予約してあるからそのあとで」
⑥努めて明るく言うと、母はやにわに今朝の風呂敷を佳代子の顔の前に差し出し、⑦得意顔で包みを解いた。そこには塩むすびが四つと、いつの間に買ったのか、※7日水のソーセージが二本入っていた。
「お母さんのために、そんなにお金を使うことはないよ、佳代ちゃん。食べるものなんてなんでもいいんだから」
佳代子は、母のてのひらを見つめたまま、ぼんやり立ちつくした。そのとき、ちょうど後ろを通りかかった若い二人連れが、道を塞いでいた母の背にぶつかった。その拍子にソーセージがぽろりと風呂敷の中から転げ落ちた。
佳代子の中でなにかが爆《は》ぜた。
「道の真ん中で立ち止まっちゃ迷惑じゃない！」
あまりの剣幕に、母より若者たちのほうが驚いてこちらを見た。
「そんなちびた下駄を履いてちゃダメじゃない！　こんなところでおにぎりなんか、みっともないんだわ」
佳代子は大声で泣き出したかった。どうして泣きたいのか、怒りなのか哀しみなのか、なにもわからなかった。わからなくなって佳代子は駄々をこねたのだ。
こうして癇癪《かんしゃく》を起こすと、母は必ず佳代子を叱ったものだった。凄まじい厳しさで。凛と美しい仕草で。けれど目の前の母は所在なげに風呂敷を丸めて、小さくうつむいている。「ごめんよ。悪いことしたね」と心細げに詫びている。
「お母さん、田舎者で……佳代ちゃんに恥ずかしい思いをさせちゃって」
「どうして周りが見えないの？　どうしてお金のことばかり言うの？　どうしてちゃんとできないの？」
母を責める言葉が、止まらなかった。この残酷な気持ちはどこから来るのだろう。なにが許せないのだろう。きっと母でも、東京でもない。⑧もっと大きな、自分がいつしか背負ってしまった現実が恨めしいのだ。それを受け入れたくなくてぐずっているのだ。
母は目に、うっすら涙を浮かべて立ちすくんでいた。それから小声で「お母さん、もう佳代ちゃんの家に帰りたいよぉ」と言った。
道の真ん中で、幼女がふたり、哭《な》いていた。
その夜、佳代子は慎重に母に詫びた。
母はけれど、なにもなかったかのように優しく居て、その後数日を過ごした。佳代子は母の上京を台無しにしてしまったことを悔いた。この後悔から一生逃れられないだろうと思った。もう、それを取り戻す機会は残されていない予感があった。
母が帰る日、夫と一緒に上野駅まで送った。母は夫に何度も頭を下げた。「お世話になりました。安心しました。佳代子をよろしくお願いします」。それから佳代子に向かって、「お陰様でほんとに楽しかったよ。いい思い出ができたよ」と何度も何度も礼を言った。
汽車が滑り出すと、母は開けた窓からちょこんと顔を出し、遠ざかりながらやはり何度も頭を下げた。白いほつれ髪がふらふらと風にもてあそばれていた。
母がすっかり見えなくなってから、佳代子は手の甲に触れてみた。みみず腫れはもうすっかり引いていて、桃色のかき傷だけがうっすらと残っていた。

（木内　昇『茗荷谷の猫』より）

［注］※1　御不浄…便所を丁寧にいう語。
※2　復員…戦争の軍務を解かれて帰郷すること。
※3　タイピスト…タイプライター（指でキーをたたいて紙に文字を

に曲がった指でコップを摑んで、一口水を含み、「帰りは歩きで行こうね」と微笑んだ。

「無理よ。ここから千駄木まで歩くのは」

「平気だよ。お母さん、足は丈夫だよ」

母はテーブルの下からひょいと下駄をのぞかせた。鼻緒は美しかったが、よく見ると歯のちびた下駄だった。

「歩きやすいんだから。鼻緒をすげ替えてもう十五年も履いてるんだ」

③佳代子は、周囲のテーブルに母の声が届いてしまうことを恐れた。そういう心持ちになったのは初めてのことだった。

「そうだお母さん、帰りに新しい履き物を買いましょうよ。銀座だったら質のいいものをたくさん置いているはずだから」

母はとんでもないと首を振り、「新しいのを買ったって、生きているうちに履ききれないもの」と、そう言った。なんの感傷もない、あまりに自然な物言いだった。だから無駄になっちゃうよ、と母は言ったのだ。

佳代子はこういう高級レストランに出入りする婦人たちを、常々疎ましく思っていた。つつましい暮らしこそが理想だった。けれど今日ばかりは彼女たちの華美な装いや振る舞いが羨ましかった。こんな風に奔放で浪費家の母だったら、どれほど気が楽だったろう、と。

母は、人混みというものに至って無頓着だった。そんなものがこの世にあるということなど、まるで知らないようだった。

翌日行った浅草でも、ふたりはうまく人の流れに乗ることができず、仲見世や浅草寺の人混みに、波間に浮かぶ木の葉のようにもてあそばれた。母は気になるものがあると周りも見ずに立ち止まり「あれ、ごらん」と幼げな声で佳代子に話しかける。そのたびに人波が遮断され、過ぎゆく人々が迷惑顔を容赦なくこちらに向けた。佳代子が母を守るように手を添えても、みな平気でぶつかっていく。腹の中に言いしれぬ怒りが湧いて治まらなかった。東京という街の雑な味気なさを憎らしく思った。きっとこの街は、あっけらかんとすべてを暴いてしまうのだ。

慣れないことで佳代子もすっかり人酔いし、足も疲れたから甘味処に寄りましょうと誘ってみると、母はやはり「六十円もするもの」と首を振った。佳代子は、自分の厚意がいちいち値踏みされるようで虚しかった。母はそんな佳代子に構わず、楽しげに昔話をした。幼い頃の佳代子の話を。④ちびた下駄の音がからからと空疎だった。

「佳代ちゃん、悪いけど、今日はご飯を多めに炊いてくれないかい」

母が言ったのは、上野見物に行く日の朝だ。佳代子はその通りにし、母の朝食を食卓に並べ、仕事に向かう夫を送り出した。母が使っている部屋に入ると既に布団は上げてあり、塵ひとつなく隅々まで掃き清められていた。変わらぬ母の証があった。けれど⑤母が母なのは、故郷とこの家の中だけなのだ。

母はこの日、見慣れぬ風呂敷包みを持って表に出た。

「私が持ちましょう」

玄関口で佳代子が手を伸ばすと、慌てて風呂敷をかき寄せ胸に抱いた。その拍子に母の爪が触れ、佳代子の手の甲にひっかき傷を作った。上野まで歩く途中、その傷はみみず腫れになった。

母は昔、佳代子を叱るとき決まって平手で腿を撲《ぶ》った。華奢《きゃしゃ》なくせに力が強く、その跡はいつもみみず腫れになった。佳代子は夜寝るときや学校の帰り道、たびたびそこを触ってみた。不思議と悲しい気持ちにはならなかった。むしろ、なだらかに盛り上がった丘陵は指に心地よいものだった。母の、てのひらの跡。自分の身体に刻まれた、母の強さだった。

不忍池《しのばずのいけ》を歩きながら「大きな蓮だねぇ」とはしゃぐ母が、軽く足を引きずっているのに佳代子は気付く。

「足、お辛いんじゃないの?」

「東京で家を構えられるなんて立派ですよ。佳代ちゃんは[X]だ、感謝しないといけないよ」
「でもほんとはね、もっといい家があったのよ。茗荷谷《みょうがだに》でね、庭があって、柘榴《ざくろ》が植わってて。私はそこに移りたかったんだけど、この人が……」
　佳代子は夫へ恨みがましい目をやる。
「いや、だって、あそこはなんだかげんが悪いようだったろう」
夫は[Y]になり、それを笑顔に作り替えてから母に向いた。
「なんでも、その家に前に住んでいた男がご近所の若奥さんと駆け落ちしたらしいんですよ。それで僕はどうも気乗りがしませんでね」
　母はビールのつがれたコップを両手で包み込んだまま、目を丸めた。
「その出奔した若奥さんの旦那さんが、まだご近所にいるっていうから、やはり気まずいんじゃないかと思いまして」
「あら。でもその方だってすぐに若くてきれいな後妻さんをおもらいになったんでしょ。そんなに気にすることもなかったんじゃないかしら」
　ふたりが言い合うのをしばらく目で追っていた母は、長い溜息をついて、
「東京らしい出来事だねぇ」
　と、しみじみした声で言った。若い夫婦は顔を見合わせてから、大きく笑った。
　銀座、浅草、日本橋。明日から母を案内する。母が居る間、佳代子は仕事も休みをもらい、車を雇えばいい、という夫の言葉に甘え、少し贅沢な東京観光を計画していた。暮らし向きは楽ではないけれど、ふたりにはまだ子もおらず、共稼ぎでもあったから少々の蓄えはあるのだ。
「職業婦人だなんて」と夫の両親は眉をひそめ、子供ができないことと結びつけてたびたび佳代子を責めたが、母のような女性になりたくて※3タイピストという仕事を選んだ彼女は、微塵の負い目も感じなかった。
「明日、街へ出たら映画もいいでしょう。確か※4雷蔵の新しいのが封切られましたから」
　夫が言うのに応えようとした母の口から突然、蛙の鳴くような音が漏れた。佳代子も夫も何事が起こったのかと母の口元を凝視した。それが大きなゲップであることに、すぐには考えが行き着かなかったのだ。夫は場を取りなすように「ビールのせいでしょう。僕もよくやります」と穏やかに笑った。佳代子はなにも言えず、ただ内心の[Z]を隠すのに必死だった。こんな行儀の悪いことをする人ではなかった。咀嚼《そしゃく》の音さえも厳しく注意する人なのだ。けれど、その音にもっとも驚いていたのは母自身には違いなかった。母は愕然とした様子で口を押さえ、それから黙ってうつむいた。さっきは気付かなかったが、②母の髪は薄く、つむじの辺りは大きく地肌が見えていた。
　翌日銀座へ向かう車の中で、母は落ち着かなく身を揺らし「こんな無駄遣いはいけないよ」と拝むような口調で言った。並木通りで車を降り、和光や松坂屋を眺める。中に入ってみましょうと佳代子が誘っても、なにも買わないんだから入ったら申し訳ないよ、と小声で返して沿道から建物を見上げるのだ。
　そういうときの母の身体は、妙な具合に曲がっていた。腰が曲がっているというのではなく、そう、ちょうど子供をおぶったときのような、背中の重く傾《かし》いだ形によく似ていた。母の背はもうピンと張ってはいない。そこにはもう、なにかが貼り付いてしまっている。長い歳月がもたらす、逃れられないなにかが。
　お昼は※5資生堂パーラーでとった。母はメニューを見て「高いよ。高いねぇ」と念仏のように呟いた。
「いいのよ、私も食べたいもの。たまの贅沢だもの」
　佳代子がそう言うと不承不承、「じゃあ、佳代ちゃんと同じものをいただこうかね」と顔に不安を浮かべたまま言った。節々が鉤《かぎ》状

の社会はどのような相互関係を結んでいるのかということ。

イ、絶えず相手を考慮し続けるという日本人の価値観は、これまでにどのような評価を受けてきているのかということ。

ウ、欧米社会では視線恐怖があまり見られないというのに、なぜ日本には視線恐怖を感じる人が多いのかということ。

エ、なぜ日本人は「人間」という言葉を「よのなか」「世間」でなく「人」の意味に捉え直したのかということ。

問八　傍線部④「相手との関係にふさわしい自分がその都度生成する」とあるが、これはどういうことか。以下の条件に従って説明せよ。

【条件】

・本文中の波線部「僕たちの自己は、相手にとっての『あなた』の要素を取り込む必要がある」をふまえて考えること。

・身近な具体例を少なくとも一つは挙げた上で説明すること。

・字数は一〇〇字以上一五〇字以内とし、段落は作らずに一マス目から詰めて書くこと。ただし、句読点・記号等も字数に含むものとする。

三　次の文章を読んであとの各問に答えよ。

母が、上京する。

電報を受け取ったその日から、佳代子はいそいそと支度にかかった。母と会うのは二年ぶりだ。それもこれまでは、盆や正月に佳代子が夫と連れだって帰郷する折に会うばかりで、東京に呼んでも、日頃世話になっている弟夫婦に気兼ねしてか、母はなかなか重い腰を上げようとしなかった。

「ずいぶん楽しそうじゃないか」

部屋の隅々まで念入りに雑巾がけをする佳代子を、夫はからかってから顔をほころばせる。

佳代子にとって母はずっと、他の母親たちと比べるのも惜しいほど特別な存在だったのだ。

結婚前は初等学校の教員をしていたとかで、その辺りには珍しく教養があったのも、幼い佳代子には自慢だった。夜中、※1御不浄に起きるたび、小さな電灯の下で籐椅子に腰掛け一心に小説を読む母の姿を見つけては、うっとりしたものだった。家事も一切、手を抜かなかった。生来のきれい好きのためだろう、いつでも家中淀みなく磨き上げられていたし、料理も必ず一工夫凝らしたものが食卓を飾った。家族の誕生日には小豆を煮だして赤飯を炊き、自ら型紙を起こしたハイカラなワンピースを佳代子のためにたくさん縫った。母自身も、質素だけれど趣味のいい服を身につけ、いつも身ぎれいでいた。普段は口の悪い級友たちも「おめぇの母ちゃん、垢抜けとるなぁ」と素直に褒めた。母特有の気品は、歳をとっても少しも衰えることがなかった。

上野の駅までは、夫に迎えに行ってもらった。

佳代子はその間、井戸水でビールを冷やし、ちらし寿司の錦糸卵を慎重に作った。うきうきと、何度も表を窺った。

車の音が家の前で止まり、木戸の開く音がする。佳代子は急いで玄関へと駆け出し、挨拶より先に安堵の息をついた。①母は、なにひとつ変わっていなかった。品のいい鶯色の和服を身につけ、福々とした笑みを浮かべている。

「佳代ちゃん、しばらくお世話になりますね」

母の声がコロコロと鳴って、佳代子は顔を緩める。踊るような足取りで、新調した座布団へと母を導いた。

精一杯の御馳走を並べた夕飯の席で、母は饒舌《じょうぜつ》だった。※2復員した誰それが高校の教員になったの、隣家の男の子が結婚したのと。夫がビールを勧めると深々と会釈してからほんの少し口をつけた。佳代子の作ったちらし寿司をしつこいくらいに褒めた。

「なんだか夢のようだねぇ。こうして佳代ちゃんの家で」

そう言って、目を細める。

「こんなあばら家で居心地が悪いでしょう」

夫が恐縮すると、母は大きすぎる仕草でかぶりを振った。

して答えよ。

(二) 日本人とアメリカ人の「コミュニケーションの法則」の違いについて、筆者はどのように考えているか。その説明として最も適切なものを次から選び、記号で答えよ。

ア、日本人は自己主張のスキルを磨かずに育つため自己主張が苦手なのに対して、アメリカ人は自己主張のスキルを教わる場があるので自己主張が得意である。

イ、日本人は相手の意向に十分に配慮した上で自分の意見を押し通そうとするのに対して、アメリカ人は遠慮なく相手を説得して自分の意見を押し通そうとする。

ウ、日本人は意見が対立して場の雰囲気が悪くなることを避けようとするのに対して、アメリカ人は自分の意見を通そうとするため、相手と意見がぶつかり合うことが多い。

エ、日本では遠慮深さが美徳とされるため、相手の意見に対して遠慮するのに対して、アメリカ人はコミュニケーションにおいて遠慮することはむしろ相手に失礼だと考える。

問三 傍線部②「自分の中に息づいているだれかのために頑張る」とあるが、これはどういうことか。その説明として最も適切なものを次から選び、記号で答えよ。

ア、自分の内面に潜む無自覚な他者のあり方に影響を受けていること。

イ、目上の人間からの良い評価を受けて社会的地位を勝ち取ろうとすること。

ウ、何かの成果を得るために自己主張を慎んで他者の意向を優先すること。

エ、自分と関わり合いのある他者からの期待に応えるような行動をすること。

問四 空欄 X に入る言葉として最も適切なものを次から選び、記号で答えよ。

ア、欧米的な価値観を無視した見方に過ぎない

イ、欧米的な価値観に染まった見方に過ぎない

ウ、欧米的な価値観より大変優れた見方である

エ、欧米的な誤った価値観に基づく見方である

問五 空欄 Y に入る最も適切な言葉を、この空欄以降の本文中より四字で抜き出して答えよ。

問六 傍線部③「関係性を生きる僕たちの自己のあり方は、『人間』という言葉にもあらわれている」とあるが、これはどういうことか。その説明として最も適切なものを次から選び、記号で答えよ。

ア、「人間」という語は、もともと人間関係を意味するものであったが、他国ではみられないような「人」という意味でも用いることから、言語の独自性と日本的自己のあり方が、ともに他国とは異なる特色を持つものであるということ。

イ、「人間」という語は、もともと人間関係を意味するものであったが、「人」自体を表す言葉として定着したところに、日本的自己とは独立した単体ではなく他者との関係において成り立っているという考え方が反映されているということ。

ウ、「人間」という語は、もともと人間関係を意味するものであったが、俗に誤って現在の意味になったものであるため、俗世間における人間どうしの関係性を重視し、不要なもめごとを嫌う日本的自己のあり方を象徴しているということ。

エ、「人間」という語は、もともと人間関係を意味するものであったが、誤って「人」の意味に使われたのが定着したものであるため、一度定着した誤りを指摘して人々の和を乱そうとすることを嫌う日本的自己のあり方が読み取れるということ。

問七 この文章で筆者は結論として、「日本文化のもとで自己形成をした僕たちの自己は人とのつながりの中にある」ということを導き出しているが、その一方、ここまでの論では十分に説明されていない点がある。それは何か。その指摘として最も適切なものを次から選び、記号で答えよ。

ア、自分の意見を通すことが欧米で重要ならば、前提として欧米

いかない。自分の意見を言う前に相手の意向をつかむ必要がある。気まずくならないようにすることが何よりも重要なので、遠慮のない自己主張は禁物だ。相手の意見や要求を汲み取り、それを自分の意見や要求に取り込みつつ、こちらの意向を主張しなければならない。

このように関係性としての自己を生きる僕たち日本人は、たえず人の目を意識することになる。

③関係性を生きる僕たちの自己のあり方は、「人間」という言葉にもあらわれている。

哲学者の和辻哲郎は、「人間」という言葉の成り立ちについて疑問を提起している。「人」という言葉に「間」という言葉をわざわざ付けた「人間」という言葉が、なぜまた「人」と同じ意味になるのかというのだ（和辻哲郎『人間の学としての倫理学』岩波書店、一九三四年）。

「人」だけでもいいのに、なぜわざわざ「人間」というのか。なぜ「間」を付けても意味が変わらないのか。ふだん当たり前のように使っている「人間」という言葉だが、改めてそう言われてみると、たしかに妙だ。

和辻によれば、辞書『言海』に、その事情が記されている。もともと人間という言葉は「よのなか」「世間」を意味していたのだそうだ。それが「俗に誤って人の意になった」。つまり、「人間」というのは、もともとは「人の間」、言い換えれば「人間関係」を意味する言葉だったのに、誤って「人」の意味に使われるようになったのだという。

誤って使われたのだとしても、なぜまたそんな誤りが定着したのか。そこにこそ大きな意味があるのではないか。

和辻は、このような混同は他の言語ではみられないのではないかという。ドイツ語でもこんな混同はみられないし、中国語でも人間とはあくまでも世間を指し、人を指したりはしない。他の言語では「人」と「人間関係」がしっかりと区別されているのに、日本でのみ混同があるとすれば、そこには日本的な「人」のとらえ方の特徴があらわれているはずだ。

ここからわかるのは、日本文化には、「人＝人間関係」というような見方が根づいているということだ。

和辻は、そこのところをつぎのように説明する。もし、「人」が人間関係とはまったく別ものとしてとらえられているのであれば、「人」と「人間関係」を明確に区別すべきだろう。それなのに、日本語では「人」と「人間関係」を区別せずに、「人間関係」や「よのなか」を意味する「人間」という言葉が「人」の意味で用いられるようになった。ここにこそ、日本的な「人」のあり方が示されている。

僕たち日本人にとって、「人間」は社会であるとともに個人なのだ。

このように、日本文化のもとで自己形成をした僕たちの自分というのは、個としてあるのではなく、人とのつながりの中にある。かかわる相手との間にある。

一定不変の自分というのではなく、④相手との関係にふさわしい自分がその都度生成するのだ。相手あっての自分であり、相手との関係に応じて自分の形を変えなければならない。[d]人のことが気になる。人の目が気になって仕方がないのだ。

（榎本博明『〈自分らしさ〉って何だろう？　自分と向き合う心理学』より）

問一　二重空欄[a]～[d]にはそれぞれ接続詞が入るが、その内一つだけ役割の異なるものがある。その役割の異なる接続詞が入る二重空欄を記号で答えよ。

問二　傍線部①「日本人とアメリカ人では自己のあり方が違っていて、コミュニケーションの法則がまったく違っている」について、あとの問にそれぞれ答えよ。

㈠　傍線部内で言及している日本人の「自己のあり方」の背後にある考え方を端的に表現した言葉を、本文中より八字で抜き出理といってもいい。コミュニケーションの場面だけではない。たとえば、何かを頑張るとき、ひたすら自分のためというのが欧米式だとすると、僕たち日本人は、だれかのためという思いがわりと大きい。

　親を喜ばせるため、あるいは親を悲しませないために勉強を頑張る、ピアノを頑張る。先生の期待を裏切らないためにきちんと役割を果たす。そんなところが多分にある。大人だって、監督のために何としても優勝したいなんて言ったりするし、優勝すると監督の期待に応えることができてホッとしていると言ったりする。

　②自分の中に息づいているだれかのために頑張るのだ。もちろん自分のためでもあるのだが、自分だけのためではない。

　このような人の意向や期待を気にする日本的な心のあり方は、「他人の意向を気にするなんて自主性がない」とか「自分がない」などと批判されることがある。でも、それは［ X ］。

　教育心理学者の東洋《あずまひろし》は、日本人の他者志向を未熟とみなすのは欧米流であって、他者との絆を強化し、他者との絆を自分の中に取り込んでいくのも、ひとつの発達の方向性とみなすべきではないかという（東洋『日本人のしつけと教育——発達の日米比較にもとづいて』東京大学出版会、一九九四年）。

　そもそも欧米人と日本人では自己のあり方が違う。僕たち日本人が、率直な自己主張をぶつけ合って議論するよりも、だれも傷つけないように気をつかい、気まずくならないように配慮するのも、欧米人のように個を生きているのではなくて、関係性を生きているからだ。

　心理学者のマーカスと北山忍は、アメリカ的な独立的自己観と日本的な相互協調的自己観を対比させている。

　独立的自己観では、個人の自己は他者や状況といった社会的文脈から切り離され、そうしたものの影響を受けない独自な存在とみなされる。そのため個人の行動は本人自身の意向によって決まると考える。

　それに対して、相互協調的自己観では、個人の自己は他者や状況といった社会的文脈と強く結びついており、そうしたものの影響を強く受けるとみなされる。そのため個人の行動は他者との関係性や周囲の状況に大いに左右されると考える。

　このような相互協調的自己観をもつ僕たち日本人は、個としての自己を生きているのではなく、関係性としての自己を生きている。関係性としての自己は、相手との関係に応じてさまざまに姿を変える。その場その場の関係性にふさわしい自分になる。相手との関係性によって言葉づかいまで違ってくる。欧米人のように相手との関係性に影響を受けない［ Y ］の自己などというものはない。

「だれが何と言おうと、私はこう考える」「僕はこう思う」と自分を押し出していく欧米社会では視線恐怖があまり見られないのに対して、自分を押し出すよりも相手の意向を汲み取ろうとする日本人の間には視線恐怖が多い。それは、僕たち日本人は、相手との関係性によって自分の出方を変えなければならないからだ。

　相手がどう思っているかが気になる。こんなことを言ったら相手はどう感じるだろうかと気になる。それも、僕たちが関係性としての自己を生きているからだ。

　僕たちの自己は、相手から独立したものではなく、相手との相互依存に基づくものであり、間柄によって形を変える。僕たちの自己は、相手にとっての「あなた」の要素を取り込む必要がある。［ b ］相手の意向が気になる。相手の視線が気になるのだ。

　個を生きているのなら、自分の心の中をじっくり振り返り、自分のしたいことをすればいいし、自分の言いたいことを言えばいい。相手が何を思い、何を感じているかは関係ない。自分が何を思い、何を感じているかが問題なのだ。自分の思うことを言う。自分が正しいと考えることを主張する。自分の要求をハッキリと伝える。それでいいわけで、じつにシンプルだ。

［ c ］、関係性を生きるとなると、そんなふうにシンプルには

二〇二二年度 法政大学第二高等学校

【国語】（五〇分）〈満点：一〇〇点〉

一 次の各問に答えよ。

問一 次の①～④の語の「対義語」を漢字二字で正確に答えよ。

① 強固　② 斬新　③ 服従　④ 大胆

問二 次の①～③のそれぞれの組の傍線部の語の中から、一つだけ意味・用法が異なるものを選び、記号で答えよ。

① ア、約束の時間に間に合わなければ、相手も腹を立てるだろう。
イ、懸命に取り組んでいるので、完成するまで待とう。
ウ、おなかもすこうが、できるまでやり抜きなさい。

② ア、いかにも都会らしい近代的なビルが並んでいる。
イ、防犯カメラには犯人らしい男の姿がある。
ウ、三月に入り、春らしい穏やかな日和が続く。

③ ア、毎日通学路ですれ違うのに、あの人の名前さえ知らない。
イ、その事実は、子どもでさえ理解できる。
ウ、ほんの少しの水さえあれば、生きながらえることができたのに。

問三 次の①～③の漢字の読みをひらがなで正確に答えよ。

① その点は寡聞にして知らない。
② 拙い表現にも書き手の人柄がにじみ出る。
③ 凡庸で退屈な作品に閉口する。

二 次の文章を読んであとの各問に答えよ。

日本人は自己主張が苦手だと言われる。グローバル化の時代だし、もっと自己主張ができるようにならないといけないなどと言う人もいる。でも、日本人が自己主張が苦手なのには理由がある。そして、それはけっして悪いことではない。

では、アメリカ人は堂々と自己主張ができるのに、僕たち日本人はなぜうまく自己主張ができないのか。

それは、そもそも①日本人とアメリカ人では自己のあり方が違っていて、コミュニケーションの法則がまったく違っているからだ。

アメリカ人にとって、コミュニケーションの最も重要な役割は、相手を説得し、自分の意見を通すことだ。お互いにそういうつもりでコミュニケーションをするため、遠慮のない自己主張がぶつかり合う。お互いの意見がぶつかり合うのは日常茶飯事なため、まったく気にならない。

一方、日本人にとって、コミュニケーションの最も重要な役割は何だろう。相手を説得して自分の意見を通すことだろうか。そうではないだろう。僕たちは、自分の意見を通そうというより前に、相手はどうしたいんだろう、どんな考えなんだろうと、相手の意向を気にする。そして、できることなら相手の期待を裏切らないような方向に話をまとめたいと思う。意見が対立するようなことはできるだけ避けたい。そうでないと気まずい。

つまり、僕たち日本人にとっては、コミュニケーションの最も重要な役割は、お互いの気持ちを結びつけ、良好な場の雰囲気を醸し出すことなのだ。強烈な自己主張によって相手を説き伏せることではない。

［a］自己主張のスキルを磨かずに育つことになる。自己主張が苦手なのは当然なのだ。その代わりに相手の気持ちを察する共感性を磨いて育つため、相手の意向や気持ちを汲み取ることができる。

相手の意向を汲み取って動くというのは、僕たち日本人の行動原

英語解答

Ⅰ (A) 1 (1)…(い) (2)…(い)
2 (1)…(え) (2)…(う)
3 (1)…(え) (2)…(あ)
4 (1)…(え) (2)…(い)
5 (1)…(え) (2)…(あ)
(B) 1 Can I ask you something
2 What's in it

Ⅱ 1 walk 2 them
3 ③ your mom and uncles
④ the nuns
4 (う) 5 a…(い) b…(お)
6 (え) 7 (お)

Ⅲ 1 (あ) 2 (う)
3 Germany's government 4 (え)
5 ア 2022 イ 2050 6 (う)

Ⅳ 1 (a) park (b) lives
2 (a) mine (b) clothes
(c) stomachache
3 (a) had much
(b) helped me finish

Ⅴ 1 (a) the most terrible, have ever
(b) high (c) Every
2 (a) ２番目…(え) ４番目…(か)
(b) ２番目…(き) ４番目…(お)
3 (a) (例) If I were you, I wouldn't buy her the flower.
(b) (例) Please tell me why the girl is crying.

Ⅰ〔放送問題〕解説省略

Ⅱ〔長文読解総合―エッセー〕

≪全訳≫❶私が幼い少女だった頃，私たちは祖父母のところから少し先のニューヨーク市に住んでいた。毎晩，祖父は「いつもの散歩」に出かけていた。夏には私も一緒に行ったものだった。❷ある晩，私と祖父とで散歩に出かけたとき，私は祖父の小さい頃は今とどう違っていたかを尋ねた。彼は私に，水洗トイレではなく屋外便所，車ではなく馬，電話ではなく手紙，そして電灯ではなくロウソクを使っていたことを教えてくれた。それらなしで暮らすことなど考えたこともないような全てのすばらしいものについて祖父が語っているとき，私の幼い心はさまよい，彼にこう尋ねた。「おじいちゃん，今までの人生で一番大変だったことは何？」❸祖父は歩くのをやめて地平線を見つめ，１分ほど何も言わなかった。それから彼は私の手を取り，目に涙を浮かべて話し始めた。❹「お前の母さんとおじさんたちが小さな子どもだった頃，メアリーおばさんが生まれた後に，おばあちゃんはとても具合が悪くなったんだ。おばあちゃんは良くなるために，サナトリウムというところに長い間行かなければならなかった。下の子たちはおばあちゃんの姉妹と暮らすことになった。でも，お前の母さんやおじさんたちの面倒をみてくれる人が誰もいなかったから，彼らは孤児院に行ったんだ。修道女たちが彼らを世話してくれたから，私はおばあちゃんを元気にしてまたみんなを家に戻すことができるよう，２つも３つも仕事をすることができた」❺「今までで一番つらかったのは，彼らをそこに入れることだった。毎週会いに行ったが，修道女たちは私に，彼らと話したり彼らを抱きしめたりさせてくれなかった。私は３人が遊ぶのをのぞき鏡の後ろから見ていたんだ。毎週お菓子を持っていって，それが私からだと彼らがわかってくれればと思っていた。30分の間，両手を鏡につけていたものだ。30分しか見ることが許されていなかったんだ。子どもたちが来て私の手に触れてくれたらいいのにと願っていた。私は子どもたちに触れることなく丸１年を過ごした。彼らのことがとても恋しかったよ。だが彼らにとっては，もっと厳しい１年だったとわかっていた。彼らを抱きしめてあげられなかったことは決して忘れない。でも修道女たちは，私が子どもたちを悲しませ，子どもたちがそこでもっと苦労してしまうだろうと言った。それで私は彼女らの言うことを聞いたんだ」❻祖父がそんなふうに泣くのを見たのは初めてだった。彼は私を近くに抱き寄せ，私は，自分には最高の祖父がいて祖父のことを愛していると伝えた。私たちは，家族と祖父母が別々の州に引っ越すまで，何年も散歩を続けた。❼15年がたったが，私は祖父とのあの特別な散歩について話したことはなかった。祖母が亡くなった後，祖父は記憶障害になり抑うつを患った。私は，祖父を私たちのところに来させて一緒に住むよう母に勧めていた。母と祖父は決してそこまで親しくなかった。母は祖父の話題に興味がなかった。でも私は「おじいちゃんにとって何が一番いいか見つけなきゃ」と言い続けた。❽彼女は怒って答えた。「どうして？　おじいちゃんは私たちに起きたことを気にもとめなかったのよ！」❾私はなんとなく母が何について話しているかわかった。「おじいちゃんはお母さんをいつでも気にかけて愛していたんだよ」と私は言った。❿母は「あなたは自分が何を言ってるかわかってないわ」と答えた。⓫「おじいちゃんが今までで一番つらかったことは，お母さんとエディーおじさん，ケビンおじさんを孤児院に入れたことなんだよ」⓬「誰がそんなことを言ったの？」と彼女はきいた。⓭母はそこでの日々について，私たちと話したことがなかった。⓮「お母さん，おじいちゃんは毎週３人に会いに行っていたんだよ。おじいちゃんはのぞき鏡の後ろから，３人が遊ぶのを見ていたの。会いに行くときに，よくお菓子を買っていたのよ。１週たりとも欠かすことなくね。おじいちゃんは本当にお母さんたちを自分の腕の中に抱きしめたいと思っていたけど，そうすることが許されなかったの」⓯「うそだわ！　おじいちゃんがそこにいたことはない。誰も私たちに会いに来なかったもの」⓰「もしおじいちゃんが私に話してないなら，どうやって私がその訪問のことをわかるの？　おじいちゃんが持ってきたお菓子のことがどうしてわかるの？　おじいちゃんはそこにいたの。いつもそこにいたのよ。でも，おじいちゃんがまた帰らなければいけないとつらすぎるだろうと修道女たちは言って，おじいちゃんをお母さんたちと一緒の部屋に入れてくれなかった。お母さん，おじいちゃんはお母さんを愛しているわ。いつもそうなのよ！」⓱その日が，母の父親との関係を変えた。祖父は残りの人生を私たちと一緒に暮らすようになった。母は，自分の父親がいつも自分を愛していると知ったのだ。

１＜**語句解釈**＞constitutional には「(健康のためにいつもする)散歩」という名詞の意味がある。次の段落第１文の went for our walk「散歩に出かけた」が go for his constitutional と同様の表現になっていることから，walk が constitutional の言い換えになっていることが読み取れる。

２＜**誤文訂正**＞all the wonderful things を，関係代名詞 that の導く節が修飾している形。I never thought of living without all the wonderful things という関係が成り立つことから，先行詞 all the wonderful things が without の目的語になっていることがわかるので，them は不要である。

３＜**指示語**＞③孤児院に行ったのは，誰も面倒をみてくれる人がいなかった「(筆者の)母とおじさんたち」である。　④同段落第２文の，nuns「修道女たち」が祖父と子どもたちの交流を許してくれなかったという内容から考えて，子どもたちが苦労してしまうからと祖父に助言したのは「修道女たち」だとわかる。彼女たちは，祖父が去ってしまった後，子どもたちがもっと悲しむことを心配したのである。

4＜単語の発音＞close[s]　このcloseは「近くに」の意味の副詞。動詞「～を閉める」はclose[z]。
(あ) apples[z]　(い) bags[z]　(う) shops[s]　(え) houses[iz]

5＜適語選択＞a．2人で散歩していたのは近くに住んでいた頃のことなので，別々の州に引っ越すまで続けたのである。　until「～まで」　b．前にある助動詞 would と後ろの過去形 didn't に着目。「彼(＝祖父)が教えていなければどうして私にわかるの」という‘現在の事実の反対の仮定’を表す仮定法過去の文の反語表現である。

6＜文脈把握＞下線部にある close は形容詞で「(関係が)親しい」の意味。第8～15段落から，母は祖父が孤児院に来ていたと知らず，自分たちを気にかけてくれなかったことを根に持っている様子がうかがえる。よって，母と祖父が親しくない理由となるのは，(え)「母は孤児院に置き去りにされ，そこで祖父とは一度も会わなかった」である。

7＜内容真偽＞(あ)「筆者の母親とおじ1人は，孤児院に行かなければならなかった」…×　第4段落最後から2文目参照。uncles と複数形になっている。第11段落より，Eddie と Kevin の2人のことだとわかる。　(い)「祖父はよく孤児院に行ったが，子どもたちの顔を見ることは全くできなかった」…×　第5段落第2，3文参照。直接話したり抱きしめたりはできなかったが，見ることはできた。　(う)「修道女たちは，子どもたちが祖父を嫌いなので彼に子どもたちと会ってほしくなかった」…×　「祖父を嫌い」という記述はない。　(え)「祖父はいつも娘にうそをついていた」…×　このような記述はない。　(お)「最終的に筆者の母は，自分が父親に愛されていることがわかった」…○　最終段落最終文に一致する。

Ⅲ〔長文読解総合─説明文〕

≪全訳≫ドイツで若者たちが気候訴訟に勝利する❶ドイツの最高裁判所は，国の2019年の気候保護法の一部が，若者を適切に保護していないという理由で改正されなければならないという判決に至った。この結果は，訴訟を始めた9人の若者にとって大きな勝利であった。❷この訴訟により，気候危機の重要な部分に大きな注目が集まっている。それは，a気候危機は，大人よりも若者にはるかに大きく影響を与えるということだ。これは近い将来，地球温暖化の影響がより深刻になるからだ。大人たちがこれらの問題に注意を払ってこなかったため，若者たちは大人になったときこれらの問題に対処することを任されるのだ。❸2019年，ドイツは新しい法律を通過させ，政府はその法律の中で，2050年までに国がカーボンニュートラルになることを約束した。この法律で2030年までの対策計画が立てられた。しかしこの法律には，2031年から2050年の間に講じられる気候対策のための明確なルールや計画がなかった。❹15歳から24歳の9人の若者のグループは，この法律について政府を相手に訴訟を起こした。彼らは，政府が入念な計画を立てず，彼らの将来の生活を危険にさらしていると訴えたのだ。政府の計画のもとでは，自分たちが大人になったときに最も困難な排出量の課題に直面させられるだろうと彼らは感じていた。❺2021年4月29日，ドイツの最高裁判所の裁判官は，若者たちに同意し，そのドイツの法律の一部がドイツ国憲法に沿っていないと述べた。裁判官は，政府が気候対策を行わなければ，より良い未来に対する若者の基本的権利を奪いかねないと述べた。❻若者たちは，4つの分野で，政府の法律に関する妥当性に異議を申し立てた。裁判官は，その全ての申し立てに同意したわけではない。抗議の一部に同意しただけだ。しかし，たとえ訴訟の一部でも，大きな勝利と見なされている。❼ルイーザ・ノイバウアーは，政府を相手に訴訟を起こした若者の1人である。彼女は気候対策団体である Fridays For Future(未来のための金曜日)で活動している。ノイバウアーは，「気候保護は私たちの基本的権利であり，それが今公式になりました。これは気候運動にとって大きな勝利です。これは多くのことを変えます」と話した。❽裁判所はドイツ政府に対し，法律を修正するため2022年末まで１年間の期間を与えた。その気候法は今や，ドイツの汚染を削減し，2050年までに国をカーボンニュートラルに導くために，2030年より後に講じられる対策についてより入念な計画を含める必要があるだろう。❾ドイツ政府は，必要とされる改正を行うため速やかに取り組みを始めると述べた。❿このような高裁判決の決定に関して１つ重要な点は，それらの決定が今後の判断の指針や例として機能するということだ。つまり，今後ドイツの議員たちが法律をつくるときに，若者の気候に関する未来についてより考えるようになるということだ。⓫世界中の他の若者グループもまた，政府を相手に訴訟を起こしている。昨年，ポルトガルの６人の若者グループが，ヨーロッパの33か国を相手取り，欧州人権裁判所で訴訟を起こした。最近では，オーストラリア，ブラジル，イギリスの若者たちも，気候対策について政府に対し訴訟を起こしている。

1＜**適文選択**＞直前にあるコロン(:)は「つまり，すなわち」の意味で，直前の内容を言い換えたり，具体的に説明したりする場合に用いられるので，空所には訴訟で注目を集めた内容の具体的な説明が入ると考えられる。直後の２文から，地球温暖化に起因する気候危機が今の大人よりも若者に深刻な影響を及ぼすことが読み取れる。　influence「～に影響を与える」

2＜**文脈把握**＞下線部にある official とは，公に認められたということ。これは，若者が起こした訴訟で最高裁判所の裁判官が「政府が気候対策を行わなければ，より良い未来に対する若者の基本的権利を奪う」と認めたことを受けている(第５段落最終文)。この内容を表すのは，(う)「ドイツの最高裁判所は，気候対策を講じることで若者の基本的な権利が守られるべきだということに同意した」。

3＜**指示語**＞文の後半にある the needed changes「必要とされる改正」とは，気候保護法の改正のこと。これを行うのは若者が訴訟を起こした相手の Germany's government「ドイツ政府」である。

4＜**適語選択**＞空所前の they が受けるのはこの前にある Germany's lawmakers。lawmaker とは「立法者，(立法府の一員である)議員」のこと。lawmaker という単語のつくりからもわかるとおり，lawmaker がつくるものは laws「法律」である。

5＜**内容一致**＞「ドイツの最高裁判所は，政府がア2022年末までに気候保護法を改正し，新しい法律ではイ2050年までのより入念な気候対策の計画を立てるべきだと命じた」　ア．第８段落第１文参照。　fix「～を修正する」　イ．第３段落最後の２文参照。法律の改正が必要なのは，2031～2050年の間に講じられるべき対策に明確なルールや計画を含めるためである。

6＜**内容真偽**＞(あ)「ドイツの最高裁判所の裁判官は，2019年の気候保護法が若者の未来を十分に保護していると同意した」…×　第１段落第１文参照。　(い)「若者たちは４つの分野で気候保護法に関する妥当性に異議を申し立てたが，裁判官はそのどれにも同意しなかった」…×　第６段落第１～３文参照。not ～ all は「全て～というわけではない」という部分否定を表す。　'not ～ any …'「どんな…も～ない」　(う)「最高裁判所による判決は，気候に関する国の若者たちの未来に対して政府がとる対策に影響を与えるだろう」…○　第９，10段落に一致する。　(え)「気候対策団体である Fridays For Future は，世界中の若者たちと話し合い，政府に対する訴訟を起こした」…×　このような記述はない。

Ⅳ〔語彙・文法総合〕

1＜適語補充―共通語＞(a)上：「公園」という意味の名詞。　「私たちは公園でピクニックをした」　下：「(車などを)駐車する」という意味の動詞。　「この通りには駐車できない」　(b)上：life「命」の複数形。　「警察は彼らの命を救った」　下：動詞 live「住む」の3人称単数現在形。「ポールは家族と一緒に暮らしている」

2＜適語補充＞(a)「その黒いのは私の自転車だ。この銀色のも私のものだ」　also「～もまた」とあるので「私のもの」という意味の所有代名詞にする。　I－my－me－mine　(b)「私は雨にぬれた。服を着替えたい」　clothes「服」　*cf.* cloth「布」　(c)「今は何も食べられない。私はおなかが痛い」　have a stomachache「腹痛〔胃痛〕がある」

3＜書き換え―適語補充＞(a)「去年フランスの山に雪がたくさん降った」　「雪が降る」は①It snows, ②We〔They〕have snow, ③there is snow という3つの言い方ができる。上の文は①の形で主語に‘天候’を表す it と「雪が降る」という意味の動詞を用いた形。下の文は②の形なので動詞に have を置き，目的語となる snow は‘数えられない名詞’なので much「たくさんの」で修飾する。なお，主語の they は「そこに住む人々」という意味。　(b)「私は宿題を終えた。ベンが私を助けてくれた」→「ベンは私の宿題を手伝ってくれた」　‘help＋人＋動詞の原形’「〈人〉が～するのを手伝う」の形で表す。

V〔文法・作文総合〕

1＜書き換え―適語補充＞(a)「こんなひどい映画は見たことがない」→「これは私が今まで見た中で一番ひどい映画だ」　‘the＋形容詞の最上級＋名詞(＋that)＋主語＋have/has ever＋過去分詞’「これまでに～してきた中で最も…な―」の形に書き換える。terrible の最上級は most terrible。　(b)「その車は費用が多くかかるので，私は買えない」→「その高い価格のために，私はその車が買えない」　「価格」の「高い」,「低い」は，high, low で表す。　(c)「この学校の生徒は全員 iPad を持っている」→「この学校のどの生徒も皆 iPad を持っている」　続く名詞が student と単数形であることに着目し，‘every＋単数形’「どの～も全て」の形にする。一人ひとり〔一つ一つ〕に焦点を当て，その「全て」という意味になる。

2＜整序結合＞(a)語群に been, has, reading があるので，‘have/has been＋～ing’「ずっと～(ある動作を)している」という現在完了進行形の形をつくる。　My brother has been reading that book for five hours.「私の兄〔弟〕はその本を5時間ずっと読んでいる」　(b)まず Do you know がまとまる。この後の目的語を，who を疑問詞とする間接疑問と考えるとうまくまとまらない。そこで who は関係代名詞と考えると the person who has the key「鍵を持っているその人」とまとまる。　Do you know the person who has the key？「あなたは鍵を持っているその人を知っているか」

3＜和文英訳―完全記述＞(a)「もし～なら，…だろう(に)」という‘現在の事実と反対の仮定’は，‘If＋主語＋動詞の過去形…，主語＋助動詞の過去形＋動詞の原形…’で表せる(仮定法過去)。if 節を後ろにしてもよい。仮定法の if 節内の be動詞は，原則として主語の人称や数に関係なく were を使う。「〈人〉に〈物〉を買う」は‘buy＋人＋物’または‘buy＋物＋for＋人’で表せる。　(b)「〈人〉に～を教える」を‘tell＋人＋～’で表す。学問や知識を教えるという意味の teach は使えないので注意。‘～’に当たる「その少女がなぜ泣いているのか」は‘疑問詞＋主語＋動詞’の間接疑問で表す。「泣いている」なので現在進行形にする。

数学解答

Ⅰ　問1　$y(x+6y)(x-4y)$　　問2　5：1

問3　$x=5\pm\dfrac{\sqrt{21}}{7}$　　問4　43

Ⅱ　問1　2　　問2　7　　問3　12通り

問4　A…400個　B…250個

問5　$108\pi\ \mathrm{cm}^3$

Ⅲ　問1　$\dfrac{1}{18}$　　問2　$\dfrac{5}{36}$

Ⅳ　問1　$\dfrac{1}{2}$　　問2　$\dfrac{1}{4}$

Ⅴ　問1　$\dfrac{4}{3}$　　問2　$\dfrac{2\sqrt{5}}{5}$　　問3　10

Ⅵ　問1　$\sqrt{2}a^2$　　問2　$\dfrac{2\sqrt{6}}{3}a$

問3　$\dfrac{4}{9}a^3$

Ⅰ〔独立小問集合題〕

問1＜式の計算—因数分解＞与式$=y(x^2+2xy-24y^2)=y(x+6y)(x-4y)$

問2＜連立方程式—解の利用＞$37x-53y=2$……①，$17x-19y=1$……②とする。②×2より，$34x-38y=2$……②′　①－②′より，$3x-15y=0$，$3x=15y$，$x=5y$　よって，$x:y=5:1$である。

問3＜二次方程式＞$7(x-5)^2-3=0$，$7(x-5)^2=3$，$(x-5)^2=\dfrac{3}{7}$，$x-5=\pm\sqrt{\dfrac{3}{7}}=\pm\dfrac{\sqrt{21}}{7}$　$\therefore x=5\pm\dfrac{\sqrt{21}}{7}$

問4＜数の性質＞$\sqrt{2022-6n}$が自然数となるとき，$2022-6n=6(337-n)=2\times3\times(337-n)$は自然数の2乗である。また，$n$が自然数より，$337-n$は整数だから，$337-n=2\times3\times k^2$（$k$は自然数）と表せる。これより，$n=337-2\times3\times k^2$となるので，$k$の値が大きいほど，$n$の値は小さくなる。$k=7$のとき，$n=337-2\times3\times7^2=337-294=43$，$k=8$のとき，$n=337-2\times3\times8^2=337-384=-47$となり，$n$は自然数だから，$k\geqq8$のときは不適となる。よって，条件を満たす最も小さいnの値は，$k=7$のときで，$n=43$である。

Ⅱ〔独立小問集合題〕

問1＜関数—変化の割合＞関数$y=ax+2$において，xが-1からaまで増加するときの変化の割合はaである。また，関数$y=ax^2$において，$x=-1$のとき$y=a\times(-1)^2=a$，$x=a$のとき，$y=a\times a^2=a^3$だから，xが-1からaまで増加するときの変化の割合は，$\dfrac{a^3-a}{a-(-1)}=\dfrac{a(a^2-1)}{a+1}=\dfrac{a(a+1)(a-1)}{a+1}=a(a-1)$となる。よって，$a=a(a-1)$が成り立つ。これを解くと，$a=a^2-a$，$a^2-2a=0$，$a(a-2)=0$より，$a=0$，2となり，$a>0$だから，$a=2$である。

問2＜数の性質＞$N\leqq\sqrt{n}<N+1$で，Nは自然数だから，$\sqrt{N^2}\leqq\sqrt{n}<\sqrt{(N+1)^2}$より，$N^2\leqq n<(N+1)^2$となる。$N^2$，$(N+1)^2$も自然数なので，$N^2\leqq n<(N+1)^2$を満たす自然数$n$は，$N^2$から$(N+1)^2-1$までの自然数であり，その個数は，$\{(N+1)^2-1\}-N^2+1=N^2+2N-N^2+1=2N+1$（個）と表せる。これが15個だから，$2N+1=15$が成り立ち，これを解くと，$2N=14$，$N=7$となる。

問3＜場合の数—文字の並べ方＞左端にaを並べる場合，残りのa，b，cの3文字の並べ方は$(a,\ b,\ c)$，$(a,\ c,\ b)$，$(b,\ a,\ c)$，$(b,\ c,\ a)$，$(c,\ a,\ b)$，$(c,\ b,\ a)$の6通りある。左端にbを並べる場合，残りのa，a，cの3文字の並べ方は$(a,\ a,\ c)$，$(a,\ c,\ a)$，$(c,\ a,\ a)$の3通りある。左端にcを並べる場合，残りのa，a，bの3文字の並べ方は$(a,\ a,\ b)$，$(a,\ b,\ a)$，$(b,\ a,\ a)$の3通りある。よって，4文字の並べ方は，$6+3+3=12$（通り）ある。

問4＜連立方程式の応用＞4月につくったAとBの個数をそれぞれx個，y個とする。まず，4月につくったA，Bの個数の合計は650個だから，$x+y=650$……①が成り立つ。次に，5月は4月に比べ，Aの個数は40％減少し，Bの個数は20％増加したので，5月につくったAの個数は，$x\times(1-0.4)=0.6x$（個），Bの個数は，$y\times(1+0.2)=1.2y$（個）と表せ，5月につくったBの個数がAの個数より60個多かったことから，$1.2y-0.6x=60$……②が成り立つ。②×10より，$-6x+12y=600$，$-x+2y=100$……②′　①＋②′より，$3y=750$　$\therefore y=250$　これを①に代入して，$x+250=650$　$\therefore x=400$　よって，4月につくった製品Aは400個，製品Bは250個である。

問5＜空間図形―体積＞問題の図で，斜線部分の図形を直線lを軸として1回転してできる立体は，右図のような，半径6cmの半球から直径6cmの球を除いた立体となる。半径6cmの半球の体積は，$\frac{4}{3}\pi\times6^3\times\frac{1}{2}=144\pi$である。また，直径6cmの球の半径は$6\div2=3$なので，その体積は，$\frac{4}{3}\pi\times3^3=36\pi$である。よって，求める立体の体積は，$144\pi-36\pi=108\pi$(cm³)となる。

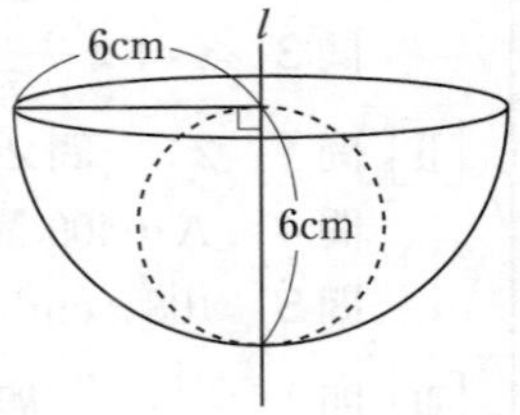

Ⅲ　**〔データの活用―確率―サイコロ〕**

問1＜確率＞放物線$y=ax^2$と直線$y=bx-1$の共有点の座標は，$y=ax^2$，$y=bx-1$を連立方程式として解いたときのx，yの解として求められるから，解が1組だけであれば，共有点も1つだけとなる。2式からyを消去してxの値を求めると，$ax^2=bx-1$，$ax^2-bx+1=0$，解の公式より，$x=\frac{-(-b)\pm\sqrt{(-b)^2-4\times a\times1}}{2a}=\frac{b\pm\sqrt{b^2-4a}}{2a}$となるから，$x$の解が1つだけとなるのは，$b^2-4a=0$より，$b^2=4a$のときである。よって，これを満たすサイコロの目の組は，$(a,\ b)=(1,\ 2)$，$(4,\ 4)$の2通りあり，サイコロの目の組は全部で，$6\times6=36$(通り)あるから，求める確率は$\frac{2}{36}=\frac{1}{18}$となる。

問2＜確率＞共有点のx座標が1となるのは，$ax^2=bx-1$が$x=1$を解に持つ場合だから，$a\times1^2=b\times1-1$より，$a=b-1$の場合である。これを満たすa，bの組は，$(a,\ b)=(1,\ 2)$，$(2,\ 3)$，$(3,\ 4)$，$(4,\ 5)$，$(5,\ 6)$の5通りあるから，求める確率は$\frac{5}{36}$となる。

Ⅳ　**〔関数―関数$y=ax^2$と図形〕**

問1＜x座標＞右図において，AB∥DC，AD∥BCで，2点B，Cがx軸上にあり点Cと点Dのx座標が等しいから，DC⊥BCより四角形ABCDは長方形である。これより，四角形ABCDが正方形となるのは，AB＝BCのときである。ここで，点Bのx座標をtとおくと，点Aのx座標もtであり，点Aは放物線$y=2x^2$上の点だから，A$(t,\ 2t^2)$と表せ，AB＝$2t^2$である。また，点B，Cのx座標はそれぞれt，1だから，BC＝$1-t$となる。よって，$2t^2=1-t$が成り立ち，これを解くと，$2t^2+t-1=0$，解の公式より，$t=\frac{-1\pm\sqrt{1^2-4\times2\times(-1)}}{2\times2}=\frac{-1\pm\sqrt{9}}{4}=\frac{-1\pm3}{4}$となるから，$t=\frac{-1-3}{4}=-1$，$t=\frac{-1+3}{4}=\frac{1}{2}$となる。したがって，$0<t<1$だから，$t=\frac{1}{2}$である。

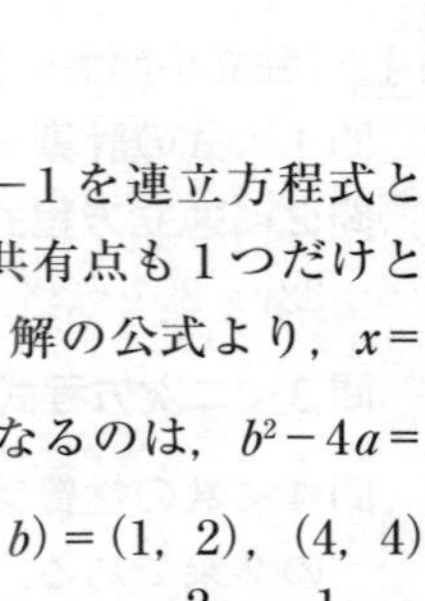

問2＜x座標＞四角形ABCDは長方形だから，4辺の長さの和が$\frac{7}{4}$のとき，$\mathrm{AB}+\mathrm{BC}=\frac{7}{4}\div2=\frac{7}{8}$となる。問1と同様に，点Bの$x$座標を$t$とおくと，AB＝$2t^2$，BC＝$1-t$と表されるから，$2t^2+1-t=\frac{7}{8}$が成り立つ。これを解くと，$16t^2+8-8t=7$，$16t^2-8t+1=0$，$(4t-1)^2=0$，$4t-1=0$，$t=\frac{1}{4}$となる。

V 〔平面図形—正方形〕

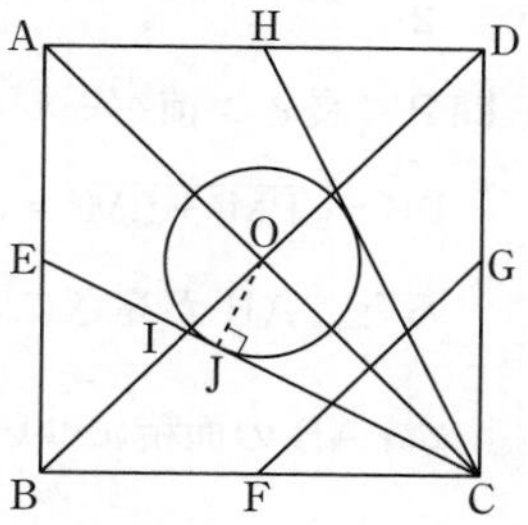

問１＜面積＞右図で，△OIC＝△OBC－△IBC である。まず，点Oは正方形 ABCD の対角線の交点だから，△OBC＝$\frac{1}{4}$〔正方形 ABCD〕であり，AB＝4 のとき，〔正方形 ABCD〕＝4×4＝16 だから，△OBC＝$\frac{1}{4}$×16＝4 となる。また，EB∥DC より△BIE∽△DIC となり点Eは AB の中点だから，相似比は，BI：DI＝EB：CD＝1：2 である。よって，BI：BD＝1：(1＋2)＝1：3 となり，△IBC と△DBC の底辺をそれぞれ BI，BD と見ると，高さが等しいから，△IBC：△DBC＝BI：BD＝1：3 となる。したがって，△IBC＝$\frac{1}{3}$△DBC＝$\frac{1}{3}\times\left(\frac{1}{2}\times4\times4\right)=\frac{8}{3}$ だから，△OIC＝△OBC－△IBC＝$4-\frac{8}{3}=\frac{4}{3}$ である。

問２＜長さ＞右上図のように，円Oと線分 CE との接点を J とし，点Oと点 J を結ぶ。このとき，OJ は円Oの半径となり，OJ⊥CE より△OIC の底辺を CI と見たときの高さにもなるから，$\frac{1}{2}$×CI×OJ＝△OIC である。まず，AB＝4 のとき，EB＝$\frac{1}{2}$AB＝$\frac{1}{2}$×4＝2，BC＝4 だから，△EBC で三平方の定理より，CE＝$\sqrt{2^2+4^2}=\sqrt{20}=2\sqrt{5}$ である。問１より，△BIE∽△DIC で，EI：CI＝BI：DI＝1：2 だから，CI＝$\frac{2}{1+2}$CE＝$\frac{2}{3}\times2\sqrt{5}=\frac{4\sqrt{5}}{3}$ となる。よって，△OIC の面積について，$\frac{1}{2}\times\frac{4\sqrt{5}}{3}$×OJ＝$\frac{4}{3}$ が成り立ち，これを解くと，$\sqrt{5}$OJ＝2，OJ＝$\frac{2\sqrt{5}}{5}$ となるから，求める半径は $\frac{2\sqrt{5}}{5}$ である。

問３＜長さ＞右上図で，OJ＝r とおくと，円Oの面積が 5π のとき，$\pi r^2=5\pi$ が成り立つ。これを解くと，$r^2=5$，$r=\pm\sqrt{5}$ となり，$r>0$ だから，$r=\sqrt{5}$ である。ここで，AB＝x とおき，問１と同様に考えると，△OBC＝$\frac{1}{4}$〔正方形 ABCD〕＝$\frac{1}{4}\times x\times x=\frac{1}{4}x^2$，△IBC＝$\frac{1}{3}$△DBC＝$\frac{1}{3}\times\left(\frac{1}{2}\times x\times x\right)=\frac{1}{6}x^2$ より，△OIC＝△OBC－△IBC＝$\frac{1}{4}x^2-\frac{1}{6}x^2=\frac{1}{12}x^2$ と表せる。また，問２と同様に考えると，EB＝$\frac{1}{2}x$，BC＝x より，△EBC において，CE＝$\sqrt{\left(\frac{1}{2}x\right)^2+x^2}=\sqrt{\frac{5}{4}x^2}=\frac{\sqrt{5}}{2}x$ と表せる。これより，CI＝$\frac{2}{3}$CE＝$\frac{2}{3}\times\frac{\sqrt{5}}{2}x=\frac{\sqrt{5}}{3}x$ となるから，△OIC＝$\frac{1}{2}$×CI×OJ＝$\frac{1}{2}\times\frac{\sqrt{5}}{3}x\times\sqrt{5}=\frac{5}{6}x$ となる。よって，△OIC の面積について，$\frac{1}{12}x^2=\frac{5}{6}x$ が成り立つ。これを解くと，$x^2=10x$，$x^2-10x=0$，$x(x-10)=0$ より，$x=0$，10 となり，$x>0$ だから，$x=10$ である。

VI 〔空間図形—正四角錐〕

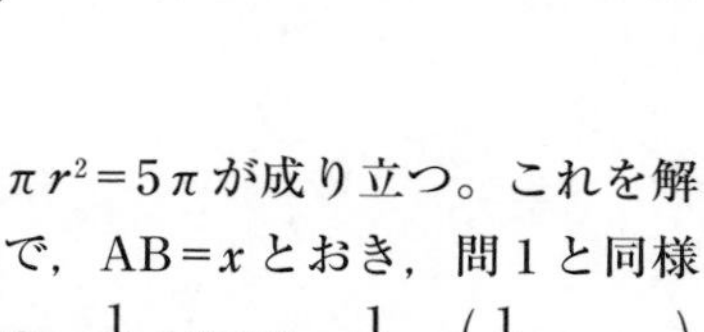

問１＜面積＞右図の正四角錐 P-ABCD で，△PAB は PA＝PB の二等辺三角形で，点Mは辺 AB の中点だから，PM⊥AB である。よって，△PAB＝$\frac{1}{2}$×AB×PM となる。また，AC と MN の交点を I とすると，点 I は正方形 ABCD の対角線の交点と一致し，PI⊥〔正方形 ABCD〕となるから，∠PIM＝90°，∠PMI＝45° より，△PMI は直角二等辺三角形である。ここで，MN＝AD＝$2a$ で，点 I は MN の中点より，IM＝$\frac{1}{2}$MN＝$\frac{1}{2}\times2a=a$ だから，PI＝IM＝a より，PM＝$\sqrt{2}a$ と表せる。したがって，△PAB＝$\frac{1}{2}$×AB×PM＝

$\dfrac{1}{2}\times 2a\times\sqrt{2}a=\sqrt{2}a^2$である。

問2＜長さ＞前ページの図で，△PBMにおいて，$\mathrm{BM}=\dfrac{1}{2}\mathrm{AB}=\dfrac{1}{2}\times 2a=a$だから，三平方の定理より，$\mathrm{PB}=\sqrt{\mathrm{PM}^2+\mathrm{BM}^2}=\sqrt{(\sqrt{2}a)^2+a^2}=\sqrt{3a^2}=\sqrt{3}a$である。これより，△PABの底辺を$\mathrm{PB}=\sqrt{3}a$と見ると，AHが高さになるから，$\triangle\mathrm{PAB}=\dfrac{1}{2}\times\mathrm{PB}\times\mathrm{AH}=\dfrac{1}{2}\times\sqrt{3}a\times\mathrm{AH}$となる。よって，問1より，△PABの面積について，$\sqrt{2}a^2=\dfrac{1}{2}\times\sqrt{3}a\times\mathrm{AH}$が成り立ち，$\mathrm{AH}=\dfrac{2\sqrt{6}}{3}a$と表せる。

問3＜体積＞前ページの図の△ABHで，問2より$\mathrm{AH}=\dfrac{2\sqrt{6}}{3}a$だから，三平方の定理を利用して，$\mathrm{BH}=\sqrt{\mathrm{AB}^2-\mathrm{AH}^2}=\sqrt{(2a)^2-\left(\dfrac{2\sqrt{6}}{3}a\right)^2}=\sqrt{\dfrac{4}{3}a^2}=\dfrac{2\sqrt{3}}{3}a$である。また，切り分けてできる立体のうち，点Bを含む方の立体は三角錐H-ABCであり，△PBIで点HからBIに垂線HJを引くと，HJ⊥〔正方形ABCD〕となるから，HJは三角錐H-ABCにおいて△ABCを底面と見たときの高さとなる。PI∥HJより，$\mathrm{PI}:\mathrm{HJ}=\mathrm{PB}:\mathrm{BH}=\sqrt{3}a:\dfrac{2\sqrt{3}}{3}a=3:2$だから，$\mathrm{HJ}=\dfrac{2}{3}\mathrm{PI}=\dfrac{2}{3}a$である。よって，$〔三角錐\mathrm{H\text{-}ABC}〕=\dfrac{1}{3}\times\triangle\mathrm{ABC}\times\mathrm{HJ}=\dfrac{1}{3}\times\left(\dfrac{1}{2}\times 2a\times 2a\right)\times\dfrac{2}{3}a=\dfrac{4}{9}a^3$と表せる。

2022年度／法政大学第二高等学校

国語解答

一 問一 ① 軟弱 ② 陳腐 ③ 反抗
④ 小心
問二 ①…イ ②…イ ③…ウ
問三 ① かぶん ② つたな
③ ぼんよう

二 問一 c
問二 ㈠ 相互協調的自己観 ㈡…ウ
問三 エ 問四 イ
問五 一定不変 問六 イ
問七 ア 問八 (省略)

三 問一 X…イ Y…ウ Z…ウ
問二 他の母〜な存在
問三 長い歳〜なにか 問四 ウ
問五 イ 問六 ア 問七 エ
問八 娘に無駄遣いをさせないために，自分で昼食を用意したことを誇らしく思う気持ち。(38字)
問九 ウ

一〔国語の知識〕

問一＜語句＞①「強固」は，強くしっかりしていること。対義語は，柔らかく，しっかりしていないことを表す「軟弱」や「薄弱」。 ②「斬新」は，発想や趣向が，それまでにないほど新しいこと。対義語は，古くさくて，ありふれていることを表す「陳腐」。 ③「服従」は，支配や権力に従うこと。対義語は，権威や権力に背き，はむかうことを表す「反抗」または「抵抗」。 ④「大胆」は，度胸がすわっていて，恐れたり，気おくれしたりしないこと。対義語は，気が小さいことを表す「小心」や「小胆」。または，気が弱く，ちょっとしたことにも怖がることを表す「臆病」。

問二＜品詞＞①「腹を立てるだろう」と「おなかもすこう」の「う」は，推量を表す助動詞。「待とう」の「う」は，意志を表す助動詞。 ②「都会らしい」と「春らしい」の「らしい」は，～としての特質を備えている，という意味を表す接尾語。「犯人らしい」の「らしい」は，推定を表す助動詞。 ③「名前さえ」と「子どもでさえ」の「さえ」は，ある事柄を程度の軽い方の例として挙げ，他の場合はましてそうだと類推させる意味を表す助詞。「水さえ」の「さえ」は，条件を伴って，そのことだけで全てが満たされる，という意味を表す助詞。

問三＜漢字＞①「寡聞」は，見聞が狭いこと。 ②音読みは「巧拙」などの「セツ」。 ③「凡庸」は，特に優れた点がなく，平凡なこと。

二〔論説文の読解―文化人類学的分野―日本文化〕出典；榎本博明『〈自分らしさ〉って何だろう？自分と向き合う心理学』「なぜ，こんなに人の目が気になるんだろう？」。

≪本文の概要≫アメリカ人は堂々と自己主張ができるのに，僕たち日本人はなぜうまく自己主張ができないのだろう。それは，日本人とアメリカ人では自己のあり方が違っていて，コミュニケーションの法則が全く違っているからである。コミュニケーションの最も重要な役割は，アメリカ人にとっては，相手を説得し，自分の意見を通すことであるが，日本人にとっては，お互いの気持ちを結びつけ，良好な場の雰囲気を醸《かも》し出すことである。そもそも欧米人と日本人では，自己のあり方が違う。欧米では，自己は，社会的文脈から切り離された独自な存在と見なされる。一方，日本では，自己は，社会的文脈と強く結びついており，そうしたものの影響を強く受けると見なされる。日本人は，個としての自己ではなく，関係性としての自己を生きているのである。「人間」という言葉は，本来は，人間関係のことを意味していた。それが，誤って，「人」という意味で用いられるようになった。そのような誤用が定着したのは，日本文化に「人＝人間関係」という見方が根づいていたからである。

問一＜接続語＞a.「僕たち日本人にとっては，コミュニケーションの最も重要な役割は，お互いの気持ちを結びつけ，良好な場の雰囲気を醸し出すこと」であり，「強烈な自己主張によって相手を説き伏せることではない」から，日本人は，「自己主張のスキルを磨かずに育つことになる」のである。　b．「僕たちの自己は，相手にとっての『あなた』の要素を取り込む必要がある」のであり，だから「相手の意向」や「相手の視線」が気になるのである。　c．「個を生きている」のなら，「相手が何を思い，何を感じているか」に関係なく，「自分の思うこと」を言い，「自分が正しいと考えることを主張」すればいい。でも，「関係性を生きるとなると，そんなふうにシンプルにはいかない」のである。　d．日本人にとっての自分とは，「相手あっての自分であり，相手との関係に応じて自分の形を変えなければならない」ので，だからこそ，「人のことが気になる」し，「人の目が気になって仕方がない」のである。

問二＜文章内容＞㈠アメリカ人は，「独立的自己観」に基づいて，個人の自己は，「他者や状況といった社会的文脈から切り離され，そうしたものの影響を受けない独自な存在」だと考える。一方，日本人は，「相互協調的自己観」によって，「個人の自己は他者や状況といった社会的文脈と深く結びついており，そうしたものの影響を強く受ける」と考えるのである。　㈡日本人は，他者とコミュニケーションを取る際に，「良好な場の雰囲気を醸し出すこと」を最優先するので，「意見が対立するようなことはできるだけ避けたい」と思っている。これに対して，アメリカ人は，「相手を説得して自分の意見を通すこと」を「コミュニケーションの最も重要な役割」だと考えるので，「お互いの意見がぶつかり合うのは日常茶飯事」なのである。

問三＜文章内容＞「日本人の行動原理」は，「相手の意向を汲み取って動く」というものであり，「何かを頑張るとき」も，日本人は，「だれかのためという思いがわりと大きい」のである。「自分の中に息づいているだれかのために頑張る」ということは，自分の周りにいる人の意向を汲み取って，その人のためにがんばるということである。

問四＜文章内容＞「人の意向や期待を気にする日本的な心のあり方は，『他人の意向を気にするなんて自主性がない』とか『自分がない』などと批判されること」があるが，このような批判は，他人の意向など気にする必要はなく，自主性や自分を持つべきであるといった，欧米的な価値観に基づくものにすぎない。「日本人の他者志向を未熟とみなすのは欧米流であって，他者との絆を強化し，他者との絆を自分の中に取り込んでいくのも，ひとつの発達の方向性とみなすべき」なのである。

問五＜文章内容＞欧米人にとって，「個人の自己は他者や状況といった社会的文脈から切り離され，そうしたものの影響を受けない独自な存在」，つまり，他者によって揺らぐことのない「一定不変」の自己なのである。

問六＜文章内容＞「『人間』というのは，もともとは『人の間』，言い換えれば『人間関係』を意味する言葉だったのに，誤って『人』の意味に使われるようになった」のである。そのような誤りが定着したところに，「日本文化には，『人＝人間関係』というような見方が根づいている」ことが示されているのである。

問七＜要旨＞日本的なコミュニケーションの前提として，日本の社会では，相手の意向を気にしてくみ取ろうとすることが，指摘されている。しかし，自己主張をぶつけ合う欧米的なコミュニケーションの前提として，欧米の社会では，どのような相互関係が成立しているのかについては，ふれられていない(ア…×)。「人の意向や期待を気にする日本的な心のあり方」は，欧米の価値観の影響を受けた人々に批判されてきた(イ…○)。「日本人の間には視線恐怖が多い」のは，日本人が，「相手との関係性によって自分の出方を変えなければならないから」である(ウ…○)。日本人が，「人間」という言葉を「人」の意味でとらえ直したのは，日本文化に，「『人＝人間関係』というような見方が根づいて」いたからである(エ…○)。

問八＜作文＞日本人の自己は，「相手から独立したものではなく，相手との相互依存に基づくものであり，間柄によって形を変える」，つまり，日本人の「自分」は，関わる相手から見た「自分」の要素を取り込んで，初めて成立するのである。環境や関わる相手が変われば，「自分」が変化するという具体的な場面を例として挙げて，文章をまとめること。

三〔**小説の読解**〕出典；木内昇『てのひら』（『茗荷谷の猫』所収）。

問一．X＜文章内容＞母は，「東京で家を構えられるなんて立派」だ，と佳代子の夫を褒め，そんな立派な夫を持った佳代子は，幸せ者だと言ったのである。　**Y＜心情＞**佳代子が，茗荷谷の家の方がもっとよかったと言ったので，夫は，いったん不機嫌な顔になり，それを笑顔につくり替えたのである。　**Z＜心情＞**母は「こんな行儀の悪いことをする人ではなかった」ので，母のゲップを聞いて，佳代子は，内心うろたえた。

問二＜文章内容＞佳代子にとって，教養と気品を兼ね備え，家事にも手を抜かなかった母は，「他の母親たちと比べるのも惜しいほど特別な存在」だったのである。

問三＜表現＞銀座を歩いているとき，佳代子は，母の身体が「妙な具合に曲がって」いることに気がついた。「母の背はもうピンと張っては」おらず，その背中には，「長い歳月がもたらす，逃れられないなにか」が張りついてしまっていた。母の髪が薄くなったことにも，高齢になったことがもたらす身体的な衰えが，現れていたのである。

問四＜心情＞母は，「歯のちびた下駄」を，鼻緒をすげ替えて，「十五年も」履き続けていた。周囲にいる，経済的に余裕のある女性たちにそんな言葉を聞かれることが恥ずかしかったので，佳代子は，そういう人々の耳に「母の声が届いてしまうことを恐れた」のである。

問五＜心情＞佳代子が，母のためを思って，何かを買ってあげようとしたり，タクシーに乗ろうとしたりしても，母は，お金がもったいないからと言って，断り続けた。「佳代子は，自分の厚意がいちいち値踏みされるようで虚しかった」が，「母はそんな佳代子に構わず，楽しげに昔話」をした。せっかくの上京なのだから，少し贅沢《ぜいたく》をさせてあげたいという自分の思いと，つつましい生活に慣れた母の思いが食い違い，佳代子は，切ない気持ちで，母の「ちびた下駄」が立てる音を聞いていたのである。

問六＜文章内容＞「故郷とこの家の中だけ」では，母は，家事をこなし，佳代子にとって自慢であった昔の母らしく振る舞うことができた。しかし，一歩外に出ると，母は，東京の街に圧倒され，おどおどと，不安げに振る舞うことしかできなかったのである。

問七＜心情＞佳代子は，母に「喜んで」ほしくて，タクシーに乗ろうと言ったり，喫茶店で休もうと提案したりしてきた。しかし，母は，自分は疲れていないし，お金がもったいないと言って，佳代子の申し出を断った。自分の気持ちをわかってくれない母に対するいら立ちを何とか抑えようとして，佳代子は，「努めて明るく」，タクシーで移動して，下駄を買い，昼食は予約してある精養軒でとろうと言ったのである。

問八＜心情＞母は，わざわざご飯を多めに炊いてもらって，塩むすびを握り，ソーセージも買っていた。自分で二人分の昼食を用意したことで，昼食代を節約することができると考えて，母は，誇らしい気持ちで，風呂敷包みを解いたのである。

問九＜文章内容＞佳代子は，教養があり，質素ながら身ぎれいでいた「母のような女性になりたくてタイピストという仕事」を選び，「高級レストランに出入りする婦人たちを，常々疎ましく思って」いた。それなのに，東京の生活に慣れた佳代子は，お金のことばかり気にして，いかにも田舎者らしく不器用に振る舞う母に腹を立てた。佳代子は，自分がいつの間にか，昔のままの自分ではなくなり，都会風の価値観に染まってしまったことを自覚し，それを「恨めしい」と感じたのである。

Memo

Memo

Memo

2021年度 法政大学第二高等学校

【英　語】（50分）〈満点：100点〉

注意　1．スペリングや記号はまぎらわしい書き方をしないこと。書き方のくせ，大文字と小文字にも注意すること。とくに筆記体の *e* と *l*，*b* と *f*，*u* と *v*，*y* と *g*，*a* と *o* などの区別をはっきりさせること。

2．英単語の頭文字が指定されている場合，必ずその文字から書き始めること。

3．指示がなければ，解答には数字も英語で書くこと。

4．電子辞書機能のある器具は使用しないこと。

■リスニングテストの音声は，当社ホームページで聴くことができます。（当社による録音です）
再生に必要なIDとアクセスコードは「収録内容一覧」のページに掲載しています。

Ⅰ　＜リスニング問題＞

(A)　男女の会話がそれぞれ1回読まれます。その会話に対する以下の質問の答えとして最も適切なものをそれぞれ1つ選び，記号で答えなさい。

1．

(1)　Why didn't the boy eat much?

(あ)　He didn't have enough time.　(い)　He had a stomachache.

(う)　He had something before dinner.　(え)　He wasn't hungry.

(2)　What will the boy do?

(あ)　He will eat something.　(い)　He will finish dinner.

(う)　He will go to see the doctor.　(え)　He will take some medicine.

2．

(1)　What's the woman's problem?

(あ)　She can't see the doctor.　(い)　She can't sit on a chair.

(う)　She had a headache.　(え)　She left her jacket.

(2)　When did the woman visit the office?

(あ)　three days ago　(い)　the day before yesterday

(う)　yesterday　(え)　today

3．

(1)　How much are TWO student tickets?

(あ)　\$8　(い)　\$10　(う)　\$16　(え)　\$26

(2)　How can the man pay for the ticket?

(あ)　with his credit card　(い)　with his smart phone

(う)　with a check　(え)　in cash

4．

(1)　How long are they planning to stay in Sapporo?

(あ)　five days　(い)　seven days

(う)　ten days　(え)　two weeks

(2)　What can the girl enjoy there?

(あ)　hiking　(い)　skiing

(う)　soccer　(え)　swimming

5．＊下の値段表を見ながら会話を聞きなさい。

What will be sold for three and four dollars ?

$1	$2	$3	$4	$5	$6
used clothes		（ 1 ）	（ 2 ）		

(あ) watches　(い) jewelry　(う) used books　(え) shoes　(お) candy

(B) これから読まれる英文を聞いて，下線部を埋めなさい。英文はそれぞれ3回読まれます。（解答欄には下線部分のみ書きなさい。）

1．The theater is near here.　Turn right at the corner, and ____________________

2．Can I change my order ?　____________________

※＜リスニング問題放送原稿＞は英語の問題の終わりに付けてあります。

II　次の英文を読んで，設問に答えなさい。（＊印の語には注釈がつけてあります。）

[1] Once there was a town named *Pompeii in Italy.　Near the town, there was a mountain named *Vesuvius.　The mountain was a good place to grow grapes and raise sheep.　Although it looked peaceful, the mountain was really a dangerous volcano.　It was like a sleeping giant.　Did the people know about the danger ?　No, they did not !

[2] The day started as usual.　The sun rose.　People began coming to Pompeii with things to sell.　Carts moved through the narrow gates and into town.　The noisy carts in the streets woke up the people in the houses.　The family who lived in one of the biggest houses was soon busy.　The mother went to pray by the statue of a god.　The father began to dress.　The children were playing.　They were glad it was summer.　No one in the house knew that ①<u>something terrible</u> was going to happen.

[3] After breakfast, the children went outside.　People were at work inside the shops.　No one in the street knew that something terrible was going to happen.

[4] By late morning, many men were at the bathhouse.　Some men were playing ball.　Others were taking a bath.　The father from the big house was there.　No one at the bathhouse knew that something terrible was going to happen.

[5] By noon, the town meeting place was full of people.　Some people were looking for things to buy.　Others were talking to their friends.　The mother from the big house was there.　She was praying in the temple.　No one in the town meeting place knew that something terrible was going to happen.

[6] Suddenly the ground began to tremble.　All of the houses in Pompeii began to shake.　The giant was waking up !　The top of Vesuvius blew off !　A huge cloud of dust and *ash came pouring out !　Everyone began to *scream.　People came out of their houses to look at the huge cloud.　Shopkeepers came out of their shops.　The cloud was getting bigger and bigger.

[7] The cloud hid the sun.　It was dark.　Tiny hot stones began to fall on the people in Pompeii.　Some people found pillows to cover their heads.　Others hid inside their houses.　Everyone was running, pushing and shouting.　Some people ran toward the town gates to get away.　Others went home to protect their jewelry and gold coins.　A few went to the temple to pray.　Could the gods save them ?

[8] The day became as dark as night.　A bad smell filled the air.　People ran toward the sea.　A few held torches to *light the way.　The sea was wild.　Huge waves kept crashing onto the beach.　The family from the big house was able to get into a boat.　They were able to [　②　] from Pompeii.

9 When the stones fell on Pompeii, many people could not escape. (あ)<u>They</u> were caught under the stones. Then hot ashes began pouring out of the volcano and fell on the people. (い)<u>They</u> were hot enough to burn hair! The people in the streets tried to protect themselves. (う)<u>They</u> hid in corners and behind walls. (え)<u>They</u> covered their faces with their hands and clothes. But the ashes became thicker and thicker. (お)<u>They</u> could not move or breathe. (か)<u>They</u> were caught under the ashes.

10 The ashes kept falling, filled the streets and flowed into the houses. ③<u>They</u> came up so high that the people inside the houses couldn't move. But ④<u>Vesuvius was not done!</u> Now, a great cloud of poisonous gas came out of the mountain and covered Pompeii. A great river of hot ashes and gases ran down the side of the mountain and flowed right over the walls of the town. No one in Pompeii was saved.

11 The ashes fell on Pompeii for two days. When it was over, the huge cloud was gone and the ashes cooled and became hard. Only the tops of buildings showed above them. The whole town was buried alive! Everything was covered with the ashes.

12 Across the bay, a boy stood watching. His name was *Pliny. Later he heard more about the hot ashes and stones and the wild sea. Did Pliny ever forget that day? No, he did not!

13 Pliny grew up to be a writer. He wrote about the huge cloud that came out of Vesuvius and the volcano that buried Pompeii. After that, Vesuvius erupted again and again and more ashes fell on the town. At last, there was no sign that anyone lived there. People soon forgot about the town named Pompeii.

14 Hundreds of years later, the ashes on top changed into earth. Grass began to grow. People built a new town right above the buried town. They did not even know that the old town was there! Then people began to read Pliny's letters about a buried town named Pompeii. Where was Pompeii? ⑤<u>Nobody knew.</u>

15 One day, some workers were *digging a *tunnel for water. They found pieces of an old wall under the ground, but did not know that the wall was part of a town. Many years later, other workers found more buildings. Was there a town under the ground? Was it the town Pliny wrote about? Then one of the workers found a stone. It had a name *carved on it. The name was Pompeii. People were very excited. The lost town of Pompeii was under their feet! If they could uncover it, they could see how people lived long ago.

16 Scientists began digging. They worked slowly and carefully not to destroy anything. They used many tools to brush away the ashes. They found beautiful gold chains, unbroken eggs, pictures made of colored stones and people. At first, they found only a few *skeletons. Then they saw ⑥<u>strange holes</u> in the hard ashes. They poured *plaster into the holes. When the plaster dried, the plaster *casts were shaped just like people! The plaster casts showed how the people looked when they died. There was even a plaster cast of a dog on a chain.

17 Today, the old town of Pompeii is like a great big museum without a roof. People come to see not only the shops and houses of long ago but also Vesuvius. It is the most famous volcano in the world.

18 It is a peaceful day in Pompeii. ⑦<u>The giant</u> is sleeping. When will the giant wake up again? Nobody knows.

(注釈) Pompeii 古代ローマの都市ポンペイ　Vesuvius ベスビオス山　ash 灰
scream 悲鳴を上げる　light 照らす　Pliny 古代ローマの文人，政治家小プリニウス
dig 掘る　tunnel トンネル　carve 彫る　skeleton がい骨

plaster　石膏(せっこう)　　cast　鋳型(いがた)

1．下線部① something terrible が，本文中で具体的に描写されている箇所はどこか。その始まりの段落と終わりの段落を，それぞれ段落の番号で答えなさい。

2．[②]に入る表現を，本文から2語で抜き出し，答えなさい。

3．下線部③ They と同じものを指している They を第9段落の下線部(あ)～(か)から1つ選び，記号で答えなさい。

4．下線部④ Vesuvius was not done! が表す内容として最も適切なものを，次から1つ選び，記号で答えなさい。

(あ)　Vesuvius didn't do anything.
(い)　Vesuvius didn't stop erupting.
(う)　Nobody tried to save Vesuvius.
(え)　Nobody rushed for Vesuvius.

5．下線部⑤ Nobody knew. とあるのはなぜか。その理由として最も適切なものを，次から1つ選び，記号で答えなさい。

(あ)　No one could understand Pliny's letters at all.
(い)　Pliny's letters did not tell us about Pompeii.
(う)　Pompeii was completely destroyed by the volcano.
(え)　Pompeii was covered with ashes from the volcano.

6．下線部⑥ strange holes について述べた以下の記述内の（A）（B）を，日本語で埋めて完成させなさい。

石膏(せっこう)で型を取ったところ，（　A　）であることが判明した。また，中には，（　B　）も存在した。

7．下線部⑦ The giant が指し示す最も適切なものを，次から1つ選び，記号で答えなさい。

(あ)　a big man living in Vesuvius
(い)　a dangerous volcano named Vesuvius
(う)　a god guarding Pompeii
(え)　a group of people destroying Pompeii

Ⅲ　次の英文を読んで，設問に答えなさい。（＊印の語には注釈がつけてあります。）

Problem

On a boat near *Costa Rica, a team of *marine biologists is helping a turtle.　The animal is having trouble breathing, and the team discovers why—there is something inside its nose.　A scientist tries to remove the object, ①<u>but the turtle cries in pain</u>.　Finally, after eight minutes, a long object is pulled out : it is a 10-centimeter plastic straw.

The video of the turtle's rescue has been viewed millions of times on YouTube.　After watching this video, many people realized a problem : the world's seas are full of plastic.　Since 2000, there has been a huge increase in plastic production throughout the world, but we recycle less than 20 percent of it.　A lot of this plastic waste ends up in the ocean.　Today, scientists think about 8.1 billion kilograms of the waste runs into the sea every year from areas near the ocean.

This ocean plastic hurts millions of sea animals every year.　Some fish eat plastic because it is covered with sea plants, and it looks and smells like（　②　）.　But eating plastic makes them feel hungry all the time.　In some cases, eating sharp pieces of plastic can seriously hurt sea animals and even kill them. Most of this plastic will damage the environment forever.

Plastic is useful to people because it is (③) and lasts for a long time—but this is bad news for sea creatures who have already eaten it or begin to eat it. According to a marine biologist, Mathew Savoca, "Single-use plastics are the worst." These are items that are used only (④) before we throw them away. Some common examples are straws, water bottles, and plastic bags. About 700 sea species (including the turtle from the video) have been caught in or have eaten this kind of plastic. Luckily, the turtle was strong enough to survive and was released back into the ocean.

How will plastic affect sea animals in the long run ? "I think we'll know the answers in 5 to 10 years' time," says another marine biologist. But by then, another 25 million tons of plastic will already be in the ocean.

Solution

Scientists are working to find a solution by making safe plastic. But at the same time, here are some ways to ⑤(r-　　) and recycle plastic waste

1. Quit using plastic bags. Instead, take your own shopping bag to the store. People use a *trillion plastic bags all over the world every year. About 10 percent are used in the United States alone. That means all Americans use one bag every day. The average people in Denmark use four single-use bags per year. In 1993, Denmark was the first country to *tax plastic bags. Today, other countries either make customers pay for plastic bags or have banned them completely.

2. Skip the straw. Today, around 8.3 billion plastic straws make the world's beaches dirty. So when you order a drink, say "no" to the straw, or bring your own reusable one. In 2018, Seattle became the first major U.S. city to ban plastic straws, and many other cities are following its example.

3. Don't use plastic bottles. Buy a reusable bottle and fill it with any type of drinks you like. Some cities, like *Bundanoon in Australia and San Francisco in the U.S., have completely or in part banned bottled water.

4. Avoid plastic packaging. Buy bar soap instead of liquid soap in plastic boxes or bottles. Don't buy fruit or vegetables in plastic packaging. In England, leaders are calling for supermarkets to have plastic-free areas. They also want to tax plastic take-out containers.

5. Recycle. We can't recycle all plastic items, but it is possible to recycle most plastic bottles and milk or juice bottles made of paper. Today, Norway recycles 97 percent of its plastic bottles. How ? Machines at most supermarkets take the bottles and give small coins back for them.

（注釈） Costa Rica　コスタリカ（太平洋に面した中央アメリカ南部の国）
marine biologist　海洋生物学者　　trillion　兆　　tax　課税する
Bundanoon　バンダヌーン（オーストラリアのニューサウスウェールズ州にある町）

1．下線部①の理由として最も適切なものを，次から１つ選び，記号で答えなさい。

(あ) The turtle couldn't find food, so it was very hungry.
(い) The turtle was caught in a fishing net by accident.
(う) The turtle ate plastic products by accident.
(え) The plastic product was stuck in its nose.

2．本文の内容に合うように，(②)に当てはまる最も適切な語を，次から１つ選び，記号で答えなさい。

(あ) food　　(い) garbage
(う) plastic　　(え) soap

3．本文の内容に合うように，(③)に当てはまる最も適切な1語を本文中から探し，答えなさい。

4．本文の内容に合うように，(④)に当てはまる最も適切な1語を答えなさい。

5．本文の内容に合うように，(⑤)に当てはまる最も適切な1語を答えなさい。ただし，指定されている頭文字で書き始めること。

6．本文の内容に合うように，次の(A)～(E)に入るものを，下の(あ)～(お)から，それぞれ1つずつ選び，記号で答えなさい。

- (A) made it impossible or harder to buy bottled water.
- In 2018, (B) stopped using plastic straws any more.
- (C) is the first country to make the rule of paying for plastic shopping bags.
- (D) asks supermarkets to make a plastic-free section. In this area, no plastic packaging is allowed.
- In (E), almost all of its plastic bottles are recycled.

(あ) Bundanoon and San Francisco
(い) England
(う) Seattle
(え) Norway
(お) Denmark

7．本文の内容と一致するものを，次から1つ選び，記号で答えなさい。

(あ) Scientists clearly understand how plastic will influence sea creatures in the long run.
(い) In the end, the turtle on YouTube died of a plastic straw stuck in its nose.
(う) Only a few people have watched the video of rescuing the turtle on YouTube so far.
(え) Single-use plastics are not related to the pollution of the ocean.
(お) The plastic waste in the sea hurts many animals and can kill them sometimes.

IV 指示に従って以下の設問に答えなさい。

1．次の各組の(　)に入る同じつづりの英語1語を書きなさい。

(a) February is the (　　) month of the year.
I'll be ready in a (　　).

(b) I always kick the ball with my (　　) foot.
The train (　　) for Dallas last night.

2．それぞれの英文の意味が通じるように，(　)に入る最も適切な英語1語を書きなさい。ただし，指定されている頭文字で書き始めること。

(a) I (f-　　) the address so I must look in my address book.

(b) Please don't speak so (q-　　). I can't follow you.

(c) Vegetables, beans, milk, yogurt, and cheese are (h-　　) foods.

3．次の各組の2つの英文がほぼ同じ意味になるように，(　)に入る最も適切な英語1語を書きなさい。

(a) This question is not as easy as that one.
This question is (　　)(　　)(　　) that one.

(b) I said to my brother, "Don't touch my smartphone."
I told my brother (　　)(　　)(　　) my smartphone.

V 指示に従って以下の設問に答えなさい。

1．次の各組の2つの英文がほぼ同じ意味になるように，(　)に入る最も適切な英語1語を書きなさい。

(a) Nana became happy when she heard Ken's words.
Ken's words (　　) Nana (　　).

(b) Kanako went to bed. She didn't eat dinner.
Kanako went to bed (　　) (　　) dinner.

(c) Who broke the windows ?
Who (　　) the windows (　　) (　　) ?

2．与えられた語(句)を並べかえて意味の通る英文を完成させ，3番目と6番目に来る語(句)の記号を答えなさい。なお，文頭に来る語(句)も小文字で示されています。

(a) [(あ) anything　(い) is　(う) this car　(え) there　(お) with　(か) wrong] ?

(b) [(あ) have　(い) how　(う) I　(え) idea　(お) he　(か) here　(き) no　(く) came].

3．以下の日本語の意味を表す英文を書きなさい。ただし，それぞれの指示に従うこと。

(a) どうしてあの男の子は犬を怖がるのだろう。[I で始め，afraid を用いて]

(b) 先週からずっと学校を休んでいる友達がいます。[I で始め，who を用いて]

＜リスニング問題放送原稿＞

(A)

1．W：Are you done ? You didn't eat much.
M：I can't eat any more, Mom.
W：Did you eat something before dinner ?
M：No. My stomach hurts.
W：Do you need to see the doctor ?
M：No, I'll take some medicine and go to bed.

2．M：Hello. Dr. Smith's office.
W：Hello. I left my jacket on a chair in the waiting room.
M：When did you visit us ?
W：Yesterday morning. My jacket is green.
M：I can't find it anywhere.
W：Could I come and check myself tomorrow ?

3．M：One ticket for the 10 o'clock show, please.
W：That will be $13.
M：Is there a student discount ?
W：$8 with a student ID ?
M：May I pay in cash ?
W：Sorry, we only accept credit cards.

4．W：Dad, are we going to Sapporo this winter again ?
M：Yes, your grandfather is looking forward to seeing us.
W：When are we leaving ?
M：On February 10 and we'll stay there for a week.

W : Can I enjoy winter sports there ?

M : Of course, you can.

5 . M : Let's make prices and pack the boxes with things we need for the flea market.

W : OK. I've already put price tags from one to six dollars.

M : Good. That will be easier for the buyers.

W : How much for these used clothes ?

M : Let's put those in the dollar box, and the used books in the three-dollar one.

W : I think the books should be four dollars.

M : All right. Let's put these watches in the five-dollar one.

W : Hmm. What could we sell for two and three dollars ?

M : How about the boxes of candy for two, and the shoes for three.

W : OK. That leaves the jewelry to put in the six-dollar box.

(B)

1 . The theater is near here. Turn right at the corner, and <u>it's on your right</u>.

2 . Can I change my order ? <u>I'll have a chicken salad</u>.

【数　学】（50分）〈満点：100点〉

注意　1．定規，コンパス，ものさしおよび分度器は使わないこと。

2．電卓・時計・携帯電話等についている計算機能は使わないこと。

3．必要ならば，円周率はπを用いること。

4．答えは分母に根号を含まない形で答えること。

Ⅰ　次の各問に答えなさい。

問１．$(x+2y+1)^2+(x+2y)-11$ を因数分解しなさい。

問２．連立方程式 $\begin{cases} 0.4x+\dfrac{1}{10}y=-\dfrac{1}{2} \\ 2x+3y=5 \end{cases}$ を解きなさい。

問３．２次方程式 $(2x+3)^2=(3x-8)^2$ を解きなさい。

問４．$a=\sqrt{2}$，$b=\sqrt{3}$ のとき，次の式の値を求めなさい。（途中式も書くこと）

$$b\times\sqrt{\frac{2}{3}a^3}\div\sqrt{3ab}\times\sqrt{b^3}$$

Ⅱ　次の各問に答えなさい。

問１．１次関数 $y=-4x+b$ において x の変域が $4\leqq x\leqq b$ のとき，y の変域が $-3b\leqq y\leqq -1$ であるという。b の値を求めなさい。

問２．不等式 $\dfrac{1}{\sqrt{n+1}}>\dfrac{1}{7}$ を満たす正の整数 n のうち，最も大きいものを答えなさい。

問３．１，２，３，４の４個の数を並べて，４けたの整数を作るとき，2143より大きい整数は何通りあるか，求めなさい。

問４．100人の生徒に対して，野球とサッカーのどちらが好きかを調査したところ，野球が好きな生徒は60人，サッカーが好きな生徒は50人であった。このとき「野球もサッカーもどちらも好き」と回答した生徒の人数は何人以上何人以下と考えられるか，答えなさい。

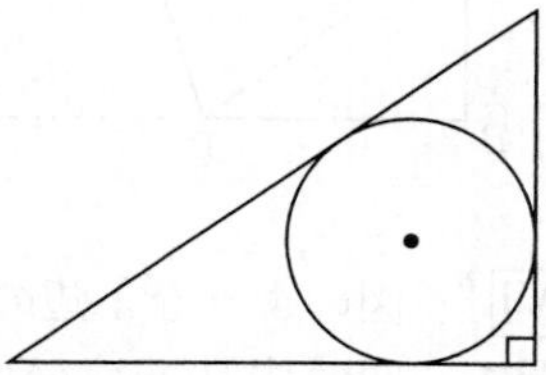

問５．直角三角形の３辺の長さの和が36cmで，すべての辺に接する円の半径が３cmであるとき，この直角三角形の斜辺の長さを求めなさい。

Ⅲ　図のように同じ大きさの４つの立方体からなる立体図形について，頂点Aから出発して立方体の辺の上を通り，最短距離で他の頂点に行く経路を考える。次の各問に答えなさい。

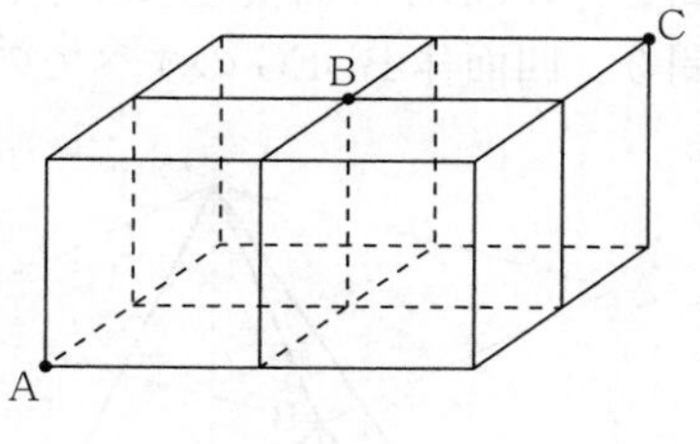

問１．頂点Aから頂点Bを通って頂点Cに行く経路は何通りあるか，求めなさい。

問２．頂点Aから頂点Cに行く経路は全部で何通りあるか，求めなさい。

Ⅳ　図のように放物線 $y=x^2$ のグラフ上に点 A(3, 9)をとる。直線 OA に平行な直線で点 B(−1, 1)を通る直線と，$y=x^2$ のグラフとの交点のうち B でないものを C とする。直線 BC と y 軸との交点を D とする。次の各問に答えなさい。

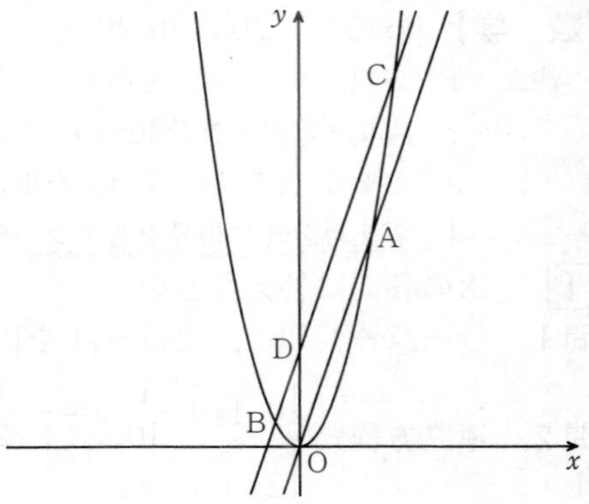

問１．点 C の座標を求めなさい。

問２．点 D から直線 OA に垂線を引き，直線 OA との交点を H とする。このとき，線分 DH の長さを求めなさい。

Ⅴ　図は，１辺の長さが 9 cm の正方形 ABCD を頂点 C が辺 AB 上の点 E に重なるように折り返したもので，PQ は折り目の線である。BE＝3 cm であるとき，次の各問に答えなさい。

問１．線分 PC の長さを求めなさい。

問２．線分 AG の長さを求めなさい。

問３．四角形 FEPQ の面積を求めなさい。考え方も書くこと。

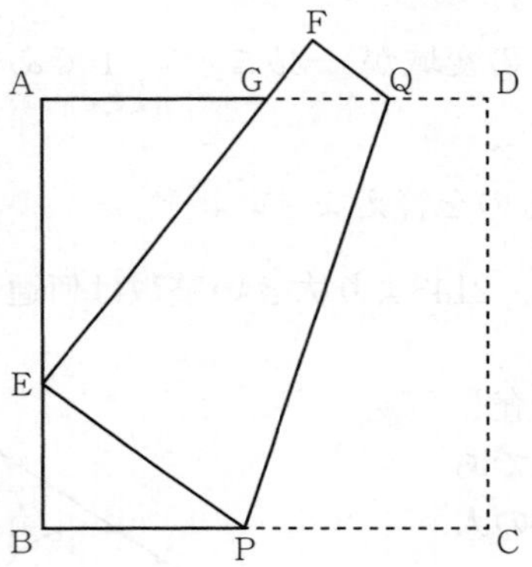

Ⅵ　図のような１辺の長さが 6 cm の立方体 ABCD−EFGH がある。次の各問に答えなさい。

問１．四面体 BDEG の体積を求めなさい。

問２．△BDE の面積を求めなさい。

問３．四面体 BDEG のすべての面に接する球の半径を求めなさい。

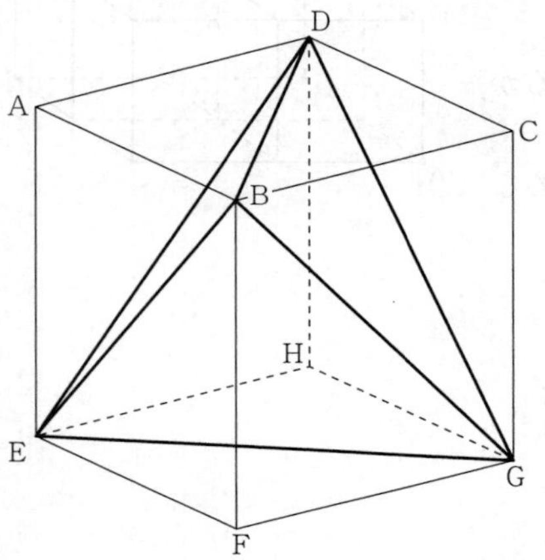

ウ、人のことを見抜く力のあるアネゴは、自分の弱点にやはり気づいてくれたのだと安堵《ど》する思い。

エ、人を見る目のあるアネゴは、やはり自分のピッチングのことをよく知っていてくれたのだという思い。

オ、ソフトボールをやめようとしている自分にはエースが務まらない、ということを理解してくれたのだという思い。

問五　傍線部④「だけどエースにはなれない」とあるが、なぜ「アネゴ」は「私」をエースとして認めなかったのか。「私」にエースとして足りなかったと考えられるものを、傍線部以降の本文中より三字以内で抜き出して答えよ。

問六　傍線部⑤「当然だと私自身がそう思っていた」とあるが、なぜ「私」はそう思ったのか。そのように考える要因として「私」が思い当たる内容を含む、最も適切な一文を本文中より探し、その文の最初の五字を抜き出して答えよ。

問七　傍線部⑥「あんたがやっているのは、ピッチングであって、ゲームじゃないんだよ」とあるが、なぜそのように「アネゴ」は「私」に言ったのか。その理由の説明として最も適切なものを次から選び、記号で答えよ。

ア、私がやっているのはピッチャーという最も注目されるポジションであり、バッターと真剣勝負を演出する重要な役割を担うため、いい加減に取り組まれては困るから。

イ、私がやっているのはピッチングだけを無難に取り組もうとしているだけで、エースが果たす役割としてチーム全体の様子を見渡すということが全くできていないから。

ウ、私がやっているのはピッチャーとしてボールを投げる役割を楽しんでいるだけで、チームが勝つためにエースとしてあるべきピッチングをしようと考えていないから。

エ、私がやっているのはピッチングという仕事だけであって、その役割が終われば何もすることがなくなるため、私一人だけでは何もできないことを自覚して欲しいから。

オ、私がやっているのはピッチャーとしてバッターと真剣勝負するような「試合」であり、バッターがボールを飛ばすために見せる真剣な眼差しを鑑賞するのが目的だから。

問八　傍線部⑦「今でも私の部屋の片隅に転がっている」とあるが、そこから「私」のどのような心情を読み取ることができるか。その説明として最も適切なものを次から選び、記号で答えよ。

ア、またソフトボールを再開するときに向け、アネゴの「ソフトボール、続けなよ」という言葉を励みにしている。

イ、アネゴからの厳しい指導を自分への戒めとして忘れないために、そのときにもらったボールを大事にしている。

ウ、アネゴからエースになれないと断言された悔しさを忘れないために、あえて部屋の中にボールを転がしている。

エ、私のエースへの固執を絶ち切ってくれた証として、アネゴの言葉と共にもらったそのボールを大切にしている。

オ、信頼するアネゴからの想いのこもった言葉を大事にするように、そのときにもらったボールを大切にしている。

問九　空欄 Z に共通して入る最も適切な語を次から選び、記号で答えよ。

ア、物語　イ、ソフトボール　ウ、結果
エ、ゲーム　オ、勝負

の責任ではない。仮にミットに届いたとして、それはボールと判定されるのかもしれない。それもたぶん、私の責任ではない。ボールは、ボール自身の意思でミット目がけて飛んでいく。私はそれを送り出してやるだけだ。打たれるべきボールが打たれるわけではない。ときに打者は、どうして手を出すのかとこちらが戸惑うくらいのボールに、バットを伸ばしてくる。ぐっと奥歯を噛《か》み、真剣な光る眼《まな》差《ざ》しでボールを見つめるその一瞬の打者の表情に私ははっとする。バットが確かにボールをとらえたとき、胸の中で思わず喝采を上げたことも一度や二度ではない。私の遥《はる》か頭上へ飛んでいくボールを振り返り、行けえと声援を送るピッチャーは、たぶん、エースになんてなれない。なるべきでもない。

　私にとってソフトボールの主役は、ピッチャーでもバッターでも野手でもなく、ボールそのものだ。あるボールはアウトという[Z]を作り、あるボールはホームランという[Z]を作る。ときに喝采を浴びる[Z]が生まれ、ときに何事もなかったように忘れ去られる[Z]がある。

（本多孝好『エースナンバー』より）

問一　傍線部①「彼女はそういう人だった」とあるが、本文全体を通じた「彼女」の人柄を説明したものとして**適切でないものを一つ**次から選び、記号で答えよ。

ア、周囲の人を牛耳ることでまとめる人
イ、人の相談事を豪快に笑い飛ばせる人
ウ、周囲の人びとから信頼されている人
エ、体格の良いソフトボール部のエース
オ、キャプテンを務め周囲を良く見る人

問二　空欄[X]・[Y]に入る語として最も適切なものを、それぞれあとから選び、記号で答えよ。

空欄[X]
ア、ときめいた　イ、歯がゆく思った
ウ、胸をなで下ろした　エ、不快を覚えた
オ、面食らった

空欄[Y]
ア、誰の耳もはばかる風もなく
イ、人目を避けるように
ウ、思わせぶった様子で
エ、わざと教室中に聞かせるように
オ、にっこりとほほ笑んで

問三　傍線部②「引継ぎじゃない」とあるが、なぜ「アネゴ」は「私」を呼び出したのか。その理由の説明として最も適切なものを次から選び、記号で答えよ。

ア、エースとしてふさわしい力量を持つ私にエースナンバーを譲らないことを、私に十分に納得して欲しいと考えたから。
イ、エースとしてふさわしい力量を持つ私にエースナンバーを譲らないことを告げることで、選手としてもっと精進して欲しいと考えたから。
ウ、ピッチャーとして充分な力量を持つ私にエースナンバーを譲らないことにより、私にソフトボールをやめて欲しくないと考えたから。
エ、ピッチャーとして充分な力量を持つ私にエースナンバーを譲らないことで、私にエースとしての資質がないことを指摘したいと考えたから。
オ、エースとして充分な力量を持つ私にエースナンバーを譲らないことを私に伝え、これからは一部員としての自覚を持って欲しいと考えたから。

問四　傍線部③「ほっとしました」とあるが、このときの「私」の思いの説明として最も適切なものを次から選び、記号で答えよ。

ア、エースナンバーを絶対に引継ぎたくないという自分の希望に、アネゴが応えてくれたという思い。
イ、もしかしたらエースナンバーの引継ぎか、と期待をしていた自分の動揺を隠そうという思い。

「森野、やったね。あれ、引継ぎでしょう?」

三月。卒業を前にした三年生は、自分の背番号を受け継ぐ人を個々に呼び出し、直接手渡す。それがソフトボール部の慣例だった。二年生の三人のピッチャーのうち、アネゴが持つエースナンバーを誰が受け継ぐのか、部ではちょっとした話題になっていた。三人のうちの一人は確かに私だった。けれど、私にそのつもりはなかった。そんなはずはないだろうとも思っていた。一見、豪快さばかりが目を引くアネゴだが、ただその豪快さだけでキャプテンを務めていたわけではない。人を見る目は確かなはずだった。

私は戸惑いながらも、放課後、グラウンドに向かった。ホームベースの向こうにある塀に制服姿のアネゴは寄りかかって座っていた。アネゴに制服は似合わなかった。ユニフォーム姿の方がずっとよかった。私はアネゴの隣に腰を下ろした。

「制服」とアネゴは言った。「汚れるよ」

「先輩はもう汚れてます」と私は言った。

「私はいいんだよ。もうたいして着る機会もないから」

「ああ」と私は頷《うなず》いた。「そうでしたね」

これから先の高校生活にこの人がいなくなる。そう思うと、改めて寂しさが湧いた。そんな思いを持てる先輩は、彼女だけだった。

私たちはしばらく何も言わず、グラウンドを眺めていた。アネゴはボールを軽く上に放り投げては受け取る仕草を繰り返していた。

「②引継ぎじゃない」

何度目かにボールを受け止めて、アネゴは言った。

「期待させたんだったら悪いけど」

「期待してないです」と私は言った。「③ほっとしました」

アネゴは私をちらりと見てアハハと笑い、それからなぜか、うん、うんと頷いた。

「球は速い。コントロールだって悪くない。今の二年では、森野が一番いいピッチャーだ。④だけどエースにはなれない」

アネゴは少し大きくボールを上に放り投げた。

「森野のピッチング、私は好きだよ」

落ちてきたボールを受け止めて、彼女はそう言った。

「でも、私の番号は森野には渡せない」

どうして、とは尋ねなかった。⑤当然だと私自身がそう思っていた。

「あんたもいらないだろう?」

私は頷いた。

「どんな番号だっていらないです」

私がそう言うと、アネゴは豪快に笑った。

「わかってる。⑥あんたがやっているのは、ピッチングであって、ゲームじゃないんだよ。でも」

アネゴは繰り返した。

「森野のピッチング、私は好きだよ。伸び伸びとしてて、小気味いい」

そこでアネゴは一つ大きく伸びをした。

「ソフトボール、続けなよ」

背番号はくれなかった。先輩はボールを一つ、私にくれた。

高校の卒業証書などどこにしまったかも忘れてしまった。けれどそのときアネゴからもらったボールは、時々に場所を変えながら、⑦今でも私の部屋の片隅に転がっている。

ピッチャーズサークル。プレートを中心にした半径二メートル半足らずのその場所が私は好きだった。手のひらにあまる大きなボールを視線の先にあるミットに届ける。ピッチャーのやる仕事はそれだけだ。他のことはすべてなくなる。

ピッチングとはバッターとの勝負だという。

高校の三年間、ボールを投げ続け、その感覚は最後まで理解できなかった。

指先に強い感触を残して飛んでいくボールは、途中でバットに遮られるかもしれない。遮られないかもしれない。それはたぶん、私ウ、ひとつの言語によって論理的な事柄から男女間のこまやかな感情までが語られるようになり、言語が世俗化すること。
エ、ひとつの言語によって、日常生活の意思疎通にとどまらず、高度で知的な思考や表現までもが可能になること。

問五　傍線部④「先人」とあるが、この言葉をより具体的に表した表現を、本文中より五字以上十字以内で抜き出して答えよ。

問六　傍線部⑤「日本語には、このような褒め言葉が非常に少ない」とあるが、それはなぜだと筆者は考えているか。その説明として最も適切なものを次から選び、記号で答えよ。
ア、日本の近代化は性急に進められたため、十分に「対話」の言葉を育てられなかったから。
イ、明治維新によって身分制度が廃止され、平等で公平な人間関係が達成されたから。
ウ、明治維新後の日本においては、相手を認め敬うための褒め言葉が排斥されたから。
エ、近代化の過程において、日本は相手を尊重する褒め言葉を、外国語に頼ることで済ませてきたから。

問七　空欄 X ・ Y に入る語として最も適切なものを、それぞれ次から選び、記号で答えよ。
ア、環境　イ、言葉　ウ、歴史
エ、法律　オ、関係

問八　傍線部⑥「タイムラグ」とあるが、ここではどのような意味で示されているか。それがわかる箇所を本文中より十五字以上二十字以内で抜き出して答えよ。ただし、句読点等も字数に含むものとする。

問九　空欄 Z に入る適切な表現を、本文中より五字で抜き出して答えよ。

問十　波線部「ボキャブラリーがないのは、そう言っている私も含めたオヤジたちの方なのだ」とあるが、筆者はなぜそう言えると考えているか。「かわいい」という語がどのような役割を果たしているのかを含めて、六十字以上八十字以内で説明せよ。ただし、句読点等も字数に含むものとする。

三

次の文章を読んであとの各問に答えよ。

アネゴ。
彼女のことを思い起こすとき、真っ先に浮かぶのは、夕方のグラウンドの風景だ。
そのとき私は高校二年生で、もうじき三年生になろうとしていた。私の隣には高校三年生で、来月から社会人になる先輩がいた。浅い春の陽射《ひざ》しが傾いたグラウンドで、私たちはホームベースを前にしたコンクリートの塀に寄りかかるように座っていた。レフト側からの夕陽に照らされた彼女の横顔を覚えている。結城雛乃《ゆうきひなの》。それが彼女の名前だった。けれど高校時代、私はその可憐《かれん》な名前をほとんど耳にしたことがない。アネゴ、と誰もが彼女をそう呼んだ。一見、外国人を思わせるような造作の大きな顔立ち。並の男ではかなわないくらいの背丈と肩幅。その外見だけでなく、そう呼ばれるだけの度量が彼女にはあった。誰もが彼女に相談事を持ち込み、彼女はどんな相談事もがははと豪快に笑い飛ばした。正確な洞察も、繊細なアドバイスもない。彼女はただすべてを豪快に笑い飛ばし、彼女に笑い飛ばされると、自分の抱える悩みなど何でもないことのように思えた。①彼女はそういう人だった。
アネゴからの呼び出しがかかったとき、私は少なからず X 。
「放課後、ちょっと付き合え」
終業式を間近に控えたその日の昼休み、私のクラスに足を運んだアネゴは、教室のドアのところから、 Y そう言った。
「グラウンドで待ってる」
それだけ言うと、アネゴはさっさといなくなってしまった。同じソフトボール部にいる川崎奈美《かわさきなみ》が近づいてきて、私のわき腹をつついた。

ラブレターを書いたりできるようになったのは、すなわち近代日本語というものがかろうじて確立したのは、おおよそ一九一〇年前後、明治も終わりを告げた頃だろう。ここにも、五〇年近い⑥タイムラグが生じている。

　新しい時代の、新しい女性の話し言葉は、いま、確実に過渡期にある。もちろん、言語は常に変化していくものだから、どんな時代でも「過渡期」と名づけてしまえばそれまでなのだが、それが、どこからどこへ向かっての変化なのかを意識することには、多少なりとも意味がある。この点に関して言えば、現代社会は、ジェンダーや年齢といった区別なく、[Z]で「対話」を行うための言葉を生成していく「過渡期」だと言っていいだろう。

　ただし、人間は、言語については、常にとてつもなく保守的であり、自己中心的である。人はみな、自分の喋《しゃべ》っている言葉を正しいと思うし、普遍的だと信じてさえいる。しかも、社会の中核にいる人びとほど、その意識は強くなる。

　また言語は、合理性だけで変化するわけではなく、美の観点もつきまとう。だから、これを急速に変化させようとすると衝突が起こるし、その変化を人為的に起こそうとするのは危険なことでもある。

　たとえば差別語の撤廃は、人為的にどうしても進めていかなければならないが、これに過度に神経質になると言葉狩りのようになって言語としての調和を失ったり、あるいは新たな差別を生み出してしまったりもする。

　このように言葉の変化はとてもやっかいだが、しかし、言語的弱者の立場を考えれば、変革をためらうことも罪悪であろう。

　私たちは、確実に、歩みを前に進めていかなければならない。

（平田オリザ『わかりあえないことから ――コミュニケーション能力とは何か』より）

[注]　※　パスカル…ブレーズ・パスカル(1623～1662)。フランスの数学者、物理学者、哲学者。

問一　傍線部①「ノホホンとしている」とあるが、ここではどういう意味で用いられているか。その説明として最も適切なものを次から選び、記号で答えよ。

ア、何も知らずにのんきにしている

イ、意味が分からず呆然《ぼうぜん》としている

ウ、多くの利益を得ている

エ、すべき努力から逃げている

問二　二重空欄[a]～[d]のうちの三つには同じ語が入るが、一つだけ異なる語が入る。その異なる語が入る二重空欄の記号を答えよ。

問三　傍線部②「こういった環境では、なかなか民主主義は育たない」とあるが、その理由を説明したものとして最も適切なものを次から選び、記号で答えよ。

ア、フランス語は論理的思考がしにくい構造と歴史を持つために、モロッコの国民が民主主義について議論し合えないという欠点をもたらすから。

イ、フランス語の習得ができる者と、そうでない者に分かれてしまう環境では、幅広い階層で共通の議論を必要とする民主主義は育ちにくいから。

ウ、フランス語の習得ができる者は、支配的な社会階層にとどまり続けるが、そうでない者は被支配的な社会階層に固定化されて対立をするから。

エ、フランス語だけを用いていれば民主主義は育つ一方、モロッコの自然言語は政治や哲学を語るのにふさわしくない言語と見なされているから。

問四　傍線部③「言語の近代化」とあるが、これはどういうことか。その説明として最も適切なものを次から選び、記号で答えよ。

ア、ひとつの言語が人間の恋愛から軍隊、学問に至るまで幅広い領域に用いられ、国家の均質化が完成すること。

イ、ひとつの言語が政治や学問などの知的操作を支える語として生み出され、近代国家の公用語として用いられること。

連隊を動かし、ラブレターを書き、裁判を起こし、大学の授業ができるように、その「国語」を育てていく。近代日本語もその埒外《らちがい》ではなかった。

ただ、日本語は、英語やフランス語が一五〇年から二〇〇年かけて行った、この③言語の近代化を、たった三〇年ほどでほぼ完成してしまった。その④先人の努力に私は深く頭を垂れるが、[c]、その性急な過程では、当然積み残してきてしまったものがあるだろう。

その大きな積み残しの一つが、「対話」の言葉ではなかったかと私は考えてきた。

[d]一般によく言われることだが、日本語には対等な関係で褒める語彙が極端に少ない。上に向かって尊敬の念を示すか、下に向かって褒めてつかわすような言葉は豊富にあっても、対等な関係の褒め言葉があまり見つからないのだ。

欧米の言語ならば、この手の言葉には、まさに枚挙にいとまがない。「wonderful」「marvelous」「amazing」「great」「lovely」「splendid」……。

しかし⑤日本語には、このような褒め言葉が非常に少ない。そこでたとえば、スポーツの世界などで相手を褒めようとすると外来語に頼らざるをえなくなる。「ナイス・ショット」「ナイス・ピッチ」「ドンマイ」……。

だが、ここに一つだけ、現代日本語にも、非常に汎用性の高い褒め言葉がある。

「かわいい」

これはとにかく、何にでも使える。

よく中高年の男性が、

「いまどきの子は、なんでも『かわいい』『かわいい』で、ボキャブラリーがないなぁ」

とおっしゃっているのを見かけるが、ボキャブラリーがないのは、そう言っている私も含めたオヤジたちの方なのだ。

「対等な関係における褒め言葉」という日本語の欠落を「かわいい」は、一手に引き受けて補っていると言ってもいい。

他にも、「対話」の言葉が作られてこなかったために、近代日本語に欠落している要素は、いくつもある。

たとえば、いまは女性の上司―男性の部下という関係は珍しくなくなったが、女性の上司が男性の部下に命令するきちんとした日本語というのは、いまだ定着していない。

女性が管理職に就くと、その地位に慣れるまで、昔ならば「男勝り」と言われたような周囲がきつく感じてしまう言葉遣いか、あるいは過度に丁寧な言葉遣いになってしまう傾向がある。慣れてしまえば、そう問題にならないのだが、初めのうちはぎこちない雰囲気が職場に生まれてしまう。

他にも、病院などで、中高年の男性が入院した際に、若い女性の看護師さんから子ども扱いされたと言って怒り出すケースもあるそうだ。

だがこれは、若い看護師さんの責任ではないと私は思う。

日本語の二〇〇〇年あまりの歴史の中で、女性が男性に命令をしたり指示したりする関係は、母親が子どもに指示する関係以外にはなかった。

[X]がなければ[Y]は生まれない。

法律一つで、社会は大きく変わっていく。男女雇用機会均等法ができて二十数年、諸外国に比べればまだまだ劣っているとはいえ、日本の女性の社会進出は随分と進んできた。しかし、言葉は、社会の変化に追いつかないという宿命を常に背負っている。そこには必ず、タイムラグが生じる。

一八六八年、明治維新が起こって封建制が崩れ、四民平等、努力すれば出世できる、身分を越えた恋愛や結婚も可能になる社会が実現した。しかし、先に示したように、一つの言葉で政治を語ったり、

二〇二一年度 法政大学第二高等学校

【国語】（五〇分）〈満点：一〇〇点〉

一 次の各問に答えよ。

問一 次の①～④の語の「対義語」を正確に漢字二字で答えよ。

① 生産　② 過激　③ 単純　④ 厳格

問二 次の①～③のそれぞれの組の傍線部の語の中から、一つだけ意味・用法が異なるものを選び、記号で答えよ。

① ア、幼い頃の光景が思い起こされる。
イ、記念式典には市長も参列される。
ウ、故郷の祖母のことがしのばれる。

② ア、聞くところによるとあの男が犯人のようだ。
イ、波一つ立たない海は、さながら鏡のようだ。
ウ、表彰台に立つ彼の笑顔は輝く太陽のようだ。

③ ア、朝早く出発すれば、夜には着くだろう。
イ、問題文を読んで考えれば、答えは出る。
ウ、朝からひどい風も吹けば、大雨も降る。

問三 次の①～③の慣用句の空欄に入る適切な語を漢字一字で答えよ。

① 【　】にする…冷たくして相手にしない
② 【　】をのむ…くやしさをこらえる
③ 【　】を巻く…非常に驚き感心する

二 次の文章を読んであとの各問に答えよ。（なお、出題の都合上、本文を省略した箇所がある）

私たちは、いま話されている話し言葉一般を、空気のように自明のものとして使っているが、その多くは、先人によって作られた言葉だということを忘れてはならない。

先に示した様々な話し言葉のカテゴリー、「演説」「スピーチ」「教授」「対論」などはいずれも、明治の人びとが、血のにじむような努力で作り出した言葉だ。

旧帝国大学は、最初の一〇年、ほとんどの授業は、英語か、あるいはドイツ語、フランス語で行われていた。ただ、しかしここが日本人のすごいところで、たった一〇年から二〇年で、多くの授業を教科書も含めて日本語で行えるようにしてしまった。いま、大学生たちは、当たり前のように日本語で授業を受けて①ノホホンとしているけれど、これは先人の努力のたまものである。

多くの途上国では、いまも高等教育の授業は、英語か、あるいは旧宗主国の言語で行われている。[a]モロッコという国はワールドカップの開催国に立候補するほどの立派な中進国だが、中学校以上の授業は基本的にフランス語で行われていると聞く。②こういった環境では、なかなか民主主義は育たない。言語の習得が、社会的な階層を、そのまま決定づけてしまうから。

論理的な事柄を自国語で話せるようにするのには、ある種の知的操作や、それを支える語彙が必要で、自然言語のままでできるものではない。これは別にアジア、アフリカの言語だけに限った事柄でもない。[b]、※パスカルの書簡だったかと思うが、「これから先はちょっと込み入った話になるのでラテン語で書きます」といった文章が残っているそうだ。一七世紀、まだフランス語では、哲学を語ることはできなかった。

およそ、どの近代国家も、国民国家を作る過程で、言語を統一し、ただ統一するだけではなく、一つの言葉で政治を語り、哲学を語り、

英語解答

I
(A)
1 (1)…(い) (2)…(え)
2 (1)…(え) (2)…(う)
3 (1)…(う) (2)…(あ)
4 (1)…(い) (2)…(い)
5 (1)…(え) (2)…(う)
(B)
1 it's on your right.
2 I'll have a chicken salad.

II
1 始まりの段落…6
終わりの段落…11
2 get away　3 (い)　4 (い)
5 (え)　6 A 人間 B 犬
7 (い)

III
1 (え)　2 (あ)　3 strong
4 once　5 reduce
6 A…(あ) B…(う) C…(お) D…(い)
E…(え)
7 (お)

IV
1 (a) second (b) left
2 (a) forgot (b) quickly
(c) healthy
3 (a) more difficult than
(b) not to touch

V
1 (a) made, happy
(b) without eating
(c) were, broken by
2 (a) ３番目…(あ) ６番目…(う)
(b) ３番目…(き) ６番目…(お)
3 (a) I wonder why that boy is afraid of dogs.
(b) I have a friend who has been absent from school since last week.

I〔放送問題〕解説省略

II〔長文読解総合―説明文〕

≪全訳≫❶かつてイタリアにポンペイという町があった。町の近くには，ベスビオス山という山があった。その山はぶどうを栽培し羊を育てるのに適した場所だった。穏やかに見えたが，その山は本当に危険な火山だった。眠っている巨人のようであった。人々はその危険について知っていただろうか。いや，知らなかったのだ。❷その日はいつものように始まった。太陽が昇った。人々は売り物を持ってポンペイに来始めた。荷車は狭い門を通って町に入った。通りの騒がしい荷車は，家の人々を目覚めさせた。最も大きい家の１つに住んでいた家族は，すぐに忙しくなった。母親は神像のそばへお祈りに出かけた。父親は服を着始めた。子どもたちは遊んでいた。彼らは夏であることを喜んでいた。家中の誰も，何か恐ろしいことが起こるとは知らなかった。❸朝食の後，子どもたちは外に出た。人々は店の中で働いていた。通りにいる誰も，何か恐ろしいことが起こるとは知らなかった。❹昼近くには，多くの男性が浴場にいた。ボール遊びをしている男性もいた。お風呂に入っている男性もいた。大きな家の父親もそこにいた。浴場にいる誰も，何か恐ろしいことが起こるとは知らなかった。❺正午までには，町の集会所は人でいっぱいになった。買う物を探している者もいた。友人と話している者もいた。大きな家の母親もそこにいた。彼女は礼拝所で祈っていた。町の集会所にいる誰も，何か恐ろしいことが起こるとは知らなかった。❻突然，地面が揺れ始めた。ポンペイの全ての家が揺れ始めた。巨人が目を覚まし出したのだ。ベスビオス山の頂上が吹き飛んだ。ほこりと灰の巨大な雲がどっと出てきた。誰もが悲鳴をあげ始めた。人々は巨大な雲を見ようと家から出てきた。店の人たちは店から出てきた。雲はどんどん大きくなっていった。❼雲が太陽を隠した。暗かった。小さな熱い石がポンペイの人々の上に落ち始めた。頭を覆うために枕を見つける者もいた。家の中に隠れる者もいた。みんな走って，押して，叫んでいた。中には逃げようと町の門に向かって走る者もいた。宝石や金貨を守るために家に戻る者もいた。数人は，祈るために礼拝所へ向かった。神は彼らを救えたのだろうか。❽昼は夜のように暗くなった。

悪臭が空気中に満ちていた。人々は海に向かって走った。数人は道を照らすためにたいまつを持っていた。海は荒れていた。大きな波が海岸に打ち寄せ続けた。大きな家の家族はボートに乗ることができた。彼らはポンペイから逃げることができたのだ。❾ポンペイに石が落ちてきたとき，多くの人は逃げることができなかった。彼らは石の下に捕らえられてしまった。その後，火山から熱い灰が出始めて人々の上に落ちた。灰は髪を焼き焦がすほど熱かった。通りの人々は身を守ろうとした。彼らは道の隅や壁の後ろに隠れた。手や服で顔を覆った。しかし，灰はますます厚くなっていった。彼らは動くことも呼吸することもできなかった。灰の下に捕らえられてしまったのだ。❿灰は降り続け，道を埋め尽くし，家々に流れ込んだ。灰は家の中の人々が動けないほど高くなった。しかしベスビオス山はこれで終わらなかった。今度は，山から有毒ガスの巨大雲が出てきてポンペイを覆った。熱い灰とガスの大きな川が山の側面を下り，町の壁のまさに上へと流れた。ポンペイの誰もが助からなかった。⓫灰は２日間ポンペイに降り落ちた。それが終わると，巨大雲は消え，灰は冷えて硬くなった。建物の頂上だけが灰の上に姿を見せていた。町全体が生き埋めになったのだ。全てが灰に覆われていた。⓬入り江の向こうで，ある少年が立って見ていた。彼の名前は小プリニウスだった。後に彼は，熱い灰や石，荒れた海についての話をさらに聞いた。小プリニウスはその日のことを忘れたことがあっただろうか。いや，なかった。⓭小プリニウスは成長して作家になった。彼はベスビオス山から出てきた巨大雲とポンペイを埋め尽くした火山について書いた。その後，ベスビオス山は何度も噴火し，さらに多くの灰が町に降った。ついに，誰かがそこに住んでいたという形跡はなくなった。人々はやがてポンペイという町について忘れた。⓮何百年もたつと，頂上の灰は土に変わった。草が成長し始めた。人々は埋もれた町の真上に新しい町を建てた。彼らは古い町がそこにあることすら知らなかった。それから人々はポンペイという名の埋められた町について小プリニウスが書いた手紙を読み始めた。ポンペイはどこにあったのか。誰も知らなかった。⓯ある日，何人かの作業員が水を求めてトンネルを掘っていた。彼らは地下で古い壁のかけらを見つけたが，その壁が町の一部であるとは知らなかった。何年も経て，他の作業員たちがもっと多くの建物を見つけた。地下に町があったのだろうか。それは小プリニウスが書いた町のことだろうか。それから，作業員の１人が石を見つけた。そこには名前が彫られていた。ポンペイという名前だった。人々はとても興奮した。失われたポンペイの町は彼らの足元にあったのだ。もし掘り起こすことができれば，彼らは昔の人々の暮らしを知ることができるのだ。⓰科学者たちは掘り始めた。彼らは何も壊さないようにゆっくりと慎重に取り組んだ。彼らはたくさんの道具を使って灰を払い落とした。彼らは美しい金の鎖や，割れていない卵，色のついた石でできた絵や人間を見つけた。最初彼らは，ほんの少しのがい骨を見つけただけだった。それから彼らは硬い灰の中に奇妙な穴を見つけた。彼らはその穴に石《せっ》膏《こう》を流し込んだ。石膏が乾くと，その鋳型は人間の形をしていたのだ。石膏の鋳型は人々が死んだときの様子を表していた。鎖につながれている犬の石膏の鋳型まであった。⓱今日，ポンペイの古い町は屋根のない巨大な博物館のようである。人々は昔の店や家だけでなく，ベスビオス山も見にやってくる。それは世界で最も有名な火山である。⓲ポンペイの平和な日だ。巨人は眠っている。次に巨人が目覚めるのはいつだろうか。誰にもわからない。

１＜要旨把握＞something terrible「何か恐ろしいこと」とは，この後描写されるベスビオス山の噴火のこと。噴火の様子は第６段落に始まり，第11段落まで続いている。

２＜適語句補充＞空所を含む文の主語であるTheyは，前文にあるThe family from the big houseを指す。前文に，彼らは「ボートに乗ることができた」とあるので，ポンペイからget away「逃げる」(第７段落第７文)ことができたのだとわかる。　be able to ～「～できる」

３＜指示語＞下線部③のTheyは，前文にあるThe ashes「灰」を指している。これと同じものは，前文にashesがあり「(その灰は)髪を焼き焦がすほど熱かった」ことを述べている(い)である。それ以外のTheyは全て，(many) people「(たくさんの)人々」を指している。

4＜英文解釈＞be doneは「済む，終わる」の意味。これまでの描写で石や灰が降ってきたことがわかるが，次の文では有毒ガスまで出始めたことがわかる。よって，(い)「ベスビオス山は噴火をやめなかった」が適切。

5＜文脈把握＞Nobody knew「誰も知らなかった」のは，前文にある問い「どこにポンペイがあったか」についてである。知らなかった理由は，第13段落後半～第14段落第3文にあるように，(え)「ポンペイは火山による灰で覆われてしまった」から。

6＜文脈把握＞この後に続く4文参照。strange holes「奇妙な穴」に石膏を入れたところ，人間や犬の形をしていたことから，穴は人や犬が埋まったことによってできたものだと判明したのである。be shaped like ～「～のような形をしている」

7＜語句解釈＞第1段落終わりから3文目で，ベスビオス山がa sleeping giant「眠っている巨人」にたとえられていたことに注目。この下線部も同様にベスビオス山を巨人にたとえたものなので，(い)「ベスビオスという名の危険な火山」が適切。「眠っている」とは現在噴火などの目立った活動をしていないことを表している。次の文の「巨人が目覚める」はベスビオス山が再び噴火することを表している。

Ⅲ〔長文読解総合―説明文〕

≪全訳≫問題❶コスタリカ近くのボートの上で，海洋生物学者のチームが1匹のウミガメを助けている。この動物は呼吸困難に陥っており，チームがその原因を突きとめる。鼻の中に何かが入っているのだ。科学者がその物体を取り除こうとするが，ウミガメは痛みで泣き声をあげる。8分後にようやく，長い物体が取り出される。それは10センチのプラスチックストローである。❷このウミガメの救出動画は，YouTubeで何百万回も視聴されている。このビデオを見た後，多くの人が1つの問題に気がついた。世界の海はプラスチックでいっぱいなのだ。2000年以降，世界のプラスチック生産量は大幅に増加したが，リサイクル率は20%未満だ。このプラスチックごみの多くは最終的に海に捨てられている。今日，科学者たちは，毎年およそ81億キログラムのプラスチックごみが海に近い地域から海に流れ込んでいると考えている。❸この海洋のプラスチックは，毎年何百万もの海の生物を傷つけている。プラスチックは海の植物に覆われていて，食べ物のような見た目とにおいがするので，プラスチックを食べてしまう魚もいる。しかし，プラスチックを食べるといつも空腹になってしまう。場合によっては，プラスチックのとがった破片を食べることで海の生物はひどく傷つき死に至ることさえある。このプラスチックのほとんどは環境を永遠に破壊してしまうだろう。❹プラスチックは丈夫であり長持ちするため，人々にとって役に立つが，これはプラスチックをすでに食べたり食べ始めたりしている海の生物にとっては悪いニュースである。海洋生物学者のマシュー・サボカ氏によると，「使い捨てプラスチックは最悪である」。これらは捨てる前に1回しか使われないものだ。一般的な例としては，ストロー，ペットボトル，ビニール袋などがある。これまでに約700種の海の生物（ビデオのウミガメを含む）がこのような種類のプラスチックに引っかかったり，それらを食べたりしている。幸運にも，(ビデオの)ウミガメはとても強かったために生き延びて海に戻された。❺プラスチックは長期的に見て海の生物にどのような影響を与えるだろうか。「答えは5年から10年後にわかると思います」と別の海洋生物学者は言う。しかしそれまでには，さらに2500万トンのプラスチックが海に入っているだろう。

解決策❻科学者たちは，安全なプラスチックをつくることで解決策を見つけようと取り組んでいる。しかし同時に，プラスチックごみを減らし，リサイクルする方法がいくつかある。❼1．レジ袋の使用をやめる。代わりに，自分の買い物袋を店に持っていく。毎年世界中で1兆枚ものレジ袋が使われている。アメリカだけでその約10%が使用されている。つまり，全てのアメリカ人が毎日1枚の袋を使っていることになる。デンマークの平均的な人々が使う使い捨て袋は，年間４枚だ。1993年，デンマークは世界で初めてレジ袋に課税した国となった。今日，他の国では，レジ袋の代金を客に払わせたりレジ袋を完全に禁止したりしている。❽２．ストローをもらわない。今日，約83億本のプラスチックストローが世界中のビーチを汚している。よって，飲み物を注文するときには，ストローを「いりません」と言うか，再利用可能な自分のストローを持参する。2018年，シアトルはプラスチックストローを禁止した最初のアメリカの主要都市となり，他の多くの都市もこの例にならっている。❾３．ペットボトルを使用しない。再利用可能なボトルを買って，好きな飲み物を入れる。オーストラリアのバンダヌーンやアメリカのサンフランシスコなど一部の都市では，ペットボトルに入った飲料水を完全にまたは部分的に禁止している。❿４．プラスチック包装を避ける。プラスチック製の箱やボトルに入った液体石けんの代わりに固形石けんを買う。プラスチック包装された果物や野菜を買わない。イングランドでは，指導者たちがスーパーマーケットにプラスチック不使用の場所を設置するよう求めている。また，プラスチック製の持ち帰り容器にも課税したいと考えている。⓫５．リサイクルする。全てのプラスチック製品をリサイクルすることはできないが，ほとんどのペットボトルや，牛乳やジュースの紙パックはリサイクル可能である。現在，ノルウェーはペットボトルの97％をリサイクルしている。どのようにだろうか。たいていのスーパーマーケットでは機械がボトルを受け取り，小銭を返してくれるのだ。

１＜文脈把握＞次の文から，ウミガメの鼻から10センチものストローが出てきたことがわかるので，㈃「プラスチック製品がウミガメの鼻につまっていた」が適切。be stuck は「(はまって)動けなくなる」という意味。

２＜適語選択＞it looks and smells like … の it は，文の前半にある plastic を指す。これが海の植物に覆われることで，魚の「食べ物」である海の植物のように見えたり，そのにおいがついたりすることになり，魚はプラスチックを間違えて食べてしまうのである。

３＜適語補充＞空所前にある it is の it は plastic のこと。空所の後に lasts for a long time「長持ちする」とあるので(この last は「持ちこたえる，持続する」という意味の動詞)，プラスチックは「丈夫」なのである。同じ段落の最終文に strong がある。

４＜適語補充＞主語である these は，前文の Single-use plastics を指している。single-use は「使い捨て」の意味。よって「捨てる前に１回だけ使われるもの」ということ。　once「１度，１回」

５＜適語補充＞直前にある to 以下は some ways「いくつかの方法」を修飾しており，「～するための方法」の意味になる(to不定詞の形容詞的用法)。「いくつかの方法」とは，具体的にはこの後に示されている５つの解決策のこと。これらはプラスチック製品を reduce「減らす」，または recycle「リサイクルする」ための方法である。

６＜内容一致＞A．「(　　)は，ペットボトルに入った飲料水を買うことを不可能にしたり難しくしたりした」―㈀「バンダヌーンとサンフランシスコ」　第９段落最終文参照。　completely「完全に」　in part「部分的に」　B．「2018年，(　　)はこれ以上プラスチックストローを使用することをやめた」―㈂「シアトル」　第８段落最終文参照。　C．「(　　)はレジ袋の有料化を規則に定めた最初の国である」―㈄「デンマーク」　第７段落終わりから２文目参照。　D．「(　　)はスーパーマーケットにプラスチック不使用の売り場をつくるよう求めている。この場所ではプラスチック包装は認められていない」―㈁「イングランド」　第10段落終わりから２文目参照。　E．「(　　)では，ほとんど全てのペットボトルがリサイクルされている」―㈃「ノルウェー」　第11段落第３文参照。

７＜内容真偽＞㈀「科学者たちは，プラスチックが長期的に海の生物にどのような影響を与えるかを明確に理解している」…×　第５段落第１，２文参照。５～10年後にならないとわからない。

(い)「最終的に，YouTubeに投稿されたウミガメは鼻につまったプラスチックストローが原因で死んだ」…× 第４段落最終文参照。 (う)「これまでにYouTubeでウミガメを救出する動画を見た人は少しだけだ」…× 第２段落第１文参照。 only a few「ほんのわずかの」 (え)「使い捨てプラスチックは海の汚染とは関係していない」…× 第４段落参照。 (お)「海のプラスチックごみは多くの生物を傷つけ，ときには彼らを殺すこともある」…○ 第３段落終わりから２文目に一致する。

Ⅳ〔語彙・文法総合〕

１＜適語補充―共通語＞(a)上：「２番目の」の意味の形容詞。 「２月は１年の２番目の月だ」 下：「ちょっとの間」という意味の名詞。 「すぐに用意ができるよ」 (b)上：「左の」という意味の形容詞。 「私はいつも左足でそのボールを蹴る」 下：動詞leaveの過去形。 leave－left－left leave for ～「～に向けて出発する」 「その列車は昨晩，ダラスに向けて出発した」

２＜適語補充＞(a)「住所を忘れたので，住所録を見なければならない」 forget－forgot－forgot〔forgotten〕 look in ～「～を見る(調べる)」 (b)「そんなに速く話さないでください。理解できません」 quickly「(速度が)速く」 follow「(話など)を理解する」 (c)「野菜，豆，牛乳，ヨーグルト，チーズは健康食品だ」 healthy「健康的な」

３＜書き換え―適語補充＞(a)「この問題はあの問題ほど易しくない」→「この問題はあの問題より難しい」 上は‘not as〔so〕… as ～’「～ほど…でない」の形。これを‘比較級＋than’で表すが，difficultのように比較的長い語を比較級にする場合は，形はそのままで前にmoreをつける。

(b)「私は兄〔弟〕に『私のスマートフォンに触らないで』と言った」→「私は兄〔弟〕に私のスマートフォンに触らないように言った」 ‘tell＋人＋not to ～’で「〈人〉に～しないように言う」。このようにto不定詞を否定するnotはtoの前に置くのが原則。

Ⅴ〔文法・作文総合〕

１＜書き換え―適語補充＞(a)「ナナはケンの言葉を聞いたときとてもうれしくなった」→「ケンの言葉はナナを幸せにした」 ‘make＋目的語＋形容詞’「～を…(の状態)にする」 (b)「カナコは寝た。彼女は夕食を食べなかった」→「カナコは夕食を食べないで寝た」 without ～ing「～しないで，～することなく」 withoutは前置詞なので，後ろに動詞を置く場合は動名詞(～ing)にする。 (c)「誰が窓を割ったのですか」→「誰によって窓は割られたのですか」 受け身形(‘be動詞＋過去分詞’)にする。最後に‘動作主’を表すbyを置く。 break－broke－broken

２＜整序結合＞(a) there is ～「～がある〔いる〕」の構文の疑問文(Is there ～?)にする。anythingなど-thingの形の代名詞は‘-thing＋形容詞’の語順になるのでanything wrongとまとめる。(be) wrong with ～で「～が調子悪い，～が故障して」という意味。 Is there anything wrong with this car?「この車には何か調子が悪いところがありますか」 (b)まず I have no idea「私はわからない」とまとめる。ideaは後ろに‘疑問詞＋主語＋動詞’を置くことができるので，この後をhow he came hereとする。 I have no idea how he came here.「私は彼がどうやってここに来たかわからない」

３＜和文英訳―完全記述＞(a)「～のだろう」はI wonderで表せる。wonderの目的語となる「どうしてあの男の子は犬を怖がる」は，‘疑問詞＋主語＋動詞’の語順の間接疑問で表す。「～を恐れる」はbe afraid of ～。「犬」は犬全体のことを指すので複数形にする。 (b)まずI have a friend「(私には)友達がいます」とする。この後は指定されているwhoを主格の関係代名詞として用いて先行詞a friendを修飾する関係代名詞節をつくる。「(ずっと)～している」は，現在完了(‘have/has＋過去分詞’)の‘継続’用法で，「～を休んでいる」はbe absent from ～で表せる。

2021年度／法政大学第二高等学校

数学解答

Ⅰ 問1　$(x+2y+5)(x+2y-2)$
問2　$x=-2$，$y=3$
問3　$x=1$，11　　問4　2

Ⅱ 問1　15　　問2　47　　問3　16通り
問4　10人以上50人以下
問5　15cm

Ⅲ 問1　12通り　　問2　30通り

Ⅳ 問1　(4，16)　　問2　$\dfrac{2\sqrt{10}}{5}$

Ⅴ 問1　5cm　　問2　$\dfrac{9}{2}$cm
問3　$\dfrac{63}{2}\mathrm{cm}^2$

Ⅵ 問1　$72\mathrm{cm}^3$　　問2　$18\sqrt{3}\,\mathrm{cm}^2$
問3　$\sqrt{3}$cm

Ⅰ〔独立小問集合題〕

問1＜因数分解＞$x+2y=M$とすると，与式$=(M+1)^2+M-11=M^2+2M+1+M-11=M^2+3M-10=(M+5)(M-2)$となる。$M$をもとに戻すと，与式$=(x+2y+5)(x+2y-2)$となる。

問2＜連立方程式＞$0.4x+\dfrac{1}{10}y=-\dfrac{1}{2}$……①，$2x+3y=5$……②とすると，①×10より，$4x+y=-5$……①′　②×2－①′より，$6y-y=10-(-5)$，$5y=15$　$\therefore y=3$　これを①′に代入すると，$4x+3=-5$，$4x=-8$　$\therefore x=-2$

問3＜二次方程式＞$4x^2+12x+9=9x^2-48x+64$，$-5x^2+60x-55=0$，$x^2-12x+11=0$，$(x-1)(x-11)=0$　$\therefore x=1$，11

問4＜式の値―平方根＞与式$=b\times\sqrt{\dfrac{2a^3}{3}\div 3ab\times b^3}=b\times\sqrt{\dfrac{2a^3}{3}\times\dfrac{1}{3ab}\times b^3}=b\times\sqrt{\dfrac{2a^2b^2}{9}}=b\times\dfrac{ab}{3}\times\sqrt{2}=\dfrac{\sqrt{2}ab^2}{3}$として，$a=\sqrt{2}$，$b=\sqrt{3}$を代入すると，与式$=\dfrac{\sqrt{2}\times\sqrt{2}\times(\sqrt{3})^2}{3}=\dfrac{2\times3}{3}=2$となる。

Ⅱ〔独立小問集合題〕

問1＜関数―変域―一次関数＞一次関数$y=-4x+b$の傾きは-4なので，グラフは右下がりの直線となる。この関数において，xの変域が$4\leqq x\leqq b$のとき，yの変域が$-3b\leqq y\leqq -1$であることから，$x=4$のとき$y=-1$となることがわかる。よって，$y=-4x+b$に，$x=4$，$y=-1$を代入して，$-1=-4\times4+b$より，$b=15$となる。

問2＜数の性質―平方根＞$\dfrac{1}{\sqrt{n+1}}$と$\dfrac{1}{7}$はどちらも分子が1だから，分母が小さい方が大きい数となる。よって，$\dfrac{1}{\sqrt{n+1}}>\dfrac{1}{7}$のとき，$\sqrt{n+1}<7$となり，$\sqrt{n+1}<\sqrt{49}$より，$n+1<49$である。これを満たす正の整数$n$のうち，最も大きいものは$n+1=48$となるもので，$n=47$である。

問3＜場合の数―整数＞1，2，3，4の4個の整数を並べてできる，2143より大きい整数を考えると，千の位の数が2の4けたの整数は，2314，2341，2413，2431の4通りできる。また，千の位の数が3である4けたの整数は，3124，3142，3214，3241，3412，3421の6通りでき，千の位の数が4である4けたの整数も，同様に6通りできる。よって，2143より大きい整数は，$4+6+6=16$(通り)ある。

問4＜式の利用―分類＞100人の生徒について，野球が好きな生徒60人の中には，サッカーも好きな生徒が含まれる。また，サッカーが好きな生徒50人の中には，野球も好きな生徒が含まれる。よって，野球もサッカーもどちらも好きと回答した生徒の人数が一番多くなるのは，サッカーが好きと回答した生徒50人全員が野球も好きな場合で，このとき人数は50人となる。また，どちらも好きと回答した生徒の人数が一番少なくなるのは，サッカーが好きでない生徒$100-50=50$(人)が，全員野球が好きな場合だから，このとき人数は60－50＝10(人)となる。以上より，野球もサッカーも好きと回答した生徒の人数は，10人以上50人以下と考えられる。

問5＜図形─長さ＞右図のように，直角三角形を△ABCとし，その全ての辺に接する円の中心をOとする。また，円Oが△ABCの辺AB，BC，CAと接する点をそれぞれD，E，Fとすると，OD⊥AB，OE⊥BC，OF⊥CAとなる。このとき，∠OEC＝∠OFC＝∠ECF＝90°であり，OE＝OF＝3より，四角形OECFは1辺が3cmの正方形となるので，CE＝CF＝3である。また，AO＝AO，OD＝OF，∠ADO＝∠AFO＝90°より，直角三角形の斜辺と他の1辺がそれぞれ等しいので，△AOD≡△AOFとなり，AD＝AFである。同様に，△BOD≡△BOEとなるので，BD＝BEとなる。よって，△ABCの3辺の長さの和が36であることから，CE＋CF＋AD＋AF＋BD＋BE＝36より，3＋3＋AD＋AD＋BD＋BD＝36，2AD＋2BD＝30，AD＋BD＝15となる。したがって，斜辺ABの長さは，AD＋BD＝15(cm)である。

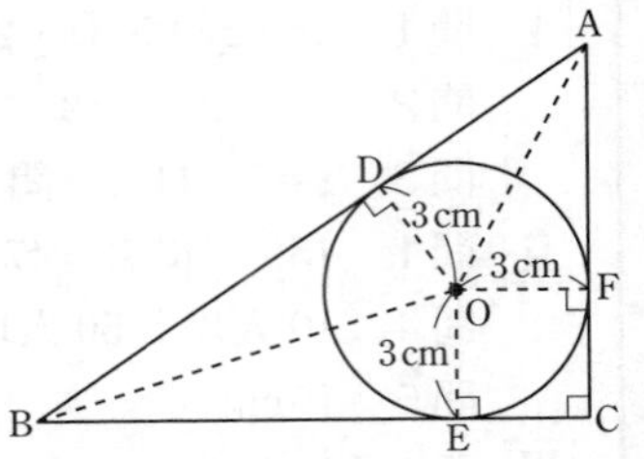

Ⅲ〔場合の数─最短経路〕

≪基本方針の決定≫問1　縦，横，高さの3方向への移動の仕方を考える。　　問2　頂点Bの他に，頂点Aから頂点Cに行くときに通る頂点を考える。

問1＜場合の数─最短経路＞右図のように，縦方向に隣の頂点に移動する動きをa，横方向に隣の頂点に移動する動きをb，高さの方向に隣の頂点に移動する動きをcとすると，頂点Aから頂点Bに最短距離で移動するには，a，b，cの動きをそれぞれ1回ずつすることになる。よって，これらの移動の仕方の順番を考えると，(a，b，c)，(a，c，b)，(b，a，c)，(b，c，a)，(c，a，b)，(c，b，a)の6通りある。さらに，頂点Bから頂点Cに最短距離で移動するには，aとbの動きを1回ずつすることになるので，(a，b)，(b，a)の2通りある。よって，頂点Aから頂点Bを通って頂点Cに行く経路は，6×2＝12(通り)ある。

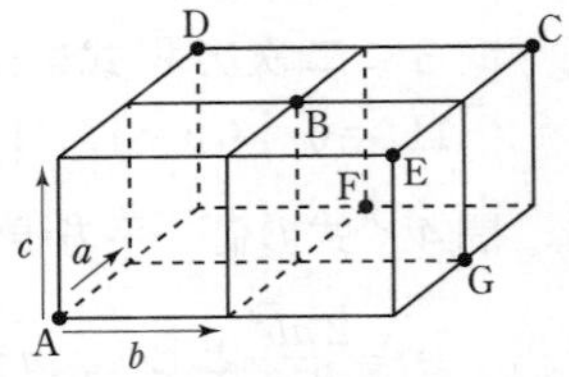

問2＜場合の数─最短経路＞右上図のように頂点D～Gを定めると，頂点Aから頂点Cに最短距離で行くには，頂点D，B，E，F，Gのうちの1点を必ず通り，2点以上を同時に通ることはない。問1と同様に考えると，頂点Dを通るとき，頂点Aから頂点Dに行くのに，aの動きを2回とcの動きを1回するから，(a，a，c)，(a，c，a)，(c，a，a)の3通りの経路があり，このそれぞれの場合に頂点Dから頂点Cに行くのにはbの動きを2回する1通りの経路があるから，頂点Dを通る経路は3×1＝3(通り)ある。頂点Bを通る経路は，問1より12通りある。頂点Eを通るとき，頂点Aから頂点Eに行く経路は，頂点Dに行くのと同じで3通りあり，頂点Eから頂点Cに行く経路は1通りだから，頂点Eを通る経路は3×1＝3(通り)ある。頂点Fを通るとき，頂点Aから頂点Fに行く経路は，頂点Dに行くのと同じ3通りで，頂点Fから頂点Cに行く経路は，bの動きを1回とcの動きを1回するから，(b，c)，(c，b)の2通りあり，頂点Fを通る経路は3×2＝6(通り)ある。頂点Gを通るとき，頂点Fを通るのと同じ6通りの経路がある。以上より，頂点Aから頂点Cに行く経路は全部で，3＋12＋3＋6＋6＝30(通り)ある。

≪別解≫頂点Aから頂点Cに行くとき，どの経路でも，aの動きを2回，bの動きを2回，cの動きを1回する。よって，a，b，cの並べ方を考えればよい。2回のaの動きをa_1，a_2，2回のbの動きをb_1，b_2とすると，a_1，a_2，b_1，b_2，cの並べ方は，5×4×3×2×1＝120(通り)ある。このうち，a_1とa_2，b_1とb_2は，逆にしても経路は変わらないから，求める経路は全部で，120÷2÷2＝30(通り)ある。

Ⅳ〔関数―関数 $y=ax^2$ のグラフと直線〕

≪基本方針の決定≫問２　求める線分 DH の長さを，三角形の高さとしてとらえる。

問１＜交点の座標＞右図で，直線 OA の傾きは，点 A の座標より，$\frac{9}{3}=3$ となるので，直線 OA の式は $y=3x$ であり，直線 OA に平行な直線 BC の傾きは３となる。よって，その式を $y=3x+b$ として，点 B の座標から $x=-1$，$y=1$ を代入すると，$1=3\times(-1)+b$ より，$b=4$ となり，直線 BC の式は $y=3x+4$ である。点 C は，直線 BC と放物線 $y=x^2$ の交点なので，２式から y を消去すると，$x^2=3x+4$，$x^2-3x-4=0$，$(x-4)(x+1)=0$ より，$x=4$，-1 であり，点 C の x 座標は正なので $x=4$ となる。したがって，点 C の y 座標は $y=4^2=16$ となるから，C(4，16)である。

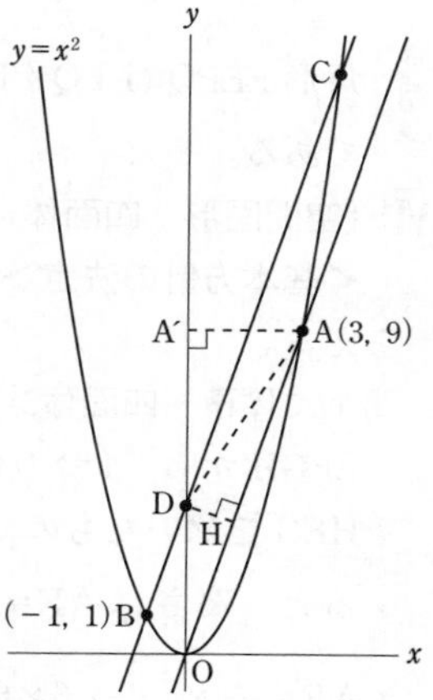

問２＜長さ―面積＞右図のように，点 A から y 軸に垂線 AA′ を引くと，点 A の座標から，AA′＝3，OA′＝9 となる。また，問１より，直線 BC の切片が４であることから，D(0，4)であり，OD＝4 となる。△OAD の底辺を OD＝4 としたときの高さが AA′＝3 となるので，$\triangle OAD=\frac{1}{2}\times OD\times AA'=\frac{1}{2}\times4\times3=6$ である。さらに，OA′＝9 より，△OAA′ で三平方の定理を用いると，$OA=\sqrt{OA'^2+AA'^2}=\sqrt{9^2+3^2}=\sqrt{90}=3\sqrt{10}$ となる。よって，△OAD において，辺 OA を底辺としたときの高さは DH となり，DH＝h とすると，$\triangle OAD=\frac{1}{2}\times OA\times DH=\frac{1}{2}\times3\sqrt{10}\times h=\frac{3\sqrt{10}}{2}h$ となる。したがって，△OAD の面積について，$\frac{3\sqrt{10}}{2}h=6$ が成り立ち，これを解くと，$h=\frac{2\sqrt{10}}{5}$ となるので，線分 DH の長さは $\frac{2\sqrt{10}}{5}$ である。

Ⅴ〔平面図形―正方形―相似〕

≪基本方針の決定≫問１　△EBP で三平方の定理を用いる。　　問２　△GEA と相似な三角形を利用する。

問１＜長さ―三平方の定理＞右図のように，PC＝x(cm)とすると，EP は PC を折り返したものだから，PE＝PC＝x となり，BP＝BC－PC＝$9-x$ と表せる。よって，△EPB で三平方の定理 $BE^2+BP^2=PE^2$ より，$3^2+(9-x)^2=x^2$，$9+81-18x+x^2=x^2$，$-18x=-90$，$x=5$ となるから，PC＝5(cm)である。

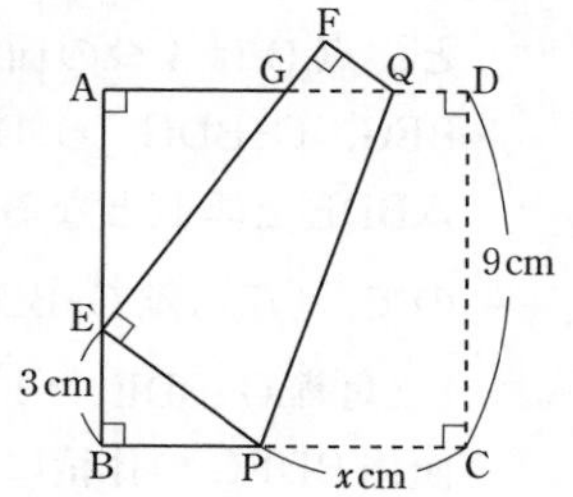

問２＜長さ―相似＞右図の △EPB と △GEA において，△EPB の内角の和から，∠EPB＝180°－∠EBP－∠PEB＝180°－90°－∠PEB＝90°－∠PEB となり，∠GEA＝180°－∠FEP－∠PEB＝180°－90°－∠PEB＝90°－∠PEB となるので，∠EPB＝∠GEA である。これと ∠EBP＝∠GAE＝90° より，２組の角がそれぞれ等しいので，△EPB∽△GEA となる。また，問１より，BP＝BC－PC＝9－5＝4 となり，AE＝AB－BE＝9－3＝6 となるので，△EPB と △GEA の相似比は，BE：AG＝BP：AE＝4：6＝2：3 となる。よって，$AG=\frac{3}{2}BE=\frac{3}{2}\times3=\frac{9}{2}$(cm)である。

問３＜面積―台形＞問２より，PE：EG＝2：3 だから，$EG=\frac{3}{2}PE=\frac{3}{2}\times5=\frac{15}{2}$ となり，$FG=EF-EG=9-\frac{15}{2}=\frac{3}{2}$ である。また，対頂角は等しいので ∠AGE＝∠FGQ であり，∠GAE＝∠GFQ＝90° よ

り，2組の角がそれぞれ等しいから，△GEA∽△GQFとなる。よって，問2より$AG=\frac{9}{2}$なので，相似比は，AE：FQ＝AG：FG＝$\frac{9}{2}:\frac{3}{2}=3:1$となり，$FQ=\frac{1}{3}AE=\frac{1}{3}\times6=2$となる。以上より，四角形FEPQはFQ∥EPの台形なので，その面積は$\frac{1}{2}\times(FQ+EP)\times FE=\frac{1}{2}\times(2+5)\times9=\frac{63}{2}$($cm^2$)である。

Ⅵ〔空間図形―四面体〕

≪基本方針の決定≫問3　四面体を4つの合同な三角錐に分け，それらの高さとして球の半径をとらえる。

問1＜体積―四面体＞右図1で，四面体BDEGは，立方体ABCD-EFGHから，4つの合同な三角錐E-ABD，B-FEG，G-CBD，D-HEGを除いたものである。三角錐E-ABDの底面を△ABDとすると，高さはAE＝6なので，〔三角錐E-ABD〕＝$\frac{1}{3}\times$△ABD$\times AE=\frac{1}{3}\times\left(\frac{1}{2}\times6\times6\right)\times6=36$となる。よって，〔四面体BDEG〕＝〔立方体ABCD-EFGH〕－4×〔三角錐E-ABD〕＝$6^3-4\times36=216-144=72$(cm^3)である。

図1

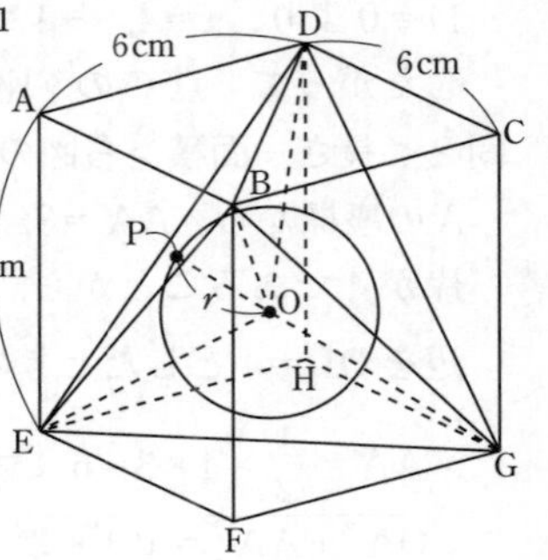

問2＜面積―特別な直角三角形＞右図1で，△ABDはAB＝AD＝6の直角二等辺三角形なので，$BD=\sqrt{2}AB=\sqrt{2}\times6=6\sqrt{2}$となる。また，△ADE，△AEBについても同様に，$DE=EB=6\sqrt{2}$となるので，△BDEは，右図2のような正三角形となる。図2で，頂点Eから辺BDに垂線EMを引くと，∠EDM＝60°より，△DEMは3辺の比が$1:2:\sqrt{3}$の直角三角形となるので，$EM=\frac{\sqrt{3}}{2}DE=\frac{\sqrt{3}}{2}\times6\sqrt{2}=3\sqrt{6}$となる。よって，△BDE$=\frac{1}{2}\times BD\times EM=\frac{1}{2}\times6\sqrt{2}\times3\sqrt{6}=9\times2\sqrt{3}=18\sqrt{3}$($cm^2$)となる。

図2

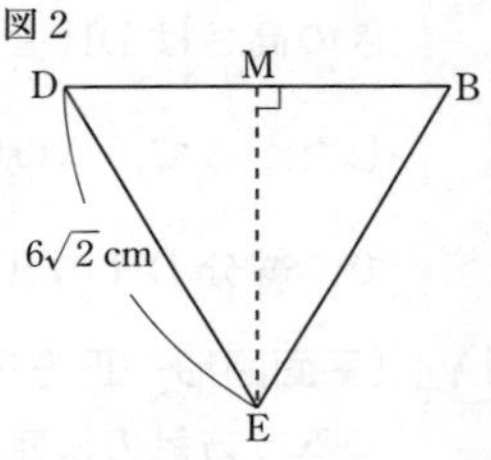

問3＜長さ―球の半径＞右上図1のように，四面体BDEGの全ての面に接する球の中心をOとすると，点Oは4つの面からの距離が等しいから，四面体BDEGは4つの合同な三角錐O-BDE，O-BEG，O-BDG，O-DEGに分けられる。球Oが面BDEと接する点をPとすると，半径OPは△BDEと垂直となる。これより，半径OPの長さを$r$cmとすると，問2より，△BDE＝$18\sqrt{3}$なので，〔三角錐O-BDE〕＝$\frac{1}{3}\times$△BDE$\times OP=\frac{1}{3}\times18\sqrt{3}\times r=6\sqrt{3}r$と表せ，〔四面体BDEG〕＝4×〔三角錐O-BDE〕＝$4\times6\sqrt{3}r=24\sqrt{3}r$となる。よって，問1より，〔四面体BDEG〕＝72なので，四面体BDEGの体積について，$24\sqrt{3}r=72$が成り立ち，これを解くと，$r=\sqrt{3}$(cm)となる。

2021年度／法政大学第二高等学校

国語解答

一 問一 ① 消費 ② 穏健 ③ 複雑
④ 寛容〔寛大〕

問二 ①…イ ②…ア ③…ウ

問三 ① 袖 ② 涙 ③ 舌

二 問一 ア 問二 c 問三 イ

問四 エ 問五 明治の人びと

問六 ア 問七 X…オ Y…イ

問八 言葉は，社会の変化に追いつかない

問九 対等な関係

問十 「かわいい」は，日本語において，対等な関係における褒め言葉という役割を果たす唯一の言葉であり，オヤジたちは，それ以外の言葉を生み出すことができなかったから。（78字）

三 問一 ア 問二 X…オ Y…ア

問三 ウ 問四 エ 問五 責任

問六 私の遙か頭 問七 ウ

問八 オ 問九 ア

一〔国語の知識〕

問一＜語句＞①「生産」は，生活するうえで必要な物をつくり出すこと。対義語は，金や物などを使ってなくすことを意味する「消費」。 ②「過激」は，思想や行動が激しく，極端なこと。対義語は，穏やかで，行きすぎないことを意味する「穏健」。 ③「単純」は，仕組みやはたらきなどが込み入っていないこと。対義語は，構造や関係が込み入っていることを意味する「複雑」。 ④「厳格」は，不正などを少しも許さず，厳しいこと。対義語は，心が広く，思いやりがあり，人の言動を受け入れることを意味する「寛容」または「寛大」。

問二＜品詞＞①「思い起こされる」と「しのばれる」の「れる」は，自発を表す助動詞。「参列される」の「れる」は，尊敬を表す助動詞。 ②「鏡のようだ」と「太陽のようだ」の「ようだ」は，たとえであることを表す助動詞。「犯人のようだ」の「ようだ」は，不確かな断定を表す助動詞。 ③「出発すれば」と「考えれば」の「ば」は，条件を表す接続助詞。「風も吹けば」の「ば」は，並列を表す接続助詞。

問三＜慣用句＞①「袖にする」は，相手をないがしろにする，という意味。 ②「涙をのむ」は，泣きたいほどくやしい気持ちを我慢する，という意味。 ③「舌を巻く」は，ひどく驚く，または，感心する，という意味。

二〔論説文の読解—芸術・文学・言語学的分野—言語〕出典；平田オリザ『わかりあえないことから——コミュニケーション能力とは何か』「『対話』の言葉を作る」。

≪本文の概要≫現在の話し言葉の多くは，先人によってつくられた言葉である。論理的な事柄を自国語で話せるようにするには，ある種の知的操作や，それを支える語彙が必要で，自然言語のままでできるものではない。どの近代国家も，国民国家をつくる過程で，言語を統一し，近代化していった。ただ，日本語は，英語やフランス語が一五〇年から二〇〇年かけて行った言語の近代化を，たった三〇年ほどでほぼ完成させてしまった。その過程で，当然，積み残してしまったものがある。その一つが，「対話」の言葉である。日本語には，対等な関係の褒め言葉があまり見つからない。他にも，女性の上司が男性の部下に命令するきちんとした日本語というのは，いまだに定着していない。現代社会は，ジェンダーや年齢といった区別なく，「対話」を行うための言葉を生成していく過渡期だといっていいだろう。言葉の変化にはさまざまな問題があり，単純ではないが，それでも，我々は，確実に歩みを前に進めていかなければならない。

問一＜語句＞「のほほん」は，何もせずに，のん気にしているさま。物事にこだわらず，平然としているさま。

問二＜接続語＞a．「いまも高等教育の授業」が，「旧宗主国の言語で行われている」国の例として，モロッコが挙げられている。接続詞「例えば」が入る。　b．「アジア，アフリカの言語」以外でも，「自然言語のまま」では「論理的な事柄を自国語」では話せないことの例として，一七世紀のフランス語が挙げられている。接続詞「例えば」が入る。　c．日本語は，英語やフランス語と比べて，きわめて短期間のうちに「言語の近代化」を行ったが，「その性急な過程では，当然積み残してきてしまったものがある」だろう。接続詞「しかし」が入る。　d．日本語の近代化の過程で「『対話』の言葉」を積み残してきてしまったことの例として，「対等な関係で褒める語彙が極端に少ない」ことが挙げられている。接続詞「例えば」が入る。

問三＜文章内容＞モロッコでは，「中学校以上の授業は基本的にフランス語で行われている」ため，フランス語を習得できる階層と習得できない階層との間に，はっきりとした区別ができてしまう。「言語の習得が，社会的な階層を，そのまま決定づけてしまう」ので，さまざまな階層の人々が共通の議論をしなければならない民主主義は，なかなか育たないのである。

問四＜文章内容＞「言語の近代化」とは，近代国家が，「言語を統一し，ただ統一するだけではなく，一つの言葉で政治を語り，哲学を語り，連隊を動かし，ラブレターを書き，裁判を起こし，大学の授業ができるように，その『国語』を育てていく」ということである。一つの言語で，日常会話から抽象的な議論までできるようにすることが，「言語の近代化」なのである。

問五＜表現＞「先人」は，過去の人，祖先のこと。「私」は，日本語の近代化を「たった三〇年ほどでほぼ完成」させた，我々の祖先である「明治の人びと」の努力に敬意を表するのである。

問六＜文章内容＞日本語の近代化は，「たった三〇年ほどでほぼ完成してしまった」が，その「性急な過程」で，日本語は，「『対話』の言葉」を「積み残してきてしまった」のである。そのため，日本語には，「対等な関係の褒め言葉」が非常に少ないのである。

問七＜文章内容＞「日本語の二〇〇〇年あまりの歴史の中で，女性が男性に命令をしたり指示したりする関係は，母親が子どもに指示する関係以外にはなかった」のである。「女性の上司」と「男性の部下」という「関係」がなければ(…Ｘ)，その関係に適切な「言葉」は生まれないのである(…Ｙ)。

問八＜表現＞「タイムラグ」は，ある現象に対する反応が遅れて起こる際の時間のずれのこと。明治維新が起きてから，「近代日本語というものがかろうじて確立」するまでに，「五〇年近いタイムラグ」が生じている，つまり，「言葉は，社会の変化に追い」ついていないのである。

問九＜文章内容＞日本語は，近代化の過程で「『対話』の言葉」を育ててこなかったために，「対等な関係で褒める語彙が極端に少ない」のである。近年になって社会が大きく変化したために，このままでは，コミュニケーションが円滑に行われなくなるという問題が生じてきた。現代社会は，男も女も，年長者も年少者も，「対等な関係」で「『対話』を行うための言葉を生成していく『過渡期』」といえる。

問十＜文章内容＞「かわいい」は，現代日本語において，「対等な関係における褒め言葉」の役割を果たしている唯一の言葉である。「オヤジたち」は，「なんでも『かわいい』『かわいい』」で済ませる「いまどきの子」を批判するが，「かわいい」以外に，「対等な関係における褒め言葉」を一つも生み出すことができなかったのは，その「オヤジたち」自身である。したがって，「ボキャブラリーがない」と批判されるべきなのは，「オヤジたち」なのである。

三 〔小説の読解〕出典；本田孝好『エースナンバー』。

問一＜文章内容＞アネゴは，ソフトボール部のエースで，その背丈と肩幅は，「並の男ではかなわないくらい」だった(エ…○)。アネゴには，「そう呼ばれるだけの度量」があり，「誰もが彼女に相談事を持ち込み，彼女はどんな相談事もがははと豪快に」笑い飛ばした(イ・ウ…○)。アネゴは，ソフトボール部のキャプテンを務めており，「人を見る目は確か」だった(オ…○)。アネゴは，その度量から慕われていたのであって，周りの人を支配していたわけではない(ア…×)。

問二＜文章内容＞Ｘ.「アネゴからの呼び出しがかかった」とき，その理由がわからず，「私」は，少なからず驚き，まごついた。「面食らう」は，不意のことで驚きあわてる，という意味。　Ｙ. 昼休みに，「私のクラスに足を運んだアネゴは，教室のドアのところから」，誰に遠慮をする様子もなく，「放課後，ちょっと付き合え」と言った。「耳をはばかる」は，他人に聞かれないように遠慮して，何かを言う，という意味。

問三＜心情＞アネゴは，「私」が，今の二年生の中では，「一番いいピッチャー」だと思っていたが，それでもエースナンバーを譲ろうとは思わなかった。それでもアネゴは「私」のピッチングは好きだと言った。アネゴは，エースになれないからといって，「私」にソフトボールを辞めてほしくないと思ったので，「私」を呼び出したのである。

問四＜心情＞「私」は，エースになるつもりはなかったし，エースに選ばれるはずはないだろうと思っていた。アネゴが，エースナンバーの「引継ぎじゃない」と言ってくれたので，「私」は，アネゴにはやはり「人を見る目」があり，「私」のこともわかってくれていたと思って，安心したのである。

問五＜文章内容＞「ピッチングとはバッターとの勝負だという」が，「私」には，「その感覚は最後まで理解できなかった」のである。「私」は，自分の役割を，ボールを「送り出してやる」ことだけだと思っており，飛んでいくボールがどうなるかは「私の責任ではない」と考えていた。「私」に欠けていたのは，試合の中で，自分が投げたボールに対して「責任」を持つという意識であった。

問六＜文章内容＞「私」は，「ピッチャーのやる仕事」は，「ボールを視線の先にあるミットに届ける」ことだけだと考えており，自分が投げたボールがどうなろうが，どうでもいいと思っていた。そのため，相手の「バットが確かにボールをとらえたとき，胸の中で思わず喝采を上げたことも一度や二度では」なかった。「私の遙か頭上，飛んでいくボールを振り返り，行けえと声援を送るピッチャーは，たぶん，エースになんてなれない」ので，「私」は，アネゴの判断を「当然だ」と思ったのである。

問七＜文章内容＞「私」は，ピッチャーズサークルの中で，ボールをキャッチャーのミットに届けるという役割だけを楽しんでいた。「私」には，勝負に対するこだわりはなく，いったん自分の手から離れたボールがどうなろうと，それは自分の責任ではないと考えていた。アネゴは，「私」がボールを投げることを楽しんでいるだけで，チームが試合に勝つための投球をしていないので，エースにはふさわしくないと，考えたのである。

問八＜心情＞アネゴは，「私」に，「あんたがやっているのは，ピッチングであって，ゲームじゃない」と指摘したが，それでも，「私」のピッチングは好きだし，ソフトボールを続けてほしいと言ってくれた。「人を見る目」のあるアネゴが，「私」のことを思って言ってくれた言葉は，今でも，「私」にとって価値のあるものだったので，「私」は，そのときにもらったボールを大切にしているのである。

問九＜文章内容＞「私にとってソフトボールの主役は，ピッチャーでもバッターでも野手でもなく，ボールそのもの」である。主役であるボールが，選手の意図とは関係なく，さまざまな「物語」をつくるのだと，「私」は考えているのである。

Memo

Memo

Memo

2020年度 法政大学第二高等学校

【英　語】　（50分）〈満点：100点〉

注意　1．スペリングや記号はまぎらわしい書き方をしないこと。書き方のくせ，大文字と小文字にも注意すること。とくに筆記体の *e* と *l*，*b* と *f*，*u* と *v*，*y* と *g*，*a* と *o* などの区別をはっきりさせること。

2．英単語の頭文字が指定されている場合，必ずその文字から書き始めること。

3．指示がなければ，解答には数字も英語で書くこと。

4．電子辞書機能のある器具は使用しないこと。

■放送問題の音声は，当社ホームページ（https://www.koenokyoikusha.co.jp）で聴くことができます。
（当社による録音です）

Ⅰ　＜リスニング問題＞

(A)　男女の会話がそれぞれ1回読まれます。その会話に対する以下の質問の答えとして最も適切なものをそれぞれ1つ選び，記号で答えなさい。

1．

(1)　What will Tom NOT buy？

(あ)　eggs　(い)　lemons

(う)　milk　(え)　onions

(2)　Where will Tom go？

(あ)　a bakery　(い)　a bookstore

(う)　a convenience store　(え)　a supermarket

2．

(1)　Why did the woman go to Australia？

(あ)　to go on a picnic　(い)　to see her friend

(う)　to swim in the sea　(え)　to climb the famous mountain

(2)　Where did the woman spend New Year's Day？

(あ)　in the park　(い)　in the sea

(う)　on the beach　(え)　on the top of the mountain

3．

(1)　Why does the woman think that the *tenugui* is good for a present？

(あ)　Because it is cute.

(い)　Because it is useful.

(う)　Because it has various designs.

(え)　Because it has a long history in Japan.

(2)　What is painted on the *tenugui* the man will buy？

(あ)　yellow flowers　(い)　yellow oranges

(う)　yellow rabbits　(え)　Nothing is painted.

4．

(1)　Why did Mariko call Jack？

(あ)　to go to the library　(い)　to keep his notebook

(う)　to leave a message　(え)　to tell him about his notebook

(2) Where is Jack now ?

(あ) in the classroom　(い) in his house　(う) in the library　(え) at Mariko's house

5．＊下のタイムテーブルを見ながら会話を聞きなさい。

(1) What time will they meet at the station ?

(あ) 10:00　(い) 10:20　(う) 10:30　(え) 11:20

(2) Which movie will they watch ?

(あ) *Snow Blue*　(い) *Your Friend*　(う) *Frog Man*　(え) *Doll's Story*

Movie	Time			
Snow Blue	9:20	11:15	13:10	15:05
Your Friend	10:30	12:30	14:30	16:30
Frog Man	10:15	12:45	15:15	17:35
Doll's Story	11:50	14:00	17:05	19:30

(B) これから読まれる英文を聞いて，下線部を埋めなさい。英文はそれぞれ３回読まれます。（解答欄には下線部分のみ書きなさい。）

1．It's very cold. ______________________________

2．It is going to rain tonight. ______________________________

※<**リスニング問題放送原稿**>は英語の問題の終わりに付けてあります。

[II] 次の英文を読んで，設問に答えなさい。（＊印の語には注釈がつけてあります。）

[1] ＊Ana Fidelia Quirot was born in a small town in the east of ＊Cuba. She was a happy child and from an early age she loved running. Sports were important to her family and they were important to Cuba too. The government wanted to produce the best doctors, the smartest teachers, and the strongest sports players in the world. There were special government schools for young scientists and for children who were good at sports.

[2] When she was ten years old, Ana could run very fast. Soon she was winning races—often without shoes! She wanted someone from a government sports school to see her. Ana knew that only Cuba's best students [ア] in those days. So she practiced hard every day. At last she heard the news that she was waiting for. At thirteen she had a place at a government sports school. "If I work hard," she thought, "I can be the fastest girl in Cuba."

[3] The other children at Ana's new school were tall and strong. (イ) Ana's body was changing. She stopped growing taller and started growing bigger. She felt heavier too, so she didn't practice often. Ana's future did not look bright and exciting to her.

[4] But when Ana's school asked her to leave, she thought very carefully. She realized that she loved her school and her life there. It was her dream and she did not want to lose it. Mr. Beato, one of Cuba's most famous running teachers, knew about Ana. She was heavy, but she was strong and fast. He could see that. "Try the 400-meter race," he said. "[①]."

[5] It was not easy, but with Beato's help, Ana practiced hard every day. She began winning races at school again. Soon she was the fastest girl in Cuba at 400 and 800 meters. Her mind became stronger too. She learned to fight against pain and to believe in her dreams.

[6] Ana finished school and practiced harder and longer every day. In 1987 she won two gold medals at ＊the Pan American Games in the US, and in 1989 she won all of her 800-meter races. Now her

name was famous around the world.

[7] Four years after the Pan American Games in the US, Ana was ready to run again in the Pan American Games. These races were very important to Ana because the Pan American Games were coming to Cuba. She was Cuba's most famous runner and her country was watching her.

[8] Ana's races were fast and exciting. She ran faster than the other runners in the 400-and 800-meter races. She won two more gold medals! Ana looked up at the people. Thousands of happy people were calling her name and smiling. She felt proud of the past and exciting about the future. (イ) early the next year, Ana's dreams were destroyed before they started.

[9] On January 23, 1993, Ana had a terrible fire accident. The doctors at the hospital worked hard to save their famous patient. People all over Cuba listened carefully to the radio news. Ana's friends and family hurried to her bed. Bad burns covered 38% of Ana's body and she was almost dead.

[10] A few days later, Ana woke up. "[②]," she said to her doctor. Then her eyes closed. Ana spent five long months in the hospital. Slowly she became better. First, she began walking around her room. Sometimes she cried because it hurt a lot and she was sad. "You must rest," her friends told her. (イ) Ana did not listen. Every day she walked and walked. She did not want to stop fighting.

[11] Only a month after her accident, Ana began walking around inside the hospital. After two months she was running up and down the hospital stairs—fifteen floors! The doctors could not believe their eyes. Ana was winning again—winning against pain. "If I don't run again," she said, "[③]."

[12] Ana went home and started running outside, but the sun's heat was too strong for her. She could only practice very early in the morning and late at night because (ウ). This problem did not stop her. Ana worked hard that year. She wanted to run for her country again. (イ) she was in her thirties now—too old for an international runner, people said. Ana did not listen. In 1993, she ran at the games in *Puerto Rico. Ana could not move her arms or head easily at this time, but she surprised everyone. She ran well, and won a silver medal in the 800-meter race.

[13] By 1995 Ana was running internationally. That summer she won the gold medal for 800 meters in the games in Europe. She was one of the fastest women in the world again! "In my most difficult times," she said, "[④]."

[14] Ana raced many strong, young runners in 1996. At thirty-three years old she was often the oldest woman in her race. But now it was almost time to rest her body and mind. There was one more important race to run. "If I can run in the Olympic Games again, [⑤]," she said.

[15] The 1996 Olympic Games were in the US. Some of the fastest women of all time were there. The early races were very hard for Ana, but she ran fast and well. Now, in the finals, she could race against the world's best runners at the Olympics one more time. She thought this was her last big race. The other women were younger and stronger. Ana was happy to be with them. "I will run as fast as possible," she thought. It was a difficult race, but Ana won the silver medal—she was less than a second behind the winner!

*Ana Fidelia Quirot：アナ・フィデリア・キロット　*Cuba：キューバ共和国

*the Pan American Games：パンアメリカン競技大会。南北アメリカ大陸の国々が参加し，４年に一度開催される総合競技大会。

*Puerto Rico：プエルトリコ自治連邦区

1．choose を［ア］の中に入るように，適切な表現に直しなさい。
2．（イ）には同じ語が入ります。その1語を本文中から抜き出して答えなさい。
3．（ウ）の中に入る最も適切なものを，次から1つ選び，記号で答えなさい。
(あ) she couldn't walk very well and it often rained very hard
(い) she didn't want other people to see her walking around with her friends
(う) her skin was still very weak and it burned very easily
(え) her arms and legs still hurt a lot and her parents wanted her to go to school
4．［①］～［⑤］に入る最も適切な文を，次からそれぞれ1つ選び，記号で答えなさい。ただし，同じ記号を2回以上使ってはいけません。
(あ) I think you can be the best
(い) I will run again
(う) I didn't think that I could come back so strongly
(え) I will be happy
(お) I will die
(か) I thought you could be stronger
5．第8段落の中には文法的に間違った語が1つある。その語を抜き出し，正しい形に直しなさい。
6．本文の内容と一致するものを，次から2つ選び，記号で答えなさい。
(あ) Ana began running around inside the hospital a month after the accident.
(い) In 1991, the Pan American race was held in Cuba.
(う) When Ana was thirteen she left the government sports school.
(え) When Ana had a fire accident, she lost 82% of her skin.
(お) Ana was the oldest runner in the finals of the 1996 Olympic Games.
(か) She won a gold medal in the 800-meter race in 1993.
(き) When Ana was in the hospital, her friends told her to start running.

［III］　次の英文を読んで，設問に答えなさい。（*印の語には注釈がつけてあります。）

The Earth is very old. It has changed often during its long life, and it is still changing. Millions of years ago, when dinosaurs were walking around, the Earth was much（ ア ）. There was very little ice on the land or on the sea, even in the very north or the very south of the world. And the sea was much higher than it is today.

There have been many changes since that time, sometimes to a colder *climate, sometimes to a warmer one. About 20,000 years ago, for example, a time called an *Ice Age began. There was ice over much of the world, and it was 3 kilometers deep over much of North America and Europe. And the sea was not as high as it is today. Our climate has changed many times, and it will change again.

Why does our climate change? Sometimes the change comes from（ a ）the Earth. For example, the Earth moves around the Sun—this is called the Earth's *orbit. Every few thousand years, the Earth changes its orbit around the Sun. The change happens slowly, and ①it brings the Earth near to the Sun or it takes ②it far away from the Sun. When this happens, it can finish an Ice Age—or it can start a new one.

Changes can also come from（ b ）the Earth. An example of this is the *volcano of Krakatoa. When it *erupted in 1883, the sky became dark over many countries, and stayed dark for months. And for more than a year, the Earth was 1 ℃ colder than before.

But now, for the very first time, people are changing the climate. [イ] This change did not happen because of the Earth's orbit—it happened because of us.

Does climate change happen quickly or slowly? The film *The Day After Tomorrow* is about a change that happens very quickly. In the film, the Earth's climate changes in only a few days, and a new Ice Age begins in the north of the world. Can the climate change like this? (c) scientists think that it can—but not as quickly as this. (d) do not. Some think that the climate is changing a lot, and some think that it is changing a little. Some think that it will change quickly, and some slowly. But all scientists (ウ) that climate change is happening. The important question is this: how dangerous will the change be? Some scientists say that the change will be dangerous. They have talked about the dangers of climate change for more than twenty years, but are they right? Is climate change a dangerous problem? Must we do something about it? And what can we do?

＊climate：気候　＊Ice Age：氷河期　＊orbit：軌道　＊volcano of Krakatoa：クラカタウ火山
＊erupt：噴火する

1．(ア)に入る1語を，本文中より抜き出しなさい。

2．下線部①，②の it の指す語句を，それぞれ本文中より抜き出しなさい。

3．(a)と(b)，そして(c)と(d)に入る語の組み合わせとして，最も適切なものを，下からそれぞれ1つずつ選び，記号で答えなさい。

(1) (a)—(b)
　(あ) inside—outside　(い) outside—inside
　(う) on—under　(え) under—on

(2) (c)—(d)
　(あ) Some—Other　(い) Other—Some
　(う) Some—Others　(え) Others—Some

4．[イ] に，以下の文を意味が通るように並べかえ，その順番を記号で答えなさい。
　(あ) A change of just 5 to 7 ℃ can start or finish an Ice Age.
　(い) In the year 1900, the Earth was 0.7 ℃ colder than it was in 2000, just one hundred years later.
　(う) Some people think that this is a small change. But think about this.

5．文脈から考えて(ウ)に入る a で始まる1語を答えなさい。

6．本文の内容と一致するものを，次から1つ選び，記号で答えなさい。
　(あ) During the Ice Age, the sea was lower than it is today.
　(い) The Earth has changed its orbit around the Sun since the Ice Age.
　(う) When the volcano of Krakatoa erupted in 1883, thousands of people lost their lives.
　(え) Some people think that we changed the climate in the year 1883.
　(お) The earth was colder in the year 2000 than it was in 1900.

IV 指示に従って以下の設問に答えなさい。

1．次の各組の(　)に入る同じつづりの英語1語を書きなさい。

(a) The entrance fee of the museum is (　　) during the summer holidays.
　What do you do in your (　　) time?

(b) The sun (　　) at six thirty this morning.
　I like this (　　) the best in the garden.

2．それぞれの英文の意味が通じるように，(　)に入る最も適切な英語1語を書きなさい。ただし，

(a)については指定されている頭文字で書き始めること。

(a) "What's (w-) ?" "I have a headache."

(b) The dog is ( ) care of by my mother.

(c) I'm ( ) forward to seeing you again.

3．次の各組の2つの英文がほぼ同じ意味になるように，( )に入る最も適切な英語1語を書きなさい。

(a) She swam in the sea before she had lunch at home.
She had lunch at home ( ) ( ) in the sea.

(b) Bob couldn't remember her name.
Bob ( ) ( ) to remember her name.

V 指示に従って以下の設問に答えなさい。

1．次の各組の2つの英文がほぼ同じ意味になるように，( )に入る最も適切な英語1語を書きなさい。

(a) Emi was so kind that she helped me with my heavy bag.
Emi was kind ( ) to ( ) me with my heavy bag.

(b) This river is 100 km long. That river is 200 km long.
That river is ( ) as ( ) ( ) this one.

(c) Tom is a child loved by everyone.
Tom is a child ( ) ( ).

2．与えられた語(句)を並べかえて意味の通る英文を完成させ，3番目と6番目に来る語(句)の記号を答えなさい。なお，文頭に来る語(句)も小文字で示されています。

(a) [(あ) wearing (い) front (う) a (え) sat (お) hat (か) a lady (き) in (く) of (け) big] me.

(b) [(あ) kind (い) you (う) this (え) what (お) bird (か) call (き) of (く) do] in English?

3．以下の日本語の意味を表す英文を書きなさい。ただし，それぞれの指示に従うこと。

(a) これらの箱の中に何冊の本が入っていますか。[文中で there を用いること]

(b) 多くの人々がその歌を歌うにちがいない。[The song で始めること]

＜リスニング問題放送原稿＞

(A) 男女の会話がそれぞれ1回読まれます。その会話に対する以下の質問の答えとして最も適切なものをそれぞれ1つ選び，記号で答えなさい。

1．Mom : Tom, are you free now? I want you to go shopping.
Tom : OK, mom. What do you need?
Mom : I need eggs, onions, potatoes, and lemons.
Tom : Do you want milk?
Mom : No, I have some. You can buy them at ABC supermarket.
Tom : I see. I'll go there.

2．Woman : I went to Australia to see my friend during my winter vacation.
Man : How was it?
Woman : Great. It was summer there in December, so we celebrated Christmas on the

beach. On another day, we climbed a mountain near my friend's house.

Man : Wow! Sounds interesting.

Woman : And on New Year's Day I went on a picnic in a beautiful park with my friend and her family.

Man : That's so different from Japan!

3. Woman : May I help you?

Man : I'm looking for something Japanese. It is a present for my friend in Canada.

Woman : I see. How do you like this? It is a *tenugui*. You can use it in many ways, so it is useful.

Man : Sounds great. Do you have any other color? She likes yellow.

Woman : Yes, of course. I'll show you some. Yellow oranges, yellow rabbits, and yellow flowers. We also have a yellow one with no pictures on it.

Man : This one is very cute. She likes animals. I'll buy it.

Woman : Thank you very much.

4. Mariko : Hello? This is Mariko speaking. May I speak to Jack, please?

Jack's father : Sorry, he's gone to the library.

Mariko : I see. May I leave a message?

Jack's father : Of course. What should I tell him?

Mariko : He left his notebook in the classroom. So I'll keep it until he comes for it.

Jack's father : Oh, thank you. I'll tell him about it.

5. Man : Do you have any plans next Sunday?

Woman : Nothing. Why?

Man : Let's go to see a movie. Look! I have two tickets.

Woman : Wow, I really want to see it! What time does it start?

Man : It starts at 11:15. Shall we meet at Musashikosugi station at 10 o'clock?

Woman : It takes about 20 minutes from Musashikosugi to the theater. That's a little early.

Man : Um.... How about 10:30?

Woman : OK.

(B) これから読まれる英文を聞いて，下線部を埋めなさい。英文はそれぞれ3回読まれます。（解答欄には下線部分のみ書きなさい。）

1. It's very cold. We won't go to the park this afternoon.

2. It is going to rain tonight. Take an umbrella with you.

【数　学】 (50分)〈満点：100点〉

注意　1．定規，コンパス，ものさしおよび分度器は使わないこと。

2．電卓・時計・携帯電話等についている計算機能は使わないこと。

3．必要ならば，円周率はπを用いること。

4．答えは分母に根号を含まない形で答えること。

Ⅰ　次の各問に答えなさい。

問1．$\dfrac{\sqrt{8}+\sqrt{3}}{\sqrt{2}}-\dfrac{\sqrt{24}-3}{\sqrt{6}}$ を計算しなさい。

問2．x，yについての連立方程式$\begin{cases}2x-y=13\\0.3x-0.7y=1.4\end{cases}$を解きなさい。

問3．xについての2次方程式 $\dfrac{x^2+1}{3}=\dfrac{x(x-2)}{2}-1$ を解きなさい。

問4．$x+y=-2$，$xy=-\dfrac{45}{4}$ であるとき，$P=x^2+3xy+y^2$ の値を求めなさい。（途中式も書くこと）

Ⅱ　次の各問に答えなさい。

問1．$\sqrt{\dfrac{378}{n}}$ が2以上の自然数となるような自然数nを求めなさい。

問2．原価250円のパンフレットを販売するのに，間違えて28冊多く仕入れてしまった。これらに原価の20％の利益を見込んで定価をつけ販売したところ，40冊売れ残った。そこで売れ残った分を定価の半額にしたところ，全て売り切れ，全体で29,000円の利益が得られた。はじめに仕入れる予定であったパンフレットの冊数を求めなさい。

問3．定義域がともに $-1\leqq x\leqq 3$ である2つの関数 $y=\dfrac{4}{3}x^2$ と $y=ax+b\,(a<0)$ について，値域が一致するようなa，bの値を求めなさい。

問4．面積が$24\pi\,\mathrm{cm}^2$，弧の長さが$6\pi\,\mathrm{cm}$の扇形の中心角の大きさを求めなさい。

問5．底面が半径3cmの円，母線の長さが9cmである円錐の体積を求めなさい。

問6．右の図のように平行四辺形ABCDにおいて，BE：EC＝2：1，CF：FD＝3：1，GはADの中点である。AEがBG，BFと交わる点をそれぞれH，Iとするとき，AE：HIを最も簡単な整数の比で表しなさい。

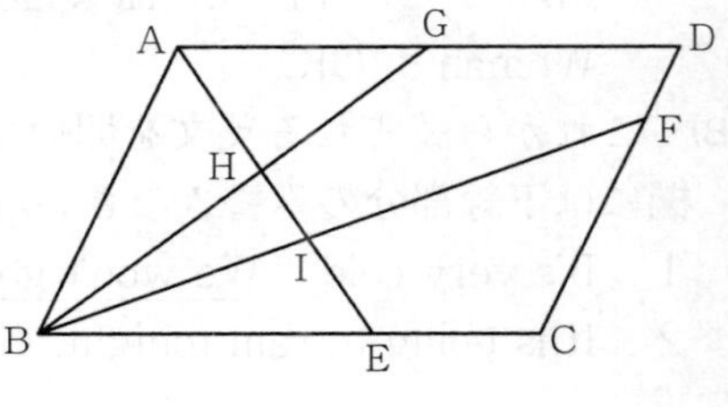

Ⅲ　サイコロを3回投げ，次の規則にしたがって白と黒の碁石を左から順に並べる。

規則

・出た目の数が1，2，3のときは，黒の碁石を置く。
・出た目の数が4，5のときは，白の碁石を置く。
・出た目の数が6のときは，何も置かない。

サイコロを3回投げ終わったときの白と黒の碁石の並びについて，次の各問に答えなさい。

問１．碁石の並びが，左から順に黒・白・黒となる確率を求めなさい。

問２．碁石の個数がちょうど１個となる確率を求めなさい。

Ⅳ　右の図のように，放物線C：$y=\frac{1}{2}x^2$と直線l：$y=-x+12$が点Aで交わっている。ただし，点Aのx座標は正とする。放物線C上の原点Oと点Aの間に点Pをとり，点Pからy軸に平行な線を引き，x軸との交点をQとする。四角形PQRSが長方形となるようにx軸上に点R，直線l上に点Sをとる。このとき，次の各問に答えなさい。

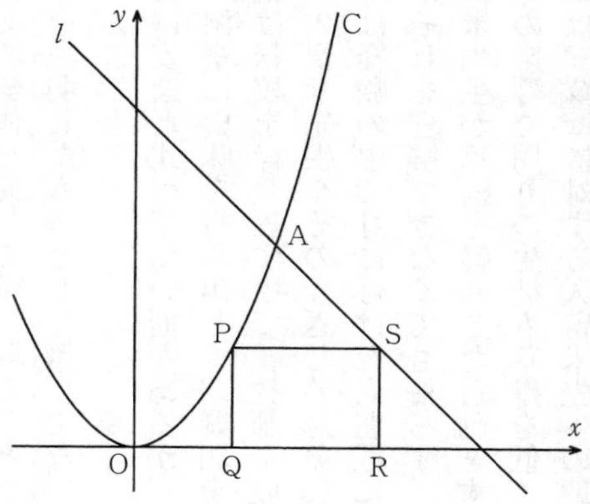

問１．点Pのx座標をaとするとき，点Sのx座標をaを用いて表しなさい。

問２．長方形PQRSが正方形になるとき，点Pの座標を求めなさい。

Ⅴ　右の図のように長方形ABCDと正方形ABFEがある。円Oは正方形ABFEに内接している。辺AB，辺DCの中点をそれぞれL，Mとし，LMとEFの交点をNとする。円Oの周上に点Pをとり，直線LPと辺EDとの交点をQとすると，PN∥QMとなった。AE＝4cm，ED＝2cmであるとき，次の各問に答えなさい。

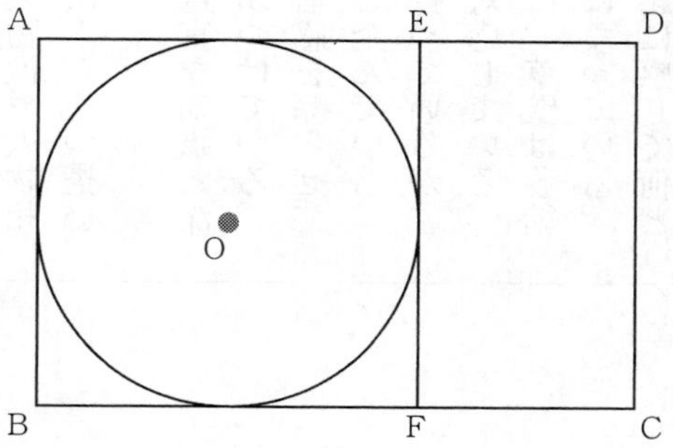

問１．∠LQMの大きさを求めなさい。

問２．面積比△LQM：△MDQ：△QALを分数を含まない形で表しなさい。

Ⅵ　右の図の直方体ABCD-EFGHは，底面が１辺$\sqrt{2}$cmの正方形で，高さが6cmである。辺EH，辺EFの中点をそれぞれP，Qとするとき，次の各問に答えなさい。

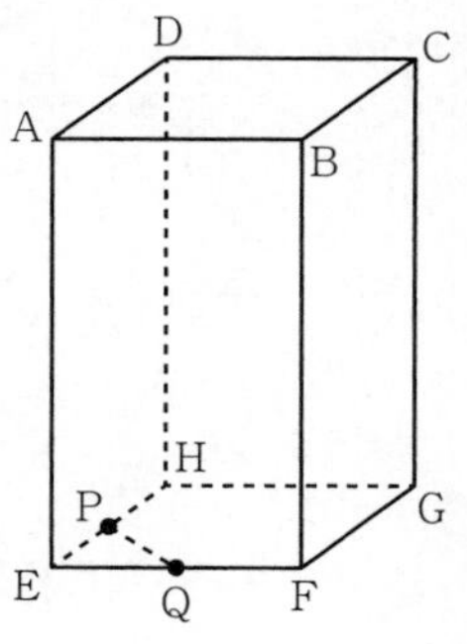

問１．△EQPと△EFHにおいて，中点連結定理PQ＝$\frac{1}{2}$HF，PQ∥HFが，成り立つことを相似の考え方を利用して証明しなさい。

問２．△CPQの面積を求めなさい。

問３．三角錐C-GPQにおいて，頂点Gから△CPQに垂線を下ろしたときの交点をIとする。このとき，線分GIの長さを求めなさい。

待効果」はプラス、マイナスの両面に影響が出る一方で、「病は気から」はプラスに限られた影響が出る点が違っている。

イ、どちらも考え方次第で結果が変わる点では共通しているが、「教師期待効果」はプラス、マイナスの両面がある一方で、「病は気から」はマイナス面だけが表われる点が違っている。

ウ、どちらも考え方次第で結果が変わる点では共通しているが、「教師期待効果」は相手に影響を与えるものであるのに対し、「病は気から」は自己に向かうものだという点が違っている。

エ、どちらも考え方次第で結果が変わる点では共通しているが、「教師期待効果」は一方が効果を意識するものであるのに対し、「病は気から」は無意識的なものである点が違っている。

オ、どちらも暗示であるという点で共通しているが、「教師期待効果」が他者に一方的に向けられるものであるのに対し、「病は気から」は自他が共に影響し合うという点が違っている。

問七　傍線部⑥「敵は、先入観だよ」とあるが、「先入観」が「敵」となる場合の具体例を、本文中より七十字以上八十字以内で抜き出し、はじめとおわりの三字ずつを答えよ。ただし、句読点等も字数に含むものとする。

問八　この文章全体を通じて読み取ることができる人物像や人物相互の関係を説明したものとして適切でないものを次から一つ選び、記号で答えよ。

ア、加賀は安斎と比べて幼い面があるが、安斎の豊富な知識と深く鋭い洞察に興味を持ち出して、疑問を素直にぶつけている。

イ、安斎は転校を繰り返す中で、教師全般への不信感を募らせており、久留米先生をその仕返しの対象にしようと企んでいる。

ウ、安斎は経験の中で身に付けた人間観に自信を持っているが、加賀がそれを理解できなくても侮らず、丁寧に対応している。

エ、久留米先生が草壁を軽んじた言動をするために、草壁は萎縮し、その影響で周りの生徒も草壁を低く見がちになっている。

オ、安斎は、草壁に対する久留米先生の態度を問題に感じて何とかしようと思案し、そのことに加賀を巻き込もうとしている。

たのか分からぬが言って、安斎の話を促した。

「でもさ、それを考えれば、一番の敵は」

「敵？」

「⑥敵は、先入観だよ」

「先入観？」それ自体が分からなかった。

「決めつけ、のことだよ」

「どういうこと」

「久留米先生の先入観を崩してやろうよ」

（伊坂幸太郎『逆ソクラテス』より）

問一 傍線部①「まあ、そうだろうね」②「まあ、そうだけど」とあるが、これらの言葉から「僕」のどのような心情を読み取ることができるか。最も適切なものを次から選び、記号で答えよ。

ア、自分には興味のないドクロの服の話を持ち出して持論を展開しようとする安斎に戸惑い、ただ話を聞くばかりで真意を測りかねている。

イ、安斎の言葉遣いも論理も難しすぎてよく理解できないのだが、それを知られるのが恥ずかしくて、適当に調子を合わせようとしている。

ウ、自分の思いに従って強引に話を展開させていく安斎の語り口に少しうんざりし、自分なりに反論を試みようとタイミングを計っている。

エ、安斎の独特な論法に聞き入るうちに、知らず知らず自分の考えもなしに相手に取り込まれていたことに気づき、抵抗しようとしている。

オ、これまでの転校の経験を通じ処世術に長けている安斎の論には抵抗できず、たとえ理解できなくても受け入れるほかないと諦めている。

問二 空欄Ⅰ・Ⅱに入る言葉として最も適切なものを次から選び、それぞれ記号で答えよ（同じ記号は二度選べない）。

ア、例外　イ、主観　ウ、画一　エ、客観　オ、特徴　カ、典型

問三 傍線部③「僕はその時はすでにブランコから降り、安斎の前に立っていたのだと思う」とあるが、この部分から「僕」のどのような心情を読み取ることができるか。最も適切なものを次から選び、記号で答えよ。

ア、それまでの安斎の主張が理路整然としていて十分納得できたので、ここで示されようとしている「負けない方法」を一刻も早く知ろうと、気が急《せ》いている。

イ、それまでの安斎の主張はまわりくどかったが、ここで示されようとしている「負けない方法」でようやく結論にたどり着けると思い、気分が高揚している。

ウ、それまでの安斎の主張には論理的矛盾があったので、ここで示されようとしている「負けない方法」にも不信感を抱き、だまされまいとして身構えている。

エ、それまでの安斎の主張には理解できない点があったが、ここで示されようとしている「負けない方法」に対しては強い関心をもち、期待がふくらんでいる。

オ、それまでの安斎の主張の説得力に驚嘆していたので、ここで示されようとしている「負けない方法」を自分が独占的に知り得ることを喜び、興奮している。

問四 傍線部④「ラベルを貼ったこと」とあるが、「ラベルを貼る」とは具体的にどのようなことか。本文中の言葉を用いて十字以上十五字以内で答えよ。

問五 空欄X・Yに入る語として最も適切なものを次から選び、それぞれ記号で答えよ（同じ記号は二度選べない）。

ア、鼻　イ、首　ウ、頭　エ、骨　オ、腰

問六 傍線部⑤「ちょっと違うかも」とあるが、「教師期待効果」と「病は気から」の違いはどのような点か。その説明として最も適切なものを次から選び、記号で答えよ。

ア、どちらも暗示であるという点では共通しているが、「教師期

い返すべきなんだよ」
「何で」
「『僕は、情けないとは、思わない』ってさ」安斎は自信に満ちた言い方をする。「落ち着いて、ゆっくりと、しっかり相手の頭に刻み込むように」
「そんなことに効果があるかなあ」
「あるよ。だって、加賀のお父さんが情けないかどうかは、人それぞれが感じることで、誰かが決められることじゃないんだ。『加賀の親父は無職だ』とは言えるけど、『情けないかどうか』は分からない。だいたい、そいつらは、加賀のお父さんのことを何も知らないんだ。だから、ちゃんと表明するんだ。僕は、そうは思わない、って。君の思うことは、他の人に決めることはできないんだから」
その時の僕は、はあ、と弱々しく相槌《あいづち》を打ったはずだ。安斎の言っていることを半分も理解できていなかった。
さらに安斎は、あの、大事な話をはじめた。
「それでね、久留米先生はその Ⅱ だよ」
「Ⅱ？」
「自分が正しいと信じている。ものごとを決めつけて、それをみんなにも押し付けようとしているんだ。わざとなのか、無意識なのか分からないけれど。それで、クラスの生徒たちはみんな、久留米先生の考えに影響を受けるし、ほら、草壁のことだって、久留米先生が、『ダサい』と④ラベルを貼ったことがきっかけで」
「ダサいと言ったんじゃなくて、女みたいだと言ったんだ」
「転校してきてから観察してたのだけれど、久留米先生は、草壁を見下した態度を取ることが多いよ」と安斎は続けた。「たとえば、同じような問題を解いたとしても、草壁が正解した時には、『簡単すぎる問題だったかもしれないな』とコメントする。もし、優秀な佐久間が答えれば、『よく分かったな』とプラスの言葉を添える。それだけでも、本人はもとよりクラスメイトたちに、印象付けを行うことができる。草壁はいつも褒められず、佐久間や土田は褒められる。結果的に、草壁は萎縮し、周りの人間はこう思う。草壁は自分たちより下の人間で、少々、蔑《ないがし》ろにしても問題はない、と。
「それでさ、ちょうどこの間、テレビで見たんだけど」安斎が言う。
「何を？」
「何だっけな。教師、教師効果、教師期待効果だったかな」
「何だろう、それ。知らないよ」僕はすぐに、頭を左右にぶるんぶるんと振った。
「教師期待効果っていう法則っていうか、ルールっていうか、そういうのがあるんだって」
「こうか？」僕は咄嗟《とっさ》に、記念硬貨の一種ではないか、と思いそうになる。
「先生が、『この生徒は将来、優秀になりそうだぞ』と思って、接していると、実際に、優秀になるんだって」
「え、そうなの？」
「まあ絶対そうなる、ってわけじゃないけど。でも、普通の生徒が問題が解けなくても気にしないのに、優秀になるぞ、と期待している生徒が間違えたら励ますかもしれないだろ。もしかするとすごく熱心に問題を一緒に解いてくれるかもしれない。何かやり遂げるたびに、たくさん褒めるかもしれない。そうすることで、生徒は実際に、優秀になっていく」
「なるほど、ありそうだね」
「逆もあるよ。『この生徒は駄目な子だ』って思い込んで接していたら、その生徒が良いことをしても、『たまたまだな』って思うだろうし、悪いことをしたら、『やっぱりな』って感じるかもしれない。予言が当たる理屈も、これに近いんだって。それくらい先生の接し方には、影響力があるってことかも」
「病は気から、っていうのと同じかな」
安斎はブランコに座りながら腕を組み、ううん、と唸《うな》り、「⑤ちょっと違うかも」と X を捻《ひね》る。
話の Y を折ってごめん、と僕は、その時はどういう表現を使って答えよ。

問七　傍線部⑤「外国語というものに対して不信、警戒、嫌悪の念をいだくどころか、むしろ憧れや過度の美化といった肯定的な態度を、一般の人が現在でももちつづけているのです」とあるが、筆者は、日本人がこのような態度を取るようになった理由をどのように考えているか。本文全体をふまえて八十字以上百字以内で説明せよ。ただし、「言語的被害者」「エリート」の二語を必ず用いること。

三　次の文章を読んであとの各問に答えよ。（なお、出題の都合上、本文を省略した箇所がある）

場面は変わる。自宅近くの児童公園だ。そこで安斎が話してくれた内容は、忘れられない。細かいやり取りは例によってうろ覚えだが、おおよそ次のような会話だったはずだ。

「加賀、あのさ」安斎はブランコに尻をつけ、こぎながら、言った。僕は隣のブランコの上に立ち、膝を曲げ、少しずつ揺れを強くしはじめた。「たとえば、加賀が、ドクロマークの服を着ていたとするだろ」

「え、何のこと?」僕はブランコを動かすのに力を入れはじめていたため、大事な単語を聞き間違えたのかと思った。

「ドクロの服だよ。どう思う?」

「どうって」

「それで、学校に行ったら、たとえば久留米先生とか土田が、こう言うんだ。『加賀は、ドクロの服を着て、ダサいな』って」

「そりゃあ」僕は想像する。「やだよ。恥ずかしいかも」

「だろ。そして、たぶん、クラスのみんながこう思うんだ。『あの、加賀が羽織《はお》っている、ドクロのジャンパーはダサい』って。それから、『加賀はダサい奴《やつ》だ』って思う」

「①まあ、そうだろうね」

「でもさ、考えてみろよ。ドクロがダサいなんて、そんなの[I]的な評価じゃないんだよ」

「[I]的って、どういうこと」

「絶対正しいこと、って意味だよ。ドクロマークを恰好《かっこう》いいと感じる人もいれば、ダサいと思う人もいるし。決められることじゃないんだ。正解なんてないんだから。一足《た》す一が二っていうのとは全然違う」

「②まあ、そうだけど」安斎が何を言いたいのか、よく分からなかった。

「俺たちは、誰かの影響を受けずにはいられないんだから、自分がどう思うかよりも、みんながどう思うかを気にしちゃう。君は、ドクロマークがダサいと言われたら、そう感じずにはいられないし、もう着てはこられない」

「僕は、ドクロのジャンパーを持っていないけど」

「今まであちこちの学校に通ったけどさ、どこにでもいるんだよ。『それってダサい』とか、『これは恰好悪い』とか、決めつけて偉そうにする奴が」

「そういうものなのかな」

「で、そういう奴らに負けない方法があるんだよ」

③僕はその時はすでにブランコから降り、安斎の前に立っていたのだと思う。ゲームの裏技を教えてもらうような、校長先生の物まねを伝授されるような、そういった思いがあったのかもしれない。

「『僕はそうは思わない』」

「え?」

「この台詞《せりふ》」

「それが裏技?」

「たとえばさ、加賀のお父さんが会社を首になったとするだろ」

「なってないけど」

「たとえばだよ。で、誰かに、情けない親父《おやじ》だな、と言われたとする。周りの同級生は少し笑うだろう。そこで加賀は、これだけは言役立つものだけを選んで、うまく利用することが許されるという、まことに恵まれた国際環境の中に、何と有史以来つい先頃の高度経済成長期まで置かれていたのです。

その結果、他の多くの国の人にはまったく考えられない、⑤外国語というものに対して不信、警戒、嫌悪の念をいだくどころか、むしろ憧れや過度の美化といった肯定的な態度を、一般の人が現在でももちつづけているのです。

こうしてみると外国語というものは、日本人にとってつい先頃までは、それを学べば学ぶほど国のためになり、そして立場上外国語を学んで身につけることのできた少数の人には、人も羨《うらや》む立身出世を約束し、同時に大きな経済的利益をもたらす魔法の杖のようなものだった、と言っても言い過ぎではないと思います。

このようなわけで、日本では長い間、ある人が外国語(ただしその時々の先進国の言語)ができるということは、その人が社会のエリートだということと同義であり、まわりの人々から羨望《せんぼう》の眼差しで見られるのが常でした。そして外国語ができるということが、まるでその人の人物までも優れているという笑うべき錯覚をすら生むようになっているのです。私はこのようなかたよった外国語に対する見方を払拭《ふっしょく》しない限り、日本人は国際化時代において適切な言語的対応を外国に対してとることが難しいと思うのです。

(鈴木孝夫『日本人はなぜ英語ができないか』より)

問一 空欄A~Dに入れるのに文脈上最も適切な語を、Aは自分で考えて、B~Dは本文中から抜き出して、いずれも三字以内で答えよ。

問二 空欄Ⅰ~Ⅳに入る語の組み合わせとして、最も適切なものを次から選び、記号で答えよ。

ア、Ⅰ しかも　Ⅱ しかし　Ⅲ したがって　Ⅳ ただ
イ、Ⅰ しかも　Ⅱ だから　Ⅲ そして　Ⅳ ただ
ウ、Ⅰ また　Ⅱ しかし　Ⅲ もちろん　Ⅳ そして
エ、Ⅰ また　Ⅱ しかも　Ⅲ したがって　Ⅳ そして

問三 傍線部①「歴史的にみた日本人の外国語(つまり異言語)体験それ自体は、決して無視できるほど小さなものではありません」とあるが、これは具体的にはどういうことか。その説明として適切でないものを次から一つ選び、記号で答えよ。

ア、日本に渡来した人たちの旺盛な活動により、外国語由来の言葉が日本人の日常生活の中に根付いたこともあること。
イ、日本の中でも、特定の地域においては、長期にわたって複数の言語どうしの接触が続いてきたということ。
ウ、従来日本にはなかった特別な技術を持つ人々が渡来したことで、異なる言語どうしの交流が生じたということ。
エ、江戸時代には日本人の海外渡航がいっさい禁止されるほど、外国語による日本語の侵食が激しかったということ。

問四 傍線部②「この二世紀半にもわたった徳川期における日本人のあり方」とはどのようなことか。その説明として最も適切なものを次から選び、記号で答えよ。

ア、海外への渡航も国外からの帰国もいっさい認められないがゆえに、かえって外国語への強い憧れが醸成されていた状態。
イ、諸外国との交易にかかわる役人や商人以外の一般の日本人が、外国人の姿やその言葉に触れることは全くなかった状態。
ウ、「鎖国」とはいっても、いくつかの国や地域とは貿易・交易が行われ、異言語交流が広範な地域で続けられていた状態。
エ、幕府が諸外国との交流を断ったことで日本が完全に孤立して、その影響で独自の外国語観が発達することになった状態。

問五 傍線部③「外国語に対する警戒心、嫌悪感、そして反撥といった否定的な感情、排斥的な態度が殆ど存在しない」とあるが、これと同じことを述べている部分をこの傍線部以降の本文中から四十字以内で抜き出し、はじめとおわりの三字ずつを答えよ。ただし、句読点等も字数に含むものとする。

問六 傍線部④「言語上の圧迫をも経験」とあるが、実際にその「圧迫」を経験したとされる「言語」を本文中から四つ抜き出し

かったため、世界的に見ても非常に変わった特殊な、言語というものに対する見方や感じ方を今でももつようになったのです。

まず第一に日本人の外国語に対する受けとめ方、見方の特異性について言いますと、既にふれたように、多くの民族に見られるような③外国語に対する警戒心、嫌悪感、そして反撥《はんぱつ》といった、否定的な感情、排斥的な態度が殆ど存在しないかわりに、きわめて強い憧れの気持のあることが、際《きわ》立った特徴として挙げられます。

歴史上たびたび異民族の侵略を受け、長期にわたって外国に国土を占領されたり、あるいは植民地にされるなどした民族は、その殆どの場合、同時に④言語上の圧迫をも経験しています。行政や裁判といった公的な場面はいうまでもなく、学校教育でも征服者の言語だけが用いられることがしばしばでした。そして自分たちに固有な言語は、使う場面が極度に制限されたり、はなはだしい場合には一切の使用が禁止されてしまうのです。

たとえば後にフランスで放射能研究の第一人者となったM・キュリー夫人は、祖国のポーランドがロシアの支配下におかれ、学校内ではポーランド語を使うことが一切許されなかったという、辛《つら》く悲しい少女時代を過ごしました。そのことを生き生きとした筆で綴った、夫人の次女の手になる伝記を読むと、[B]による言語支配というものが、どれほど人の心を傷つける恐ろしいものかがよくわかります。

また、ソ連時代のウクライナ共和国では、ロシア語と近い関係にあるウクライナ語の公的な使用が禁止され、ウクライナ固有の文学や歴史も学ぶことができませんでした。更にまたソ連領中央アジアのトルコ系民族の場合は、近代になってローマ字表記を使っていたのが、スターリン時代にソ連に隣接して住む、同じトルコ系の民族との相互交流を妨げるために、ロシア文字(キリール文字)に変えられてしまったのです。

これらはほんの一例で、これまで世界には異民族によって征服され支配された結果、自分たちに[C]な言語がさまざまな形で圧迫され、なかには完全に消滅してしまった例が、数限りなく見られます。日本に関して言えば、先にふれたアイヌ語の事実上の消滅がそれにあたりますし、また近代になって日本が植民地としたかつての「朝鮮」において、日本語の普及が強力にはかられたことによって、朝鮮語が圧迫されたという事実も同様な例です。

しかしこのように他の言語に対しては加害者としての経験を持つ日本人は、反対に外国の圧力によって、自分たちの言語である日本語の自由な使用を制限されるとか、更には日本語そのものが禁止されて、そのかわり他の言語を日常的に使うことを[D]されるといった、言語的被害者の立場に立たされたことが、民族の長い歴史を通してただの一度もなかったのです。

ところが日本とは違って、自分たち自身の言語を社会的な場面で使うことが許されなかったり、支配者の言語を強制されたために、固有の言語が消滅の危機に立たされるという経験をした民族は、生き延びるためにやむをえず外国語を学び、たとえそれに上達しても、その言語に対して心からの愛着を感じたり誇りをもったりすることがないのは当然でしょう。それどころか、この押しつけられた支配者の言語を憎み呪《のろ》う場合も少なくありません。

独立後の韓国政府が、日本語の学習や使用に対してとってきたさまざまな厳しい措置や、徹底した排斥の態度を見るにつけても、私は自国語が圧迫されたり奪われそうになった経験の皆無な日本人は、およそ外国語というものに対して、不信の念や嫌悪の情といった否定的な感情をもっていない、非常に珍しい民族だとつくづく思うのです。

その上、日本人は先に説明したように、国内でも国外でも、異言語との間に食うか食われるかの対立競合という緊張状態を、まったくといえるほど経験せずにすんだだけでなく、いざ外国語が必要となった場合には、後に説明するように、みずから進んで社会の上層部に属する人々だけがこれを学び、進んだ外国の文化文明を国内に取り入れることができました。しかもその際に、自分たち日本人にいくつかの［A］（例、テンプラ、ジュバンなど）が残っていることからも、うかがうことができます。

［Ⅰ］この時期はまだ、日本人の海外進出がきわめて盛んな時代でしたから、東アジアや東南アジアの各地で、日本人はタイ語をはじめとする数多くの外国語に接していたに違いありません。そしてまたこの間には、二度にわたる秀吉の朝鮮侵寇《しんこう》もあったわけです。

［Ⅱ］十七世紀に入ると、キリスト教宣教師の追放とあわせて、それまで自由に行われていた海外貿易を幕府が一手に掌握するために、日本人の海外渡航はいっさい禁止となり、外国人の入国はもちろんのこと、既に国外に出ていた日本人の帰国も認めないという、後に言う「鎖国」の状態に入ってゆくことになります。

その結果、日本と西洋諸国との唯一の窓口が長崎の出島とされ、毎年わずかのオランダ船だけが寄港を許される、という形の鎖国体制が、以後二百五十年も続くことになりました。しかしこの間にも長崎では中国貿易、対馬においては朝鮮との貿易、そして松前藩による北方原住民との交易などは、途絶えることなく続けられていたのです。

［Ⅲ］鎖国ということばのもつ、日本が諸外国に対して一切の門戸を閉じ、外の世界とは孤立し絶縁の状態にあったかのような強いイメージは、必ずしも徳川時代二百五十年の日本の対外関係を正しく表わしているとは言えないことになります。

［Ⅳ］この二世紀半もの間、非常に少数の役人と特定の商人をのぞく一般の日本人は、外国の人と日常的に接触することはおろか、外国人の姿を見たり異国のことばを聞くことすら、まったくなかったことは事実です。その意味ではこの長い鎖国時代が、後の日本人の外国観、そして外国語観に、非常に大きな影響を与えることになったということは、充分留意しておく必要があります。

私たちはよく「日本人はいろいろな点で特殊だ」と言いますが、その特殊性なるものの大部分は、②この二世紀半にもわたった徳川期における日本人のあり方が作り出したもので、それ以前の日本人はどう見ても、とくに他の国の人々と変わった点は少ないように思えます。

さて明治になって日本が開国した後も、一般日本人と外国語との関係は、あまり変わりませんでした。たしかに横浜や神戸といった港町や東京などでは、西洋人の姿を見ることができるようにはなりましたが、それでもこれらの人々との異言語交流ということになれば、普通の庶民にはまったく縁のないことだったからです。

その後台湾と朝鮮を植民地としたことで、かなりの数の日本人がこれらの地域（外地）に進出し、一部は軍人または官吏として、大部分の人は商工業や農業などに従事するようになったため、当然のことながら現地の人々との間にさまざまな交流が生まれました。

しかし日本の場合にかぎらず、植民地経営というものはいつどこでも、乗り込んでいった宗主国の人たちが、現地の人々に自分たちの言語を押しつけて使わせる方式で行われるものですから、ある国が植民地をもったからといって、すぐ外国語（現地語）のできる人が国内に急増するというわけでもありません。だから異言語交流という点から見れば、これらの日本人は国外に住みながら、生活全般は殆《ほとん》ど日本語だけですんでいたのです。

また昭和になると、日本は中国大陸に大変な数の軍隊を送り、その後は東南アジア各地で英・米・蘭を主力とするいわゆる連合国を相手に、約三年半にわたる大戦争を行いました。この間何百万人もの日本人が、あるいは兵士としてあるいは民間人として、いろいろな民族と接触したわけですが、これは戦争という特殊な状況下であったこと、期間がきわめて短かったこと、そして大部分の交流は片《かた》言《こと》の日常会話を別とすれば、殆ど通訳を介して行われたことなどから、外国語が使えるようになった人の数はあまり多いとはいえなかったようです。

このようなわけで、日本人はそもそも国内に日本語と対立拮抗《きっこう》する強力な異言語がなく、その上外国語と日常接する機会もあまりな

二〇二〇年度　法政大学第二高等学校

【国語】（五〇分）〈満点：一〇〇点〉

一　次の各問に答えよ。

問一　次の①～④の語句の「対義語」を正確に漢字二字で答えよ。

①　敏感　②　充足　③　感情　④　現実

問二　次の①～③のそれぞれの組の傍線部の語の中から、一つだけ意味・用法が異なるものを選び、記号で答えよ。

①　ア、読みたい本がたくさんある。
　　イ、練習して更に技術を得たい。
　　ウ、彼のような逸材は得がたい。

②　ア、口を出さないように注意する。
　　イ、この映画は本当に面白くない。
　　ウ、私は朝食をほとんど食べない。

③　ア、私の好きな色は青だ。
　　イ、彼はいつでも親切だ。
　　ウ、もう安全だと言われた。

問三　次の①～③の慣用句の空欄に入る生き物の名称を正確に漢字一字で答えよ。

①　【　】の額…ごく狭い場所

②　【　】が合う…気が合う

③　【　】の子…大切にして手元から離さないもの

二　次の文章を読んであとの各問に答えよ。（なお、出題の都合上、本文を省略した箇所がある）

　私たち日本人は有史以来、自分たちの日本語とは違う言語（正確にいえば異言語ですが一般的には外国語）と、日常生活の中で接し、これを使うという経験が、非常に乏しかった民族だといえます。そして、じつはこのことが現在でも、多くの日本人が学校で大変な時間をかけて英語を勉強しているにもかかわらず、あまり成果が上がらないということの、遠い原因の一つでもあるのです。

　しかしこのようなことは、広く世界を見渡して、外国ではいくつもの異なった言語を話す人々が混じって暮らしている方が、むしろ普通だなどということと比較した上での話であって、日本だけに注目すれば、①歴史的にみた日本人の外国語（つまり異言語）体験それ自体は、決して無視できるほど小さなものではありません。

　よく知られているように、つい最近まで北海道には生まれつきアイヌ語を話して育った少数の人が暮らしていましたし、また北海道全土はいうまでもなく、東北や関東の広い地域にもアイヌ語のなごりが、地名などに多数見られます。このことからしても、日本人とアイヌ語の接触は、非常に長くしかも深いものだったことは、疑うことのできない事実でしょう。

　また古くから西日本を中心に大陸から、政治的亡命者や特殊技能保持者（たとえば陶《とう》業、金属精錬、織物、紙漉《す》きなど）といった、さまざまな能力や特技をもつ異民族集団が、たびたび渡来して日本各地に住みつき、その中には中央政府の高い地位についた人もたくさんいたわけですから、このような人々と日本人との間には、いろいろな異言語交流が当然あったはずです。

　下って十六世紀後半から十七世紀にかけては、いわゆる南蛮人《なんばんじん》の渡来が始まり、とりわけ多数のキリシタン僧侶の精力的な活動は、九州各地をはじめとした関西方面で、日本語に少なからぬ影響を与えました。このことは今でもこの時代のポルトガル語に由来する、

英語解答

Ⅰ (A) 1 (1)…(う) (2)…(え)

2 (1)…(い) (2)…(あ)

3 (1)…(い) (2)…(う)

4 (1)…(え) (2)…(う)

5 (1)…(う) (2)…(あ)

(B) 1 We won't go to the park this afternoon.

2 Take an umbrella with you.

Ⅱ 1 were chosen 2 But

3 (う)

4 ①…(あ) ②…(い) ③…(お) ④…(う) ⑤…(え)

5 間違った語…exciting
正しい形…excited

6 (い), (お)

Ⅲ 1 warmer

2 ① The change ② the Earth

3 (1)…(い) (2)…(う)

4 (い)→(う)→(あ)

5 agree 6 (あ)

Ⅳ 1 (a) free (b) rose

2 (a) wrong (b) taken
(c) looking

3 (a) after swimming
(b) wasn't able〔was unable〕

Ⅴ 1 (a) enough, help
(b) twice, long as
(c) everyone loves

2 (a) ３番目…(う) ６番目…(え)
(b) ３番目…(い) ６番目…(あ)

3 (a) How many books are there in these boxes?
(b) The song must be sung by a lot of〔many〕 people.

Ⅰ〔放送問題〕解説省略

Ⅱ〔長文読解総合―ノンフィクション〕

≪全訳≫❶アナ・フィデリア・キロットは，キューバ東部の小さな町で生まれた。彼女は幸せな子どもで，幼い頃から走るのが大好きだった。スポーツは彼女の家族にとって重要であり，それはキューバにとっても重要だった。政府は，世界で最高の医者，最も賢い教師，最も強いスポーツ選手を生み出したいと思っていた。若い科学者とスポーツの得意な子どもたちのための，特別な政府の学校があった。❷10歳のとき，アナはとても速く走れた。まもなく彼女はレースで勝つようになった――多くの場合靴も履かずに！ 彼女は政府のスポーツ学校の人に，会いに来てほしいと思っていた。当時，キューバで最高の生徒だけが選ばれることをアナは知っていたのだ。だから，彼女は毎日一生懸命練習した。ついに，彼女は待ち望んでいた知らせを聞いた。13歳のとき，彼女は政府のスポーツ学校に場所を得た。「私が一生懸命がんばれば」 彼女は思った。「キューバで最速の女子になれる」❸アナの新しい学校の他の子どもたちは，背が高く体力があった。しかし，アナの体は変化していた。彼女は背が伸びなくなり，体が大きくなり始めた。彼女は体が重くなったようにも感じたので，あまり練習しなくなった。アナの将来は，彼女にとって明るくわくわくするようなものには見えなかった。❹しかし，アナの学校が彼女に退校を求めたとき，彼女はとても注意深く考えた。彼女は学校とそこでの生活が大好きだと気づいた。それは彼女の夢で，彼女はそれを失いたくなかった。ベアト先生はキューバで最も有名なランニングの先生の１人で，アナのことを知っていた。彼女は体重が重かったが，体力があり，速かった。彼にはそれがわかっていた。「400メートル走をやってみなさい」と彼は言った。「①君は最高になれると思うよ」❺それは簡単ではなかったが，ベアトの助けを得て，アナは毎日一生懸命練習した。彼女は再び，学校のレースで勝ち始めた。すぐに彼女は，400メートル走と800メートル走でキューバ最速の女子になった。心も強くなった。彼女は痛みと闘うことや，夢を信じることを学んだ。❻アナは学校を卒業し，毎日より熱心に，より長い時間練習をした。1987年，彼女はアメリカで開催されたパンアメリカン競技大会で金メダルを２つとり，1989年には800メートル走の全てのレースで優勝した。彼女の名前は，今や世界中で知られるようになった。❼アメリカで開催されたパンアメリカン競技大会から４年後，アナは再びパンアメリカン競技大会で走る準備ができていた。このレースはアナにとって，とても重要だった。というのも，今度のパンアメリカン競技大会はキューバで行われるからだった。彼女はキューバで最も有名な走者となり，祖国は彼女に注目していた。❽アナのレースは速く，人々をわくわくさせた。彼女は400メートル走と800メートル走で，他の走者よりも速く走った。彼女はさらに２つの金メダルをとった！　アナは人々の方を見た。何千もの幸せそうな人々が，彼女の名を呼び，ほほ笑んでいた。彼女は過去を誇りに思い，未来にわくわくしていた。しかし，翌年の初め，彼女の夢は，それが始まる前に打ち砕かれた。❾1993年１月23日，アナはひどい火事に巻き込まれた。病院の医者たちは，その有名な患者を救おうと懸命に努力した。キューバ中の人々が，ラジオのニュースを注意深く聞いていた。アナの友達と家族は彼女のベッドに急いだ。アナの体の38％にはひどいやけどがあり，彼女は死に瀕していた。❿数日後，彼女は目覚めた。「②私はまた走ります」と，彼女は医者に言った。そして，目を閉じた。アナは５か月もの間，病院で過ごした。彼女は徐々に回復した。彼女はまず，部屋を歩き回り始めた。とても痛くて，悲しくて，泣いてしまうこともあった。「休まなきゃだめよ」と，友達は彼女に言った。しかし，アナは聞き入れなかった。毎日，彼女は歩きに歩いた。彼女は闘うことをやめたくなかった。⓫事故からわずか１か月で，彼女は病院の中を歩き回るようになった。２か月後には，病院の階段を走って上り下りしていた――15階も！　医者は自分たちの目が信じられなかった。アナは再び打ち勝っていた――痛みに打ち勝っていたのだ。「もう一度走らないと」　彼女は言った。「③私は死んでしまうわ」⓬アナは帰宅し，外で走り始めたが，太陽の熱は彼女には強すぎた。彼女が練習できるのは早朝と夜遅くだけだった。というのも，(ウ)彼女の肌はまだとても弱く，簡単にやけどしてしまうからだった。この問題は，彼女を止めはしなかった。アナはその年，一生懸命がんばった。再び祖国のために走りたかった。しかし，彼女はもう30代だった――国際的な走者としては年を取りすぎだ，と人々は言った。アナは聞かなかった。1993年，彼女はプエルトリコの試合で走った。このとき，彼女は腕や頭を簡単に動かすことができなかったが，みんなを驚かせた。彼女はうまく走り，800メートル走で銀メダルをとった。⓭1995年まで，アナは国際試合で走っていた。その夏，ヨーロッパの大会の800メートル走で彼女は金メダルをとった。彼女は再び世界最速の女性の１人になったのだ！　「一番困難なときには」　彼女は言った。「④こんなに強くなって戻ってこられるとは思っていませんでした」⓮1996年，アナは多くの強く若い走者と競った。33歳のときには，彼女がレースで最年長の女性であることもよくあった。しかしもう，体と心を休ませる時期にさしかかっていた。あともう１つ，走るべき重要なレースがあった。「オリンピックでまた走れたら⑤うれしいでしょうね」と彼女は言った。⓯1996年のオリンピックはアメリカで行われた。各時期において最速だった女性たちも何人かいた。最初の方のレースはアナにとってとても厳しいものだったが，彼女は速く，うまく走った。そして決勝戦では，世界最高の走者たちと，オリンピックでもう１度競うことができた。これが最後の大レースだ，と彼女は思った。他の女性たちは彼女より若く，体力もあった。アナは彼女たちとともにいられてうれしかった。「できるだけ速く走ろう」と彼女は思った。難しいレースだったが，アナは銀メダルをとった——優勝者との差は1秒足らずだった！

1＜語形変化＞主語がonly Cuba's best students「キューバで最高の生徒だけが」で，「当時」という過去の内容なので，‘be動詞＋過去分詞’の受け身形を過去形にして「選ばれた」とすればよい。　choose－chose－chosen

2＜適語補充＞わかりやすい所に注目して考えるとよい。例えば2つ目の空所の前には「未来にわくわくしていた」，後には「アナの夢は打ち砕かれた」とある。これらをつなぐ語としては，第4段落冒頭などにある‘逆接’のBut「しかし」が適切。他の場所に入れても，文が自然につながる。

3＜適文選択＞第9段落最終文および第12段落第1文参照。彼女は火事でやけどを負い，太陽の熱でさえ刺激が強かった。つまり，肌がまだとても弱く，すぐにやけどしてしまったのである。

4＜適文選択＞①ランニングの先生がアナに400メートル走に転向するよう勧めたときの言葉として，(あ)「君は最高になれると思う」が適切。　②事故の数日後，アナが医者に言った言葉。この後，アナがすぐにリハビリを始めたことを考えると，(い)「私はまた走ります」が適切。　③アナの「もう一度走らないと」に続く言葉。彼女がこれまでの人生を走ることに費やしてきたことを考えると，(お)「私は死んでしまう」が適切。　④アナの「一番困難なときには」に続く言葉。困難だったときの自分を回想する文として，(う)「こんなに強くなって戻ってこられるとは思っていませんでした」が適切。　⑤直前の文のone more important race to run「もう1つの走るべき重要なレース」はオリンピックのことだと考えられるので，「オリンピックでまた走れたら」に続く言葉として，(え)「うれしいでしょう」が適切。

5＜誤文訂正＞最後から2文目のexcitingは，「(人を)わくわくさせるような」という意味で用いる語。ここではSheという‘人’が主語なので，「(主語が)わくわくしている」という意味のexcitedを用いる。

6＜内容真偽＞(あ)「アナは事故から1か月後，病院の中を走り回り始めた」…×　第11段落第1文参照。　(い)「1991年，パンアメリカン競技大会はキューバで開催された」…○　第6段落第2文および第7段落第1，2文に一致する。　(う)「アナは13歳のとき，政府のスポーツ学校を卒業した」…×　第2段落最後から2文目参照。　(え)「アナは火事に巻き込まれたとき，皮膚の82％を失った」…×　第9段落最終文参照。　(お)「アナは1996年オリンピック大会の決勝で，最年長の走者だった」…○　第15段落第1，4，6文に一致する。　(か)「彼女は1993年，800メートル走で金メダルをとった」…×　第12段落最後から3文目および最終文参照。　(き)「アナが入院しているとき，彼女の友達は彼女に走り始めるように言った」…×　第10段落最後から4文目参照。

Ⅲ〔長文読解総合―説明文〕

≪全訳≫❶地球の歴史はとても長い。その長い生涯の間にそれはたびたび変化し，今も変化している。何百年も前，恐竜が歩き回り始めたとき，地球はずっと暖かかった。陸にも海にも，世界の最北端や最南端にさえ，ほとんど氷はなかった。また，海面は今よりもずっと高かった。❷その頃から多くの変化があり，より寒い気候になることもあれば，より暖かい気候になることもあった。例えば，約2万年前には，氷河期と呼ばれる時代が始まった。世界のほとんどが氷で覆われており，北アメリカとヨーロッパのほとんどが深さ3キロを超える氷に覆われていた。海面は今ほど高くなかった。気候は何度も変化してきたし，また変化するだろう。❸私たちの気候はなぜ変化するのだろう。地球の外部から変化が起こることもある。例えば，地球は太陽の周りを回っている――これは地球の軌道と呼ばれる。数千年ごとに，地球は太陽を回る軌道を変える。この変化はゆっくりと起こり，地球を太陽に近づけたり，太陽から遠ざけたりする。こうなると，氷河期が終わる可能性もある――あるいは新しい氷河期が始まる可能性もある。❹地球の内部から変化が起こることもある。この例が，クラカタウ火山だ。1883年に噴火したとき，多くの国で空が暗くなり，数か月間暗いままだった。１年を上回る間，地球の気温はそれ以前よりも１℃低かった。❺しかし今，まさに初めて，人が気候を変えつつある。／→(い)1900年，地球の気温は，たった100年後の2000年より，0.7℃低かった。／→(う)これを小さな変化だと考える人もいる。しかし，こう考えてみよう。／→(あ)たった５℃から７℃の変化で，氷河期が始まったり終わったりする可能性があるのだ。この変化は，地球の軌道のせいで起きたのではない――私たちのせいで起きたのだ。❻気候の変化は急に起こるのだろうか，それとも，ゆっくり起こるのだろうか。『デイ・アフター・トゥモロー』という映画は，急に起こる変化について描いている。その映画では，たった数日で地球の気候が変化し，世界の北の方で，新しい氷河期が始まるのだ。気候がこのように変化することはあるのだろうか。あると考える科学者もいる――しかし，これほど急にではないが。ないと考える科学者もいる。気候は大いに変化していると考える人もいれば，わずかに変化していると考える人もいる。急激に変化すると考える人もいれば，ゆっくり変化すると考える人もいる。しかし，全ての科学者が，気候変動が起きていることに同意している。重要な疑問は，こうだ。「この変化はどれくらい危険なのだろうか」この変化は危険だろうという科学者もいる。彼らは20年以上も気候変動の危険性について話しているが，彼らは正しいのだろうか。気候変動は危険な問題なのだろうか。私たちはそれについて何かしなければならないのだろうか。そして，私たちに何ができるのだろうか。

1＜適語補充＞次に「陸にも海にもほとんど氷がなかった」とあることから，今より暖かかったと考えられるので，第２段落第１文のwarmerが適切。直前のmuchは比較級を強調している。

2＜指示語＞①このitは，前にあるThe change「(軌道の)変化」の繰り返しを避けるために用いられている。　②主語のitは，①と同様，The changeを指している。軌道の変化が「太陽から遠ざける」のは，地球である。

3＜適語選択＞(1)(a)の後では，太陽との距離がもたらす気候の変化が説明されている。これは，地球の「外側」から起こる変化である。(b)の後に挙げられている火山の噴火は，地球の「内側」から起こる変化である。　(2) ‘Some ～. Others …’で「～する人もいれば…する人もいる」。

4＜文整序＞(う)の中の２つのthisが指すものに注目するとよい。(う)のthis is a small change「これは小さな変化だ」とは，わずか100年で0.7℃地球の気温が上昇したという，(い)の内容を指す。一方，think about this「こう考えてみよう」の「こう」の内容は，わずか２℃の変化が氷河期の開始や終了ほどの大きな変化につながるという(あ)の内容を指している。

5＜適語補充＞この前の部分では，気候変動については意見が分かれると述べられている。これに続く接続詞Butは‘逆接’を表すので，気候変動が起きているということについては「意見が一致している」のだとわかる。　agree「同意する」

6＜内容真偽＞(あ)「氷河期の間，海面は今よりも低かった」…○　第２段落第２，４文に一致する。(い)「氷河期以来，地球は太陽を回る軌道を変化させた」…×　このような記述はない。　(う)「クラカタウ火山が1883年に噴火したとき，何千もの人々が亡くなった」…×　このような記述はない。(え)「私たちが1883年に気候を変化させたと考える人もいる」…×　第４段落参照。人間が引き起こした変化については，第５，６段落で述べられている。 (お)「2000年の地球は，1900年よりも寒かった」…× ４の(い)参照。

Ⅳ〔語彙総合〕

１＜適語補充―共通語＞(a)上の文：「その美術館の入場料は夏休みの間，無料だ」 下の文：「あなたは暇なとき，何をしますか」 (b)上の文：riseの過去形rose。「今朝，太陽が６時30分に昇った」 下の文：「私は庭のこのバラが一番好きだ」

２＜適語補充＞(a) What's wrong？は体調などを尋ねるときの言い方。「どうしましたか」「頭痛がするのです」 (b) take care of ～で「～の世話をする」。主語がThe dog「犬」なので，‘be動詞＋過去分詞’の受け身形にする。「その犬は私の母に世話されている」 (c)直前にbe動詞があるので，look forward to ～「～を楽しみにする」を現在進行形にする。「またあなたに会えるのを楽しみにしています」

３＜書き換え―適語補充＞(a)「彼女は家で昼食をとる前に海で泳いだ」→「彼女は海で泳いだ後，家で昼食をとった」 このafterは前置詞なので，後に動詞swimを置く場合は動名詞(～ing)の形にする。 (b)「ボブは彼女の名前を思い出せなかった」 could ～はwas/were able to ～で書き換えられる。ここは否定文なので，was/were unable to ～も使える。

Ⅴ〔文法・作文総合〕

１＜書き換え―適語補充＞(a)「エミはとても親切なので，私が重いかばんを持つのを手伝ってくれた」→「エミは私が重いかばんを持つのを手伝ってくれるくらい親切だった」 ‘so＋形容詞＋that ～’「とても…なので～」は‘形容詞＋enough to＋動詞の原形’「～してくれるくらい十分…」で書き換えられる。 (b)「この川の長さは100kmだ。あの川の長さは200kmだ」→「あの川はこの川の２倍の長さだ」 ‘twice as＋形容詞＋as ～’で「～の２倍…」。 (c)「トムはみんなに愛される子どもだ」→「トムはみんなが大好きな子どもだ」 ‘名詞＋過去分詞＋語句’(過去分詞の形容詞的用法)を，‘名詞＋主語＋動詞＋語句’の形に書き換える。childの後に，目的格の関係代名詞が省略されている。

２＜整序結合＞(a)主語はa lady，動詞はsat。meの前にin front of ～「～の前に」を置くことができる。残った語をwearing a big hatとつなげ，a ladyを後ろから修飾する形(現在分詞の形容詞的用法)をつくる。 A lady wearing a big hat sat in front of me.「大きな帽子をかぶった女性が，私の前に座った」 (b)疑問文でdoがあることから，What do youと始める。ここでは，‘call＋A＋B’「AをBと呼ぶ」のBが疑問詞のwhatとして文頭に出ている。残りの語で，Aに当たる部分をthis kind of birdと組み立てればよい。 What do you call this kind of bird in English？「この種の鳥を英語で何と呼びますか」

３＜和文英訳―完全記述＞(a)‘there＋be動詞 ～’「～がある」の疑問文にする。本の数を尋ねているのでHow many booksで始め，‘are there＋場所を表す語句？’を続ける。 (b) The songが主語になるので，‘be動詞＋過去分詞’の受け身形を用いる。「～にちがいない」はmustで表せる。 sing－sang－sung

2020年度／法政大学第二高等学校

数学解答

I 問1　$\sqrt{6}$　問2　$x=7$, $y=1$

問3　$x=3\pm\sqrt{17}$　問4　$-\dfrac{29}{4}$

II 問1　42　問2　672冊

問3　$a=-3$, $b=9$　問4　135°

問5　$18\sqrt{2}\pi\text{cm}^3$　問6　21：5

III 問1　$\dfrac{1}{12}$　問2　$\dfrac{5}{72}$

IV 問1　$-\dfrac{1}{2}a^2+12$　問2　$\left(3,\ \dfrac{9}{2}\right)$

V 問1　90°

問2　$6:(3-\sqrt{5}):(3+\sqrt{5})$

VI 問1　(例)△EQPと△EFHにおいて，点P，Qはそれぞれ辺EH，辺EFの中点だから，EP：EH＝EQ：EF＝1：2……①　共通な角だから，∠QEP＝∠FEH……②　①，②より，2組の辺の比とその間の角がそれぞれ等しいので，△EQP∽△EFH　よって，PQ：HF＝EP：EH＝1：2より，PQ＝$\dfrac{1}{2}$HF　∠EQP＝∠EFHより，同位角が等しいので，PQ∥HF

問2　$\dfrac{3\sqrt{17}}{4}\text{cm}^2$　問3　$\dfrac{6\sqrt{17}}{17}\text{cm}$

I〔独立小問集合題〕

問1＜平方根の計算＞与式$=\dfrac{\sqrt{8}}{\sqrt{2}}+\dfrac{\sqrt{3}}{\sqrt{2}}-\left(\dfrac{\sqrt{24}}{\sqrt{6}}-\dfrac{3}{\sqrt{6}}\right)=\sqrt{4}+\dfrac{\sqrt{3}\times\sqrt{2}}{\sqrt{2}\times\sqrt{2}}-\left(\sqrt{4}-\dfrac{3\times\sqrt{6}}{\sqrt{6}\times\sqrt{6}}\right)=2+\dfrac{\sqrt{6}}{2}-\left(2-\dfrac{3\sqrt{6}}{6}\right)=2+\dfrac{\sqrt{6}}{2}-2+\dfrac{\sqrt{6}}{2}=\dfrac{2\sqrt{6}}{2}=\sqrt{6}$

問2＜連立方程式＞$2x-y=13$……①，$0.3x-0.7y=1.4$……②とする。②×10より，$3x-7y=14$……②′　①×7－②′より，$14x-3x=91-14$，$11x=77$　∴$x=7$　これを①に代入して，$14-y=13$　∴$y=1$

問3＜二次方程式＞両辺を6倍して解くと，$2(x^2+1)=3x(x-2)-6$，$2x^2+2=3x^2-6x-6$，$x^2-6x=8$，$x^2-6x+9=8+9$，$(x-3)^2=17$，$x-3=\pm\sqrt{17}$ より，$x=3\pm\sqrt{17}$ となる。

≪別解≫$x^2-6x-8=0$として，解の公式を用いると，$x=\dfrac{-(-6)\pm\sqrt{(-6)^2-4\times1\times(-8)}}{2\times1}=\dfrac{6\pm\sqrt{68}}{2}=\dfrac{6\pm2\sqrt{17}}{2}=3\pm\sqrt{17}$ となる。

問4＜式の値＞$P=x^2+2xy+y^2+xy=(x+y)^2+xy=(-2)^2+\left(-\dfrac{45}{4}\right)=4-\dfrac{45}{4}=\dfrac{16}{4}-\dfrac{45}{4}=-\dfrac{29}{4}$

II〔独立小問集合題〕

問1＜数の性質＞378を素因数分解すると，$378=2\times3^3\times7$ となる。これより，$\sqrt{\dfrac{378}{n}}$（nは自然数）が2以上の自然数となるのは，$n=2\times3\times7$のときで，$\sqrt{\dfrac{378}{n}}=\sqrt{\dfrac{2\times3^3\times7}{2\times3\times7}}=\sqrt{3^2}=3$となる場合である。よって，$n=2\times3\times7=42$となる。

問2＜一次方程式の応用＞はじめに仕入れる予定だったパンフレットの冊数をx冊とすると，原価250円のパンフレットを$x+28$冊仕入れたので，仕入れ値の総額は$250(x+28)$円と表せる。また，原価の20%の利益を見込んでつけた定価は，$250\times(1+0.2)=300$(円)であり，定価で売った冊数は，$x+28-40=x-12$(冊)だから，定価で売った分の売り上げは$300(x-12)$円と表せる。さらに，売れ残った40冊を定価の半額の$300\times\dfrac{1}{2}=150$(円)で全て売ったときの売り上げは$150\times40=6000$(円)である。よって，全体の売り上げは$300(x-12)+6000$円だから，全体の利益について，$300(x-12)+6000-250(x+28)=29000$が成り立つ。これを解くと，$300x-3600+6000-250x-7000=29000$,

$300x-250x=29000+3600-6000+7000$，$50x=33600$ より，$x=672$(冊)となる。

問３＜関数―変域＞まず，関数 $y=\frac{4}{3}x^2$ において，定義域(x の変域)が $-1\leqq x\leqq 3$ のとき，y の最小値は $x=0$ のときで $y=0$ である。また，x の絶対値が大きいほど y の値は大きくなるので，y の最大値は $x=3$ のときで $y=\frac{4}{3}\times 3^2=12$ となる。よって，定義域が $-1\leqq x\leqq 3$ のとき，関数 $y=\frac{4}{3}x^2$ の値域(y の変域)は $0\leqq y\leqq 12$ となる。一方，$a<0$ のとき，関数 $y=ax+b$ は x の値が増加すると y の値は減少する。よって，定義域が $-1\leqq x\leqq 3$ のとき，$x=-1$ で y は最大値 $y=a\times(-1)+b=-a+b$，$x=3$ で y は最小値 $y=a\times 3+b=3a+b$ をとるから，値域は $3a+b\leqq y\leqq -a+b$ と表せる。したがって，2つの関数の値域が一致するとき，$3a+b=0$……①，$-a+b=12$……②が成り立つ。①，②を連立方程式として解くと，①－②より，$3a-(-a)=0-12$，$4a=-12$，$a=-3$ となり，これを②に代入すると，$3+b=12$ より，$b=9$ となる。

問４＜図形―角度＞おうぎ形の半径を $r$cm，中心角を x° とおくと，面積について，$\pi r^2\times\frac{x^\circ}{360^\circ}=24\pi$……①，弧の長さについて，$2\pi r\times\frac{x^\circ}{360^\circ}=6\pi$……②が成り立つ。②より，$\frac{x^\circ}{360^\circ}=\frac{3}{r}$……②′だから，②′を①に代入すると，$\pi r^2\times\frac{3}{r}=24\pi$ より，$3\pi r=24\pi$，$r=8$ となる。これを②′に代入すると，$\frac{x^\circ}{360^\circ}=\frac{3}{8}$ より，$x^\circ=\frac{3}{8}\times 360^\circ=135^\circ$ である。

問５＜図形―体積＞円錐の高さを $h$cm とすると，底面の半径が 3cm，母線の長さが 9cm なので，三平方の定理より，$h=\sqrt{9^2-3^2}=\sqrt{72}=6\sqrt{2}$ となる。よって，体積は，$\frac{1}{3}\times(\pi\times 3^2)\times 6\sqrt{2}=18\sqrt{2}\pi$(cm^3)である。

問６＜図形―長さの比＞右図のように，AD＝BC＝a とおくと，点Gは辺ADの中点より，AG＝$\frac{1}{2}a$ となり，BE：EC＝2：1より，BE＝$\frac{2}{2+1}$BC＝$\frac{2}{3}a$ となる。よって，AG∥BEより，△AGH∽△EBHとなり，AH：EH＝AG：EB＝$\frac{1}{2}a$：$\frac{2}{3}a$＝3：4だから，AH＝$\frac{3}{3+4}$AE＝$\frac{3}{7}$AEである。また，直線BFと直線ADの交点をJとすると，BC∥DJより，△BCF∽△JDFとなり，BC：JD＝CF：DF＝3：1だから，JD＝$\frac{1}{3}$BC＝$\frac{1}{3}a$ となる。したがって，AJ＝AD＋JD＝$a+\frac{1}{3}a=\frac{4}{3}a$ となり，AJ∥BEより，△AJI∽△EBIとなり，AI：EI＝AJ：EB＝$\frac{4}{3}a$：$\frac{2}{3}a$＝2：1だから，AI＝$\frac{2}{2+1}$AE＝$\frac{2}{3}$AEとなる。以上より，HI＝AI－AH＝$\frac{2}{3}$AE－$\frac{3}{7}$AE＝$\frac{5}{21}$AEとなるので，AE：HI＝AE：$\frac{5}{21}$AE＝21：5である。

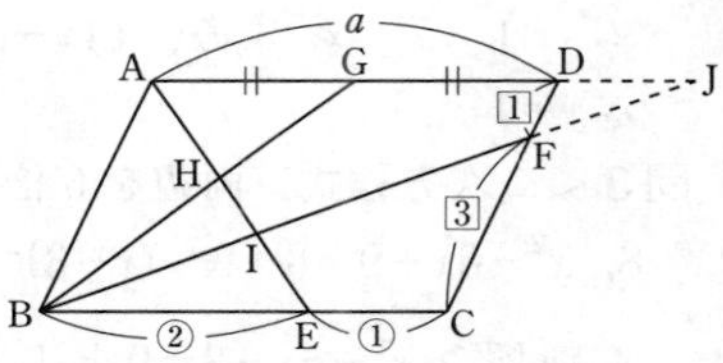

Ⅲ〔確率―サイコロ〕

問１＜確率＞3回のサイコロの目の出方は全部で 6×6×6＝216(通り)ある。このうち，碁石が左から順に黒・白・黒となるのは，1回目に1，2，3のいずれかの目が出て，2回目に4，5のいずれか，3回目に1，2，3のいずれかの目が出た場合である。このような目の出方は，1回目が3通り，2回目が2通り，3回目が3通りだから，3×2×3＝18(通り)ある。よって，求める確率は $\frac{18}{216}=\frac{1}{12}$ となる。

問２＜確率＞碁石の数がちょうど1個となるのは，3回のうち1回だけ1～5のいずれかの目が出て，残りの2回は6の目が出る場合となる。このような場合のうち，1回目に1～5のいずれかの目が出て，2回目と3回目に6の目が出る場合は，5×1×1＝5(通り)ある。同様に，1～5の目が2回目，3

回目に出る場合もそれぞれ5通りあるから，碁石の数がちょうど1個となる場合は$5\times3=15$(通り)ある。よって，求める確率は$\frac{15}{216}=\frac{5}{72}$となる。

Ⅳ〔関数―関数 $\boldsymbol{y=ax^2}$ と直線〕

問1＜x座標＞右図で，点Pは放物線$y=\frac{1}{2}x^2$上にあるので，x座標をaとすると，$\mathrm{P}\left(a,\ \frac{1}{2}a^2\right)$と表せる。また，点Sの$y$座標は点Pの$y$座標と等しいので，$\frac{1}{2}a^2$である。点Sは直線$y=-x+12$上にあるから，$y=-x+12$に$y=\frac{1}{2}a^2$を代入して，$\frac{1}{2}a^2=-x+12$，$x=-\frac{1}{2}a^2+12$より，点Sの$x$座標は$-\frac{1}{2}a^2+12$と表せる。

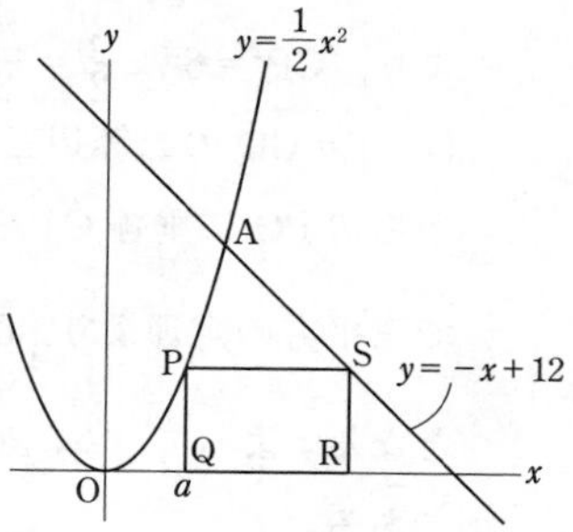

問2＜座標＞PQの長さは点Pのy座標に等しいから，$\mathrm{PQ}=\frac{1}{2}a^2$と表せる。また，PSの長さは点P，Sの$x$座標の差より，$\mathrm{PS}=-\frac{1}{2}a^2+12-a=-\frac{1}{2}a^2-a+12$と表せる。長方形PQRSが正方形になるとき，PQ＝PSだから，$\frac{1}{2}a^2=-\frac{1}{2}a^2-a+12$が成り立つ。これを解くと，$a^2+a-12=0$，$(a+4)(a-3)=0$より，$a=-4$，$3$となり，$a>0$だから，$a=3$となる。よって，点Pの$y$座標は$y=\frac{1}{2}a^2=\frac{1}{2}\times3^2=\frac{9}{2}$だから，$\mathrm{P}\left(3,\ \frac{9}{2}\right)$である。

Ⅴ〔平面図形―長方形，正方形，円〕

≪基本方針の決定≫問2　△MDQ∽△QALに気づきたい。

問1＜角度―円周角＞右図で，線分LMは円の中心Oを通るから，線分LNは円Oの直径である。よって，∠LPN＝90°となり，PN∥QMより，同位角が等しいので，∠LQM＝∠LPN＝90°となる。

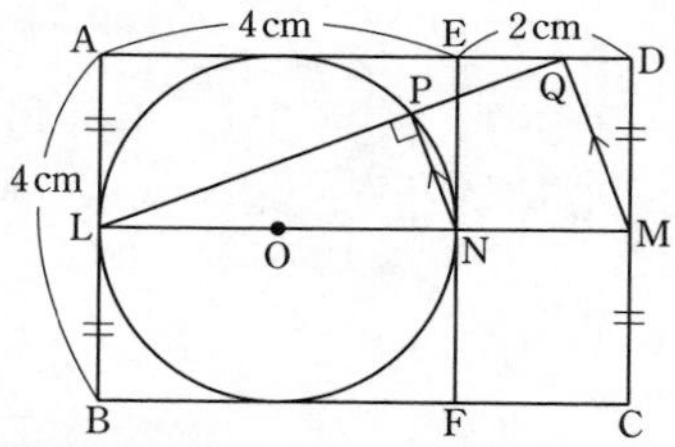

問2＜面積比―相似＞右図の△MDQと△QALで，∠MDQ＝∠QAL＝90°であり，∠DMQ＝180°－∠MDQ－∠DQM＝180°－90°－∠DQM＝90°－∠DQM，∠AQL＝180°－∠LQM－∠DQM＝180°－90°－∠DQM＝90°－∠DQMより，∠DMQ＝∠AQLだから，2組の角がそれぞれ等しく，△MDQ∽△QALとなる。よって，MD：QA＝DQ：ALである。ここで，$\mathrm{MD}=\mathrm{AL}=\frac{1}{2}\mathrm{AB}=\frac{1}{2}\times4=2$で，$\mathrm{DQ}=x$(cm)とおくと，$\mathrm{QA}=\mathrm{AD}-\mathrm{DQ}=4+2-x=6-x$と表せるから，$2:(6-x)=x:2$が成り立つ。これを解くと，$x(6-x)=2\times2$より，$x^2-6x=-4$，$x^2-6x+9=-4+9$，$(x-3)^2=5$，$x-3=\pm\sqrt{5}$，$x=3\pm\sqrt{5}$となり，$0<x\leqq2$だから，$x=3-\sqrt{5}$である。したがって，$\mathrm{QA}=6-x=6-(3-\sqrt{5})=3+\sqrt{5}$となる。△LQM，△MDQ，△QALは底辺をそれぞれLM，DQ，QAと見ると高さが等しいから，△LQM：△MDQ：△QAL＝LM：DQ：QA＝$6:(3-\sqrt{5}):(3+\sqrt{5})$となる。

Ⅵ〔空間図形―直方体〕

問1＜論証―中点連結定理＞次ページの図1で，相似条件「2組の辺の比とその間の角がそれぞれ等しい」を利用し，△EQP∽△EFHを証明する。その後，相似な図形の対応する辺の比が等しいことから，$\mathrm{PQ}=\frac{1}{2}\mathrm{HF}$を，同位角が等しいことから，PQ∥HFをそれぞれ示す。解答参照。

問2＜面積―三平方の定理＞次ページの図1で，$\mathrm{EP}=\mathrm{EQ}=\frac{1}{2}\mathrm{EH}=\frac{1}{2}\times\sqrt{2}=\frac{\sqrt{2}}{2}$であり，△EPQは

直角二等辺三角形だから，$PQ=\sqrt{2}EP=\sqrt{2}\times\frac{\sqrt{2}}{2}=1$となる。また，$\triangle CPG$と$\triangle HPG$でそれぞれ三平方の定理より，$CP^2=CG^2+PG^2$，$PG^2=PH^2+HG^2$となる。ここで，$PG^2=\left(\frac{\sqrt{2}}{2}\right)^2+(\sqrt{2})^2=\frac{1}{2}+2=\frac{5}{2}$より，$CP^2=6^2+\frac{5}{2}=\frac{77}{2}$である。ここで，図形の対称性より，$\triangle CPQ$は$CP=CQ$の二等辺三角形だから，右図2のように，$\triangle CPQ$の頂点Cから辺PQに垂線CJを引くと，$PJ=\frac{1}{2}PQ=\frac{1}{2}\times1=\frac{1}{2}$となり，$\triangle CPJ$で三平方の定理より，$CJ=\sqrt{CP^2-PJ^2}=\sqrt{\frac{77}{2}-\left(\frac{1}{2}\right)^2}=\sqrt{\frac{153}{4}}=\frac{3\sqrt{17}}{2}$となる。よって，$\triangle CPQ=\frac{1}{2}\times PQ\times CJ=\frac{1}{2}\times1\times\frac{3\sqrt{17}}{2}=\frac{3\sqrt{17}}{4}$(cm²)である。

図1

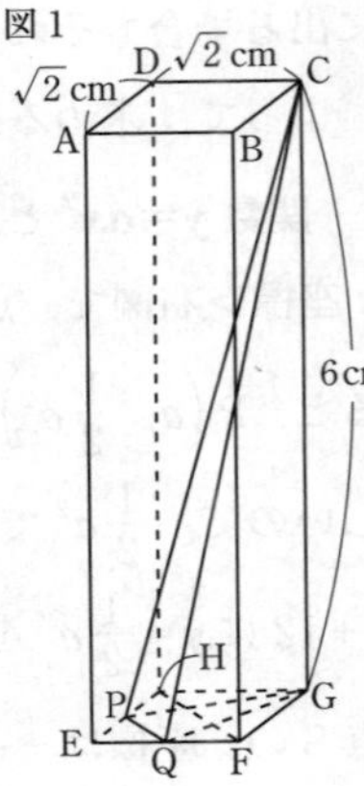

図2

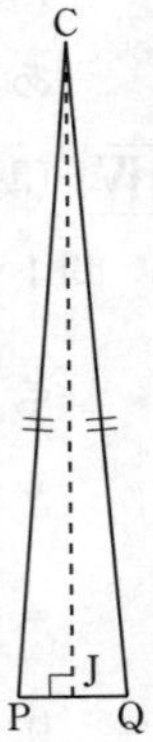

問3＜長さ＞三角錐C-GPQにおいて，線分GIは底面を$\triangle CPQ$と見たときの高さになる。上図1で，$\triangle GPQ$=〔正方形EFGH〕$-\triangle HPG-\triangle FQG-\triangle EPQ=\sqrt{2}\times\sqrt{2}-\frac{1}{2}\times\frac{\sqrt{2}}{2}\times\sqrt{2}-\frac{1}{2}\times\frac{\sqrt{2}}{2}\times\sqrt{2}-\frac{1}{2}\times\frac{\sqrt{2}}{2}\times\frac{\sqrt{2}}{2}=2-\frac{1}{2}-\frac{1}{2}-\frac{1}{4}=\frac{3}{4}$だから，〔三角錐C-GPQ〕$=\frac{1}{3}\times\triangle GPQ\times CG=\frac{1}{3}\times\frac{3}{4}\times6=\frac{3}{2}$である。また，問2より，$\triangle CPQ=\frac{3\sqrt{17}}{4}$だから，三角錐C-GPQの底面を$\triangle CPQ$と見たときの体積について，$\frac{1}{3}\times\frac{3\sqrt{17}}{4}\times GI=\frac{3}{2}$が成り立つ。これを解くと，$GI=\frac{6\sqrt{17}}{17}$(cm)となる。

2020年度／法政大学第二高等学校

国語解答

一　問一　①　鈍感　②　不足　③　理性
④　理想
問二　①…ウ　②…イ　③…ア
問三　①　猫　②　馬　③　虎

二　問一　A　外来語　B　異民族
C　固有　D　強制
問二　ア　問三　エ　問四　イ
問五　外国語～いない
問六　ポーランド語／ウクライナ語／アイヌ語／朝鮮語
問七　日本人は，その歴史を通じて，言語的被害者の立場に立たされたことがないうえ，その時々の先進国の言語ができる人は，進んだ文化文明を取り入れるエリートであるとされ，人物までも優れていると考えられてきたから。（100字）

三　問一　ア　問二　Ⅰ…エ　Ⅱ…カ
問三　エ
問四　草壁は駄目だと決めつけること。
問五　X…イ　Y…オ　問六　ウ
問七　草壁が～える。　問八　イ

一〔国語の知識〕

問一＜語句＞①「敏感」は，感覚が鋭く，わずかな変化や動きでもすぐに感じ取ること。「鈍感」は，感覚が鈍いこと。　②「充足」は，満ち足りること。「不足」は，足りないこと，不満であること。他に「欠乏」「欠如」がある。　③「感情」は，喜びや悲しみ，快適と不快といった，意識の主観的な部分のこと。「理性」は，道理に従って物事を考え判断する能力のこと。他に「知性」がある。　④「現実」は，現に存在している事実・状態のこと。「理想」は，考えられる最もすばらしい状態のこと。他に「空想」「仮想」がある。

問二＜品詞＞①「読みたい本」の「たい」は，願望を表す助動詞「たい」の連体形。「得たい」の「たい」は，願望を表す助動詞「たい」の終止形。「得がたい」の「たい」は，接尾語「がたい」の一部。　②「出さないように」の「ない」は，打ち消しの助動詞「ない」の連体形。「面白くない」の「ない」は，補助形容詞「ない」の終止形。「食べない」の「ない」は，打ち消しの助動詞「ない」の終止形。　③「青だ」の「だ」は，断定の助動詞「だ」の終止形。「親切だ」「安全だ」の「だ」は，形容動詞「親切だ」「安全だ」の終止形「親切だ」「安全だ」の一部。

問三＜慣用句＞①「猫の額」は，土地などがとても狭いことのたとえ。　②「馬が合う」は，気が合う，意気投合する，という意味。　③「虎の子」は，虎は，子どもを非常に大切にするといわれていたことから，とても大事にしているもののたとえ。

二〔論説文の読解―文化人類学的分野―日本人〕出典；鈴木孝夫『日本人はなぜ英語ができないか』「外国語に憧れる日本人」。

≪本文の概要≫我々日本人は，有史以来，日本語とは違う言語と，日常生活の中で接触し，これを使うという経験が非常に乏しかった民族だといえる。特に，鎖国時代には，一般の日本人は，外国人の姿を見たり，異国の言葉を聞いたりすることすらも，全くなかった。明治になって開国してからも，一般の日本人と外国語との関係は，あまり変わらなかった。こうして，国内に日本語と対抗する異言語がないうえ，外国語と日常接する機会もあまりなかったため，日本人は，非常に特殊な，言語に対する見方や感じ方を持つようになったのである。日本人には，外国語に対する否定的な感情や排斥的な態度がほとんど存在しない代わりに，きわめて強い憧れの気持ちがある。これは，日本人が，民族の長い歴史を通じて，言語的被害者の立場に立たされたことが一度もなかったからである。さらに，日本では，外国語が必要になった場合には，自ら進んで社会の上層部に属する人々だけがこれを学んで，進んだ外国の文化文明を国内に取り入れることができた。その結果，日本では，外国語に対する憧れや過度の美化といった肯定的な態度と，外国語ができる人をエリートと見なす態度を，一般の人が現在まで持ち続けているのである。

問一＜文章内容＞Ａ.「テンプラ，ジュバンなど」は，「十六世紀後半から十七世紀にかけて」の「ポルトガル語に由来」する外来語である。　Ｂ.「祖国のポーランドがロシアの支配下におかれ，学校内ではポーランド語を使うことが一切許されなかった」キュリー夫人の伝記を読むと，文化や言語の異なる民族による「言語支配というものが，どれほど人の心を傷つける恐ろしいものかが」よくわかるのである。　Ｃ.「世界には異民族によって征服され支配された結果」，自分たちだけが持っている「言語がさまざまな形で圧迫され，なかには完全に消滅してしまった例が，数限りなく」見られる。　Ｄ．日本人は，日本語の使用を制限や禁止をされて，「そのかわり他の言語を日常的に使うこと」を無理強いされるといった，「言語的被害者の立場に立たされたこと」はない。

問二＜接続語＞「十六世紀後半から十七世紀にかけて」の「キリシタン僧侶の精力的な活動は，九州各地をはじめとした関西方面で，日本語に少なからぬ影響を」与え，さらに「この時期はまだ，日本人の海外進出がきわめて盛んな時代」だったので(…Ⅰ)，「東アジアや東南アジアの各地で，日本人はタイ語をはじめとする数多くの外国語に接していたに違い」ない。ところが「十七世紀に入る」と「日本人の海外渡航はいっさい禁止」になり(…Ⅱ)，「後に言う『鎖国』の状態に入ってゆくこと」になった。この間も「長崎では中国貿易，対馬においては朝鮮との貿易，そして松前藩による北方原住民との交易などは，途絶えることなく続けられていた」ので，「鎖国ということばのもつ，日本が諸外国に対して一切の門戸を閉じ，外の世界とは孤立し絶縁の状態にあったかのような強いイメージは，必ずしも徳川時代二百五十年の日本の対外関係を正しく表わしているとは言えない」のである(…Ⅲ)。もっとも，「この二世紀半もの間，非常に少数の役人と特定の商人をのぞく一般の日本人は，外国の人と日常的に接触することはおろか，外国人の姿を見たり異国のことばを聞くことすら，まったくなかったことは事実」である(…Ⅳ)。

問三＜文章内容＞十七世紀に入って，日本人の海外渡航がいっさい禁止されたのは，「それまで自由に行われていた海外貿易を幕府が一手に掌握するため」であって，外国語による侵食から日本語を守るためではない(エ…×)。

問四＜文章内容＞江戸幕府が鎖国していた「二世紀半もの間，非常に少数の役人と特定の商人をのぞく一般の日本人は，外国の人と日常的に接触することはおろか，外国人の姿を見たり異国のことばを聞くことすら，まったくなかった」のである。このような徳川期の日本人のあり方が，現在の日本人の「特殊性なるものの大部分」をつくり出したのである。

問五＜表現＞世界の多くの民族と違って，「自国語が圧迫されたり奪われそうになった経験の皆無な日本人」は，「外国語というものに対して，不信の念や嫌悪の情といった否定的な感情をもっていない」のである。

問六＜文章内容＞ロシアに圧迫された言語の例としてポーランド語が，ソ連に圧迫された言語の例としてウクライナ語が，日本に圧迫された言語の例としてアイヌ語と朝鮮語が挙げられている。

問七＜主題＞日本人は，外国の圧力によって，「日本語の自由な使用を制限されるとか，更には日本語そのものが禁止されて，そのかわり他の言語を日常的に使うことを強制されるといった，言語的被害者の立場に立たされたことが，民族の長い歴史を通してただの一度も」なかった。そのため，日本人は，外国語に対して，「否定的な感情」を持っていない。そのうえ，日本では，「いざ外国語が必要となった場合」には，「みずから進んで社会の上層部に属する人々だけがこれを学び，進んだ外国の文化文明を国内に取り入れることが」できた。そのため，日本では長い間，外国語のできる人は「社会のエリートということと同義であり，まわりの人々から羨望の眼差しで見られるのが常」だった。このように，日本人は，外国語に対して，「憧れや過度の美化といった肯定的な態度」を持っているのである。

三 〔小説の読解〕出典；伊坂幸太郎『逆ソクラテス』。

問一＜心情＞安斎が，ドクロの服を例に挙げて話し始めたので，そもそもドクロマークの服など持っていない「僕」は，安斎が何を言いたいのかよくわからず，戸惑っていた。「僕」は，適当なあいづちを打つことしかできなかったのである。

問二．Ⅰ＜表現＞ドクロをダサいと思うのは，そう思う人の主観にすぎず，誰が見てももっともだと思うような評価ではない。　Ⅱ＜文章内容＞安斎は，「あちこちの学校に通った」が，「『それってダサい』とか，『これは恰好悪い』とか，決めつけて偉そうにする奴」は，どこにでもいたと言う。安斎によれば，久留米先生は，そういう「奴ら」の本質・特徴を最もよく表している人物なのである。

問三＜心情＞それまで，「僕」は，安斎の言うドクロのジャンパーの話がよくわからず，困惑していた。しかし，安斎が言い出した「負けない方法」には，強く興味をひかれたので，ブランコから降り，安斎の前に立って，期待しながら，それが何かを教えてもらおうとしたのである。

問四＜文章内容＞「ラベル〔レッテル〕を貼る」は，主観的な判断によって，相手を一方的に評価し，分類する，という意味。具体的には，久留米先生が，草壁を駄目な生徒だと決めつけて，「見下した態度」を取り，クラスメイトに対しても，そのような印象づけを行ったことである。

問五＜慣用句＞Ｘ．「首を捻る」は，疑問に思い，考え込む，という意味。　Ｙ．「話の腰を折る」は，口出しなどをして，話を途中で妨げる，という意味。

問六＜文章内容＞「教師期待効果」とは，教師が，ある生徒に期待して接すると，実際にその生徒が優秀になり，逆に，駄目な生徒だと思って接すると，その生徒が駄目になりやすい，という現象である。「病は気から」は，病気は気の持ちようで，良くもなれば悪くもなるものである，という意味。どちらも，ものの考え方・とらえ方によって結果が変わってくるという点で，共通している。しかし，「教師期待効果」は，教師が生徒に与えるものであるのに対して，「病は気から」は，病人が自分自身に効果を及ぼすものである点が異なっている。

問七＜文章内容＞久留米先生は，草壁は駄目な生徒だという先入観を持っているので，「同じような問題を解いたとしても，草壁が正解した時には，『簡単すぎる問題だったかもしれないな』とコメント」し，先生が優秀だと思っている「佐久間が答えれば，『よく分かったな』とプラスの言葉を添える」のである。その結果，「草壁は萎縮」し，周りの人間は，「草壁は自分たちより下の人間で，少々，蔑ろにしても問題はない」と思うようになってしまうので，安斎は，久留米先生の先入観が草壁にとっての「敵」だと考えるのである。

問八＜要旨＞久留米先生が，先入観から「草壁を見下した態度を取ることが多い」ために，クラスメイトたちも，草壁を「自分たちより下の人間」と見なすようになっていた（エ…○）。早熟な安斎と比べると，「僕」は，やや子どもっぽいが，それでも安斎の話す内容に真剣に耳を傾け，「教師期待効果」や「先入観」など，わからないことは率直にわからないと言っている（ア…○）。転校を繰り返すうちに安斎は，「一番の敵」は先入観だという自分なりの人間観を確立し，「僕」の「先入観？」という質問にも，ていねいに答えている（ウ…○）。安斎は，一緒に久留米先生の先入観を壊して草壁への態度を変えさせようと，「僕」に持ちかけている（イ…×，オ…○）。

Memo

高校を受験する生徒とご父母のための…

2025年度用

高校合格資料集

■首都圏有名書店にて今秋発売予定！

※表紙は昨年のものです。

定価1430円（税込）

内容目次

1. まず試験日はいつ？推薦ワクは？競争率は？
2. この学校のことはどこに行けば分かるの？
3. かけもち受験のテクニックは？
4. 合格するために大事なことが二つ！
5. もしもだよ！試験に落ちたらどうしよう？
6. 勉強しても成績があがらない
7. 最後の試験は面接だよ！

スーパー過去問の **解説執筆・解答作成スタッフ（在宅）募集！** ※募集要項の詳細は、10月に弊社ホームページ上に掲載します。

2025年度用

高校スーパー過去問

■編集人 声の教育社・編集部

■発行所 株式会社 声の教育社

〒162-0814 東京都新宿区新小川町8-15

☎03-5261-5061㈹ FAX03-5261-5062

https://www.koenokyoikusha.co.jp

カコを追いかけ
ミライをつかめ

法政大学第二高等学校

別冊解答用紙

丁寧に抜きとって、別冊としてご使用ください。

★合格者最低点

2024年度	2023年度	2022年度	2021年度	2020年度
男 174	男 179	男 175	男 212	男 204
女 166	女 179	女 182	女 212	女 208

注意

○ 解答用紙は、収録の都合により縮小したものや、小社独自に作成したものもあります。
○ 学校配点は学校発表のもの、推定配点は小社で作成したものです。
○ 無断転載を禁じます。
○ 解答用紙を拡大コピーする場合、表示した拡大率に対応する用紙サイズは以下のとおりです。
101%～102%＝B5　103%～118%＝A4　119%～144%＝B4　145%～167%＝A3
（タイトルと配点表は含みません）

２０２４年度　法政大学第二高等学校

英語解答用紙

番号		氏名		評点	／100

I	(A)	1		2		3
	(B)	4		5		
	(C)	6				
		7				

II	8	3番目		7番目			
	9	②	④	⑩		10	
	11	(誤)	(正)	12	⑥	⑦	⑧
	13			14			

III	15	3番目	6番目	16		17		
	18		19		20		21	

IV	22	a)	b)	
	23	a) h	b) r	c) r
	24	a)		
		b)		

V	25	a)			
		b)			
		c)			
	26	a) 3番目	5番目	b) 3番目	5番目
	27	a)			
		b)			

(注) この解答用紙は実物を縮小してあります。Ａ３用紙に145%拡大コピーすると、ほぼ実物大で使用できます。(タイトルと配点表は含みません)

推定配点		計
	I　各２点×７ II　８〜13　各３点×10〔８，11，13はそれぞれ完答〕　14　各２点×２ III　15〜20　各３点×６　21　各２点×２ IV　各２点×７　V　25，26　各２点×５　27　各３点×２	100点

2024年度　法政大学第二高等学校

数学解答用紙

番号		氏名	

評点	／100

I	問1	
	問2	$x=$　　　，$y=$
	問3	$x=$
	問4	
II	問1	$ab=$
	問2	$x^3-2x^2=$
	問3	$n=$
	問4	$S=$　　　cm^2
III	問1	
	問2	
	問3	
IV	問1	
	問2	$a=$
	問3	RS=

V	問1	$S=$　　　cm^2
	問2	QC=　　　cm
	問3	$\ell=$　　　cm
VI	問1	cm
	問2	（考え方） 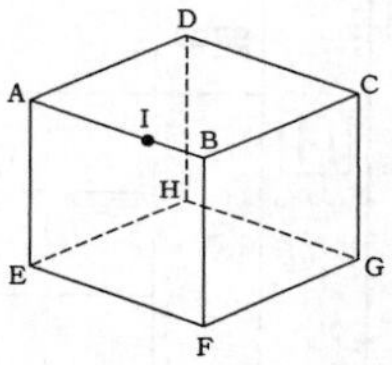 （答）$V=$　　　cm^3

（注）この解答用紙は実物を縮小してあります。A３用紙に154%拡大コピーすると、ほぼ実物大で使用できます。（タイトルと配点表は含みません）

推定配点		計
	I～IV　各５点×14　　V，VI　各６点×５	100点

二〇二四年度　法政大学第二高等学校

国語解答用紙

番号　　氏名　　評点 /100

一

問一 ① ② ③ ④

問二 ① ②

問三

問四 ① ② ③

二

問一

問二 Ⅰ Ⅱ

問三

問四

問五

問六

問七

問八

問九

三

問一

問二 Ⅰ Ⅱ

問三

問四

問五

問六 はじめ 終わり

問七

問八

問九

（注）この解答用紙は実物を縮小してあります。Ｂ４用紙に130％拡大コピーすると、ほぼ実物大で使用できます。（タイトルと配点表は含みません）

推定配点	
一	各２点×10
二	問一、問二　各２点×３　問三～問八　各４点×６　問九　８点
三	問一　４点　問二　各３点×２　問三～問八　各４点×６　問九　８点
計	100点

２０２３年度　法政大学第二高等学校

英語解答用紙

番号		氏名		評点	／100

I	(A)	1	(1)	(2)	2	(1)	(2)	
		3	(1)	(2)	4	(1)	(2)	
		5	(1)	(2)				
	(B)	1						?
		2						.

II	1	(ア)	(イ)	(ウ)			
	2				3		
	4		5		6		7

III	1		2		3		4	
	5							
	6		7					

IV	1	a)	b)	
	2	a)	b)	c)
	3	a)		
		b)		

V	1	a)	b)		
		c)			
	2	a) 4番目	6番目	b) 4番目	6番目
	3	a)			
		b)			

(注) この解答用紙は実物を縮小してあります。Ａ３用紙に145%拡大コピーすると、ほぼ実物大で使用できます。(タイトルと配点表は含みません)

推定配点		計
	I 各２点×12　II, III 各３点×16〔II７は完答〕 IV, V 各２点×14〔V１(c)は完答，２は各２点×２〕	100点

2023年度　法政大学第二高等学校

数学解答用紙

番号		氏名		評点	／100

I	問1	$ab=$
	問2	$x=$ 　　　　, $y=$
	問3	$x=$
	問4	
II	問1	$x^2-3xy+y^2=$
	問2	$n=$
	問3	$a=$ 　　　　, $b=$
	問4	cm
III	問1	
	問2	
	問3	
IV	問1	PR =
	問2	△PQR =
	問3	$y=$

V	問1	AG = 　　　　cm
	問2	△CFG = 　　　　cm^2
	問3	cm^2
VI	問1	cm^2
	問2	（考え方） （答）　　　　cm

（注）この解答用紙は実物を縮小してあります。Ａ３用紙に154%拡大コピーすると、ほぼ実物大で使用できます。（タイトルと配点表は含みません）

推定配点		計
	I～IV　各５点×14　　V, VI　各６点×５	100点

二〇二三年度　法政大学第二高等学校

国語解答用紙

番号		氏名	

評点	/100

一

問一　①　②　③　④

問二　①　②

問三

問四　①　②　る　③

二

問一

問二　A　B

問三

問四

問五　時

問六

問七

問八

問九

100

150

三

問一

問二

問三

問四

問五

問六

問七

問八

問九　はじめ　おわり

問十

80

100

（注）この解答用紙は実物を縮小してあります。B４用紙に141%拡大コピーすると、ほぼ実物大で使用できます。（タイトルと配点表は含みません）

推定配点	
一	各２点×10
二	問一、問二　各２点×３　問三～問八　各４点×６　問九　８点
三	問一　４点　問二　２点　問三～問九　各４点×７　問十　８点
計	100点

２０２２年度　法政大学第二高等学校

英語解答用紙

番号		氏名		評点	／100

I	(A)	1	(1)	(2)	2	(1)	(2)
		3	(1)	(2)	4	(1)	(2)
		5	(1)	(2)			
	(B)	1					
		2					

II	1		2			
	3	③		④		
	4		5	(a)	(b)	
	6		7			

III	1		2		3	
	4		5	ア	イ	
	6					

IV	1	a)	b)	
	2	a)	b)	c)
	3	a)		
		b)		

V	1	a)			
		b)		c)	
	2	a) 2番目	4番目	b) 2番目	4番目
	3	a)			
		b)			

（注）この解答用紙は実物を縮小してあります。Ａ３用紙に145%拡大コピーすると、ほぼ実物大で使用できます。（タイトルと配点表は含みません）

推定配点		計
	Ⅰ　各２点×12 Ⅱ，Ⅲ　各３点×16 Ⅳ，Ⅴ　各２点×14〔Ⅴ１(a)は完答，２は各２点×２〕	100点

２０２２年度　法政大学第二高等学校

数学解答用紙

番号		氏名		評点	／100

Ⅰ	問１	
	問２	$x : y =$
	問３	$x =$
	問４	$n =$
Ⅱ	問１	$a =$
	問２	$N =$
	問３	通り
	問４	A：　個　B：　個
	問５	cm^3
Ⅲ	問１	
	問２	考え方 (答)

Ⅳ	問１	
	問２	
Ⅴ	問１	考え方 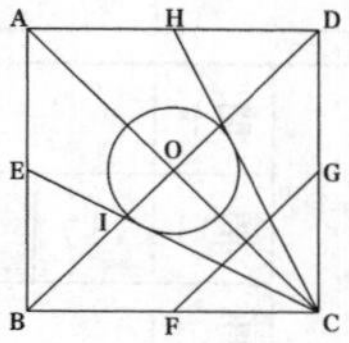 (答) △OIC＝
	問２	
	問３	AB＝
Ⅵ	問１	△PAB＝
	問２	AH＝
	問３	

(注) この解答用紙は実物を縮小してあります。Ａ３用紙に154%拡大コピーすると、ほぼ実物大で使用できます。(タイトルと配点表は含みません)

推定配点	Ⅰ, Ⅱ　各５点×９　Ⅲ　問１　５点　問２　７点 Ⅳ　各５点×２ Ⅴ　問１　８点　問２, 問３　各５点×２ Ⅵ　各５点×３	計 100点

二〇二二年度　法政大学第二高等学校

国語解答用紙

番号　　氏名　　評点　／100

一

問一　①　②　③　④

問二　①　②　③

問三　①　②　い　③

二

問一

問二　(一)　(二)

問三

問四

問五

問六

問七

問八　（100、150）

三

問一　X　Y　Z

問二　はじめ　おわり

問三　はじめ　おわり

問四

問五

問六

問七

問八　（30、40）

問九

(注) この解答用紙は実物を縮小してあります。Ｂ４用紙に133％拡大コピーすると、ほぼ実物大で使用できます。(タイトルと配点表は含みません)

推定配点

一　各２点×10

二　問一～問七　各４点×８　問八　８点

三　問一　各２点×３　問二～問七　各４点×６　問八　６点　問九　４点

計
100点

２０２１年度　法政大学第二高等学校

英語解答用紙

番号		氏名	

評点	／100

I	(A)	1	(1)	(2)	2	(1)	(2)
		3	(1)	(2)	4	(1)	(2)
		5	(1)	(2)			
	(B)	1					
		2					

II	1	始まりの段落	終わりの段落		2	
	3		4		5	
	6	A	B			
	7					

III	1		2		3			
	4		5					
	6	A	B	C	D	E		
	7							

IV	1	a)	b)	
	2	a)	b)	c)
	3	a)		
		b)		

V	1	a)			
		b)		c)	
	2	a) 3番目	6番目	b) 3番目	6番目
	3	a)			
		b)			

（注）この解答用紙は実物を縮小してあります。Ａ３用紙に145％拡大コピーすると、ほぼ実物大で使用できます。（タイトルと配点表は含みません）

推定配点		計
	I (A) 各１点×10 (B) 各２点×２ II １～６ 各３点×７〔６は各３点×２〕 ７ ４点 III 各３点×11 IV, V 各２点×14	100点

２０２１年度　法政大学第二高等学校

数学解答用紙

番号		氏名		評点	／100

Ⅰ	問１	
	問２	$x=$ 　　　　, $y=$
	問３	$x=$
	問４	$b\times\sqrt{\frac{2}{3}a^3}\div\sqrt{3ab}\times\sqrt{b^3}$ $=$
Ⅱ	問１	$b=$
	問２	$n=$
	問３	通り
	問４	人以上　　　人以下
	問５	cm
Ⅲ	問１	通り
	問２	通り

Ⅳ	問１	C（　　　,　　　）
	問２	DH＝
Ⅴ	問１	PC＝　　　cm
	問２	AG＝　　　cm
	問３	四角形 FEPQ＝　　　cm²
		考え方
Ⅵ	問１	cm³
	問２	cm²
	問３	cm

（注）この解答用紙は実物を縮小してあります。Ａ３用紙に152％拡大コピーすると，ほぼ実物大で使用できます。（タイトルと配点表は含みません）

推定配点		計
	Ⅰ～Ⅳ　各５点×13 Ⅴ　問１，問２　各５点×２　問３　10点 Ⅵ　各５点×３	100点

二〇二一年度　法政大学第二高等学校

国語解答用紙

番号		氏名		評点	/100

一

- 問一　①　②　③　④
- 問二　①　②　③
- 問三　①　②　③

二

- 問一
- 問二
- 問三
- 問四
- 問五
- 問六
- 問七　X　Y
- 問八
- 問九
- 問十

三

- 問一
- 問二　X　Y
- 問三
- 問四
- 問五
- 問六
- 問七
- 問八
- 問九

（注）この解答用紙は実物を縮小してあります。Ｂ４用紙に130％拡大コピーすると、ほぼ実物大で使用できます。（タイトルと配点表は含みません）

推定配点		計
一	各２点×10	100点
二	問一～問六　各４点×６　問七　各２点×２　問八、問九　各４点×２　問十　８点	
三	問一　４点　問二　各２点×２　問三～問九　各４点×７	

２０２０年度　法政大学第二高等学校

英語解答用紙

番号		氏名	

評点	／100

I	(A)	1	(1)	(2)	2	(1)	(2)
		3	(1)	(2)	4	(1)	(2)
		5	(1)	(2)			
	(B)	1					
		2					

II	1		2		3	
	4	①	②	③	④	⑤
	5	間違った語		正しい形		
	6					

III	1		2	①	②	
	3	(1)	(2)	4	→	→
	5		6			

IV	1	a)	b)	
	2	a)	b)	c)
	3	a)		
		b)		

V	1	a)				
		b)			c)	
	2	a) 3番目	6番目	b) 3番目	6番目	
	3	a)				
		b)				

(注) この解答用紙は実物を縮小してあります。Ａ３用紙に145％拡大コピーすると、ほぼ実物大で使用できます。（タイトルと配点表は含みません）

推定配点		計
	I　(A)　各１点×10　(B)　各３点×２ II　１～３　各２点×３　４　各３点×５　５　各２点×２　６　各４点×２ III　１～３　各２点×５　４　３点　５，６　各４点×２ IV　各２点×７　V　１，２　各２点×５　３　各３点×２	100点

２０２０年度　法政大学第二高等学校

数学解答用紙

番号		氏名		評点	／100

Ⅰ	問１	
	問２	$x=$ 　　　, $y=$
	問３	$x=$
	問４	P＝
Ⅱ	問１	$n=$
	問２	冊
	問３	$a=$ 　　　, $b=$
	問４	度
	問５	cm^3
	問６	AE : HI ＝ 　　:
Ⅲ	問１	
	問２	

Ⅳ	問１	
	問２	P（　　　,　　　）
Ⅴ	問１	∠LQM ＝ 　　　度
	問２	△LQM : △MDQ : △QAL ＝ 　　:　　:
Ⅵ	問１	（証明） △EQP と △EFH において （証明終）
	問２	△CPQ＝ 　　　cm^2
	問３	GI＝ 　　　cm

（注）この解答用紙は実物を縮小してあります。Ａ３用紙に154％拡大コピーすると、ほぼ実物大で使用できます。（タイトルと配点表は含みません）

推定配点		計
	Ⅰ 問１～問３　各５点×３　問４　６点 Ⅱ～Ⅴ　各５点×12 Ⅵ　問１　９点　問２，問３　各５点×２	100点

二〇二〇年度　法政大学第二高等学校

国語解答用紙

番号　　氏名　　評点 /100

一

問一　①　②　③　④

問二　①　②　③

問三　①　②　③

二

問一　A　B　C　D

問二

問三

問四

問五　はじめ〜おわり

問六

問七

三

問一

問二　I　II

問三

問四

問五　X　Y

問六

問七　はじめ〜おわり

問八

(注) この解答用紙は実物を縮小してあります。B４用紙に132%拡大コピーすると、ほぼ実物大で使用できます。(タイトルと配点表は含みません)

推定配点

一　各2点×10

二　問一〜問五　各4点×8　問六　各1点×4　問七　10点

三　問一〜問三　各3点×4　問四　4点　問五　各3点×2　問六〜問八　各4点×3

計　100点